Marie Vieux-Chauvet
Töchter Haitis

Marie Vieux-Chauvet

Töchter Haitis

Roman

Aus dem Französischen übersetzt
von Nathalie Lemmens
Mit einem Nachwort von Kaiama L. Glover

MANESSE VERLAG

1

Ich heiße Lotus.

Der Name dieser orientalischen Blüte mag für eine Haitianerin zwar unpassend erscheinen, aber den Vorwurf richten Sie bitte an meine Mutter. Für mich ist es weniger ein Vorname, den ich trage, als eine Last, die ich mit mir herumschleppe, und notgedrungen finde ich mich ab mit dem unharmonischen Kontrast, den er zu meiner hellen Haut und meinem stark gelockten Haar bildet.

Ich wohne in einem der nach Bolosse hin gelegenen Viertel im Zentrum von Port-au-Prince.[1] Ich lebe allein in einem zu großen Haus, auch dies ein Erbe meiner Mutter, das von zwei Bediensteten geführt wird. Mein Haus ist schön, mit seinem schmiedeeisernen Tor und dem großen Garten voller hoher, dicht beieinanderstehender Bäume. An manchen Tagen scheinen ihre in einem seltsamen Ringkampf verschlungenen Äste im Licht der Sonne irgendwelche wilden Schreie zu ersticken. Nachts, unter dem Sternenregen, sprenkeln goldene Tupfen die in schimmernden Glanz getauchten Blätter der Katappenbäume[2], und in den nach oben hin auseinanderstrebenden Palmengruppen herrscht, da die Vögel schlafen, eine ohrenbetäubende Stille.

Hier in diesem Haus bin ich geboren. Mein altes Hausmädchen Maria, das offenbar der Hebamme dabei geholfen hatte, mich zu waschen, hat mir die Geschichte von meiner Ankunft in der Welt erzählt. Meinen Vater kenne ich nicht,[3] und meine Geburt war, wie ich später verstand, vielmehr hingenommen als Erfüllung eines Wunschs. Eines Abends hatte in diesem abgeschiedenen, von einem riesigen Hof umschlossenen Heim ein Besucher den Arm meiner Mutter genommen. Sie waren in das Zimmer neben demjenigen gegangen, das ich heute bewohne, hatten gemeinsam Likör getrunken, und neun Monate später war unter Tränen und Geschrei ein kleines Mädchen zur Welt gekommen.

Lange hielt ich dies für meine Vergangenheit. Wenn die alte Maria mich an sich drückte und mich «Armes Ding!» nannte, ahnte ich mehr oder weniger, weshalb sie mich bedauerte. Ich sehe mich wieder vor mir, ein kleines Mädchen mit mageren Beinen und einem schmalen, ausgezehrten Gesicht mit übergroßen, wie von Fieber glühenden Augen. Meine Zöpfe waren so dick, dass die Leute, als ich immer dünner wurde, behaupteten, meine Haare würden mir das Blut aussaugen. Meine Mutter fürchtete, ich könne krank werden, und wollte sie mir abschneiden. Aber ich lief weg, tief hinein in den Garten, wo ich mich, meine Puppe fest an mich gedrückt, versteckte. Stundenlang kauerte ich dort im Verborgenen und malte mir aus, wie sie überall nach mir suchten. Da hörte ich Marias gütige Stimme, die, um meine Mutter zu beruhigen, während sie sanft die Küchentür schloss, zu ihr sagte: «Nun lassen Sie der süßen Kleinen doch ihre Haare, wenn Sie sie ihr abschneiden, wird sie hundertmal hässlicher aussehen.»

Meine Mutter war sehr schön. Ich erinnere mich, wie sie, eingehüllt in ihr langes Haar, im Halbdunkel nach Männern Ausschau hielt. Lachend hakte sie sich bei ihnen unter, führte sie in ihr Zimmer und bot ihnen Liköre an, deren scharfen, aromatischen Duft der allzu warme Wind zu mir hertrug. Dann schlüpfte ich in mein Bett, und Maria kam, um mir einen Kuss zu geben und sich zu vergewissern, dass ich schlief. Ich wurde häufig wegen belangloser Dinge ausgescholten. Mit gesenktem Blick trat ich vor meinen Richter, äußerlich kühl, dabei pochte mein Herz so stark, dass ich zu sterben glaubte. Beim ersten Vorwurf begannen meine Augen von Tränen zu brennen, sodass ich sie, um diese zurückzudrängen, fest zusammenkniff und dabei das Gesicht verzog. Meine Mutter missverstand dies und glaubte, ich wolle sie verhöhnen, indem ich die Lider zusammenpresste, um mir Tränen abzuringen, die von selbst nicht kamen. «Böses, böses Mädchen», rief sie, «will sich zwingen zu weinen.» Hochrot rannte ich davon und suchte Zuflucht in der Küche, wo Maria mir ein Stück Kuchen in die Hand drückte.

Mit zehn Jahren liebte ich nichts so sehr wie das Lesen. Um mein Zutrauen zu gewinnen, brachten die Freunde meiner Mutter, von ihr über meinen liebsten Zeitvertreib in Kenntnis gesetzt, mir Bücher mit, die mich lange genug wach hielten, dass ich um mich herum die tausend wispernden Geräusche der Nacht hörte, deren eindringlicher Klang in der Stille die vorgerückte Stunde verriet. Die Hand um eine Seite geklammert, schlief ich schließlich vor Erschöpfung ein.

Ich will gleich gestehen, dass es mir ein gewisses Vergnügen bereitet, diese Erinnerungen wachzurufen und zu versuchen, das seltsame kleine Mädchen wiederauferstehen zu lassen, das ich einst gewesen bin.

Damals galt ich als unkonventionell. Seither bin ich durch den Kontakt mit dem Leben gewöhnlicher geworden, denn mag Erfahrung uns auch wehrhafter machen, so nutzt sie doch zugleich unsere schönsten Eigenschaften ab. Inzwischen lebe ich wie jeder andere, errege so wenig Anstoß wie möglich und vergrößere jene Schar unbekümmerter Menschen, die sich aus der großen Zahl von Egoisten auf Erden zusammensetzt. Das Einzige, was mich vor dem allgegenwärtigen Mittelmaß rettet, ist der zarte innere Kampf, den sich in mir Gefühle liefern, von denen noch nur erste Ansätze zu erkennen sind. Soll ich mir wünschen, sie mögen endgültig zur Entfaltung gelangen? Wenn ich nach Glück strebe, bietet der Gedanke, ich könne es in der Vollendung meiner eigenen Natur finden, eine zusätzliche Hoffnung.

In der Schule hatte ich drei Freundinnen. Ich hatte sie unter den Glücklosen gewählt, die bei den Prüfungen durchfielen. Sie hießen: Nicole Darcé, Anna Verdieu und Janine Larivière.

Die beiden ersten waren Mulattinnen[4], die dritte eine hinreißende kleine Schwarze, deren perfekter Körper einer Statue glich. Seit zwei Jahren bildeten wir eine Gruppe, die, obwohl in der Schule unzertrennlich, zerfiel, sobald wir das Schultor hinter uns ließen, denn bei den Eltern meiner Freundinnen war ich unerwünscht. Vergeblich hatte ich auf den Moment gewartet, in dem eine von ihnen mich zu sich nach Hause einlud. Nur die kleine Larivière stellte mich einmal ihrer Mutter vor. Nicole und Anna trennten sich stets vor ihrem Haus von mir, und der Blick, den Madame Verdieu mir eines Tages zuwarf, ließ mich erkennen, dass sie Annas Umgang mit mir missbilligte. Aber junge Mädchen, die ihre Freundinnen mit Leidenschaft wählen, verstehen sich darauf, ihren Eltern deren Namen zu verschweigen, wenn sie ahnen, dass diese eingreifen und den ohne ihre Zustimmung geschlossenen Freundschaften ein Ende setzen könnten. Nicole, die von spontanem Naturell war, hatte mir gleich zu Beginn anvertraut, dass ihre Mutter ihre Schwärmerei für mich verurteilte. An dem Tag, als eine ältere Schülerin mich als *pitite bouzin*[5] beschimpfte, weil ich ihr vorwarf, es sei feige von ihr, ein achtjähriges Mädchen zu schlagen, begriff ich, was man mir selbst zum Vorwurf machen konnte. Durch das Leben, das sie geführt hatte, verdammte meine Mutter mich von vornherein in den Augen der anderen. Die Welt, die über mich richtete, nannte mich «Hurentochter», nachdem sie die Vergangenheit meiner Familie durchleuchtet und meine finanziellen Mittel bewertet hatte, und nach dieser Abwägung strich sie mich von der Liste derjenigen, die sie ins vorderste Glied der Gesellschaft stellte.[6]

Meine drei Freundinnen bewunderten mich. Um mich an ihren Eltern zu rächen, nährte ich diese Bewunderung, indem ich meine Aufmüpfigkeit weiter steigerte und während der Unterrichtsmonate den Ruf einer guten Schülerin mit dem der «Unruhestifterin» verband. Voller Geringschätzung nahm ich die Bestrafungen hin, und jeden Monat aufs Neue gelang es mir, trotz null Punkten in Betragen die beste Note zu erzielen. Ich ging dazwischen, wenn Schülerinnen geschlagen wurden, protestierte, wenn die Nonnen ungerecht waren, beschützte die Schwächsten und Ärmsten und prügelte mich ihretwegen aus nichtigsten Anlässen mit den Ältesten. Ich sah, dass meine Freundinnen sich im Glanz meiner Erfolge sonnten, was meinen Eifer noch zusätzlich anstachelte. Im Überschwang der Begeisterung hatten Anna und Nicole es sich nicht verkneifen können, ihren Müttern von dieser unvergleichlichen Lotus zu erzählen, die ihnen zufolge mit den hervorragendsten Eigenschaften begabt war. Man ließ sie versprechen, mich nicht wiederzusehen. Also belogen sie ihre Eltern und verkehrten heimlich weiter mit mir.

Janine Larivière hingegen besuchte ich auch zu Hause. Dank ihrer Bescheidenheit und ihrer Liebenswürdigkeit herrschte zwischen

9

uns eine Kameradschaft, die in den Augen ihrer Mutter unbedenklich erschien; und diese tat ihr Bestes, um jede Möglichkeit einer innigeren Freundschaft zwischen uns zu verhindern. Ich stellte mir vor, wie sie, kaum dass ich zur Tür hinaus war, zu ihrer Tochter sagte: «Vergiss nicht, mein Kind, auch wer selbst rein bleibt, kann die Sünden Israels tragen.[7] Verhalte dich daher stets so, dass die Fehler der anderen nicht auf dich zurückfallen.»

Dieser schalen Freundschaft wurde ich mit der Zeit überdrüssig, Annas allzu eigennütziges Interesse missfiel mir – ich sollte für sie alle Hausaufgaben erledigen. Nur Nicoles spontanes Wesen bezauberte mich weiterhin. Ich spürte, dass sie aus anderem Holz geschnitzt war als die beiden anderen und mir trotz unserer unterschiedlichen Erziehung ähnelte. Wir verstanden einander. Und eines Tages schworen wir uns nach dem Unterricht, Freundinnen zu bleiben.

Ich muss gestehen, dass meine Sinne für eine «Hurentochter» mit sechzehn Jahren noch so gemäßigt waren, dass ich nicht ein einziges Mal von jenen lustvollen Träumereien heimgesucht wurde, die die Priester «unreine Gedanken» nennen. In Nicole dagegen erkannte ich Koketterie und Sinnlichkeit. Auf der Straße machte sie sich einen Spaß daraus, durch Lächeln und Zwinkern die Aufmerksamkeit der Männer zu erregen, und genoss ihre Komplimente. Ich schimpfte mit ihr, bemühte mich, sie mit gutem Ratschlag zu leiten, und wiederholte, um sie zu zügeln, den Satz, den Maria mir aus Angst, mich den schwindelerregenden Abhang leichter Liebschaften hinabstürzen zu sehen, häufig predigte:

«Je gefälliger und fröhlicher eine Frau, umso weniger achten sie die Männer.»

Ich geize mit Gefälligkeiten, geize mit meinem Lächeln, doch habe ich mir damit keinen Dienst erwiesen. Arme, brave Maria, deine schlichte Seele war von einer ganz ähnlichen Philosophie erfüllt. Dir hat das Sprichwort gute Dienste erwiesen, weil du daran glaubtest. Offenbar liegt im Glauben die Rettung. Ich glaube an nichts außer an den Tod. Du bist gestorben, Maria, nachdem du mir beim Aufwachsen geholfen hast, wie einer Pflanze, die man gießt, damit sie gedeiht. Ich habe dir viel Kummer bereitet, denn ich glaube, ich war ein fürchterliches kleines Mädchen.

Ich wäre eine ganz andere gewesen, hätte ich in einer anderen Umgebung gelebt, denn ich erinnere mich, dass ich bis zum Alter von acht Jahren ein sanftmütiges, stilles kleines Geschöpf war, das zwischen den Bäumen der Allee spielte. Meine Puppe und der kleine gelbe Hund, den Maria eines Tages vom Markt mitgebracht hatte und der zwei Jahre darauf starb, waren meine einzigen Vertrauten und meine einzigen Freunde. Mit ihnen erlebte ich wunderbare Abenteuer, die ich unterbrach und später wieder aufnahm, ohne jemals den Faden der langen Geschichten zu verlieren, die ich mir erzählte und in denen ich selbstverständlich die Hauptrolle spielte. Stets wurde in diesen Erzählungen meine Hingabe auf die Probe gestellt. Bald musste ich auf eine reiche Heirat verzichten, um einen gebrechlichen Vater zu pflegen, ein andermal floh ich die Zärtlichkeit eines Verlobten, um ins Kloster einzutreten, und verteilte, bevor ich meine Familie verließ, meine gesamte Habe so selbstlos wie eine Königin, die ihre Besitztümer zum Wohle ihres Volkes weggibt. Wie schmerzt es mich, diese reizende Seele verloren zu haben! Wenn ich allein bin, ertappe ich mich oft dabei, wie ich mich in diesem mageren kleinen Mädchen suche, das Langeweile und Überdruss nicht kannte.

Doch unversehens lehrte mich mein mit den Jahren geschärfter Verstand, die Menschen und Dinge eingehender zu betrachten. Und ich entdeckte Aspekte des Lebens, die mich auf neue Wege führten.

Natürlich erschienen sie mir faszinierend, und ich konnte nicht anders, als ihnen blindlings zu folgen. So geriet ich ganz allmählich in die Fänge der Versuchung. Ich ging auf meinen vierzehnten Geburtstag zu. Das erste Objekt meiner Begierden waren die Kleider meiner Mutter. Stets war sie herausgeputzt wie eine Prinzessin. Eine wahre Parade zahlloser Kimonos und weit ausgeschnittener Kleider – das hing von der Uhrzeit ab – trug Maria vom Abend bis zum Morgen entweder zerknittert oder frisch gestärkt die schmale Treppe hinauf und hinab. Dieser zur Schau gestellte Luxus schürte meine aufkeimende Koketterie, und ich begann die allzu bescheidenen kurzen Kleider aus bunt bedrucktem grobem Baumwollstoff zu verabscheuen, die man mich tragen hieß. Es schien, als wollte meine Mutter sich demonstrativ von mir abheben, denn je prächtiger sie sich kleidete, desto schlichtere Kleidung schenkte sie mir. An ihr Leben, das mit meinem eigenen keinerlei Berührungspunkte aufwies, hege ich nicht die geringste Erinnerung. Es kam mir vor, als lebte ich Seite an Seite mit einer Fremden. Manchmal jedoch, in ihren seltenen Momenten der Einsamkeit, zog sie mich seufzend an sich und strich mir mit traurigen Augen ohne ein Lächeln übers Haar. Aber ihre Liebkosungen kamen von zu weit her; ich spürte, dass sie von anderen Gesten umhüllt waren, die ich nicht zu deuten wusste. Lange musste ich dagegen ankämpfen, mich ihr an gewissen Tagen zu Füßen zu werfen und um ihre Küsse zu betteln, musste ich dagegen ankämpfen, in ihren Armen in Schluchzen auszubrechen. Doch je aufgewühlter ich innerlich war, desto mehr versteifte ich mich. Ich stand einfach nur da, ohne ein Wort, ohne eine Geste, mit zitternden Lippen und starrem Blick. Woraufhin sie mich betont entmutigt fortschickte und anschließend Maria zu sich rief, um sie anzuweisen, mich nicht aus den Augen zu lassen.

Hin und wieder drückte ich mich an die Tür und lauschte ausgedehnten Unterhaltungen, die mir über zahlreiche Dinge ein wenig Aufschluss gaben. Maria machte meiner Mutter Vorhaltungen, wenn sie innerhalb einer Woche zu viele Besucher empfing, und meine Mutter antwortete ihr, ohne wütend zu werden, mit einer Stimme, die ich an ihr nicht kannte: «Lass mich zufrieden, Maria. Wie soll ich jemals dieses Haus kaufen können, wenn ich keine Besucher mehr empfange?»

«Ach, Madame, Madame!», hörte ich aufs Neue die Stimme unseres Hausmädchens. «Sie bringen sich noch um, Sie bringen sich noch um.»

Und meine Mutter erwiderte: «Wenn ich des Lebens überdrüssig werde, wird es mir ein Leichtes sein, ihm ein Ende zu setzen.»

Maria schimpfte so leise mit ihr, dass ich nichts mehr hören konnte. Da ergriff ich die Flucht, und in mir pochte eine Erregung, die mich vor Fieber glühend zurückließ. Die Worte «Hurentochter», «Schlampentochter», die meine Mitschülerinnen mir hinterherriefen, klangen mir wieder in den Ohren. Ich wälzte mich auf meinem Bett, gepeinigt von Überlegungen, die mich wie von selbst dazu brachten, meine Mutter zu verurteilen und schließlich zu hassen.

In manchen Nächten wachte ich von entsetzlichen Schreien auf. Am nächsten Morgen erklärte Maria mir, dass meine Mutter unpässlich gewesen sei und nicht gestört werden dürfe.

Mit voller Absicht – vielleicht trug ich den ererbten Keim auch unwissentlich in mir – verwandelte ich das folgsame kleine Mädchen, das ich war, in eine Rebellin, deren vornehmstes Anliegen darin bestand, anderen die Stirn zu bieten.

Manchmal stand ich abends auf, wenn man mich brav, ein Buch in den Händen, im Bett glaubte, und schlich ohne einen Laut auf Zehenspitzen barfuß die Treppe hinunter. Wider Willen lauschte ich dem Lachen meiner Mutter und der Männerstimme, die ihr antwortete. Eine Weile atmete ich den Geruch des Minzlikörs ein, der mich bis ans Ende meiner Tage mit unüberwindlichem Ekel erfüllen wird, dann öffnete ich leise die Tür des Salons und floh hinaus in die Dunkelheit.

Meine ärgsten Feinde waren die Männer, denn sie hatten mir meine Mutter gestohlen. Sie liebte sie zu sehr, als dass ich ebenfalls Gefallen an ihnen hätte finden können. Diese Abneigung, Ergebnis eines kindlichen Denkens, war mein frühester Schutz. Ich hatte noch nicht gelernt, in mir jene Regungen aufzuspüren, die manchen Eltern Anlass zu Stolz gewesen wären. Mehr noch als die strenge Aufsicht, unter der ich stand, verhinderte mein Hochmut – auf ewig gesegnet sei diese Todsünde –, dass ich mich auf die unschuldigen Flirts einließ, nach denen es meine Freundinnen so sehr gelüstete. Angesichts der Jungen in meinem Alter kniff ich die Lippen zusammen, ballte die Fäuste, und meine von wer weiß welcher unbewussten Reinheit gespeiste Haltung schlug sie rasch in die Flucht.

Die Darcés empfingen häufig Besuch. Nicoles Geburtstag, ein neues Möbelstück, das es vorzuzeigen galt, eine gute Note, die ihr Bruder heimgebracht hatte, all das diente als Vorwand für kostspielige Feste, zu denen Janine Larivière und ich nie eingeladen wurden. Und am nächsten Morgen schilderte Anna Verdieu uns ausführlich jede noch so geringe Einzelheit der abendlichen Feiern.

Nicole hingegen vermied es aus Taktgefühl, mir von diesen Zusammenkünften zu erzählen, bei denen sie Janine und mich zweifellos gern dabeigehabt hätte, vor allem wenn sie ihr zu Ehren stattfanden, wie etwa anlässlich ihres fünfzehnten Geburtstags.

Am Morgen jenes Tages kam sie mit geröteten Augen in die Schule und gestand mir, dass sie eine schmerzliche Auseinandersetzung mit ihrer Mutter gehabt habe, weil sie meinen Namen und den von Janine auf die Gästeliste gesetzt hatte. Außer sich vor Zorn hatte ihre Mutter sie heftig zurechtgewiesen.

«Ich habe von meiner Mutter eine Erklärung verlangt und stattdessen Ohrfeigen kassiert», fügte Nicole hinzu, nachdem sie mir alles erzählt hatte. «Aber ich bin fünfzehn Jahre alt, ich kann mir selbst ein Urteil bilden. Ich finde meine Mutter ungerecht und kleinlich, so kleinlich, denn Janine, also Janine …»

Sie beendete den Satz nicht. Janine Larivière, die bei uns stand, vergrub das Gesicht in den Händen und brach in Tränen aus. Ich sah, wie sich ihr hübscher schwarzer Nacken hob, Tränen strömten durch ihre Finger und rannen ihre Arme hinab. Was man ihr vorwarf, begriff ich erst später, als Nicole, die sich über sämtliche Verbote hinwegsetzte, um mich weiterhin zu treffen, mir all ihre Geheimnisse anvertraute.

Drei Monate nach diesem Vorfall starb meine Mutter. Ich sehe noch vor mir, wie ich während ihrer Krankheit Doktor Garin die Tür öffnete und er mit aufgelöster Miene die Treppe zu ihrem Zimmer hinaufrannte. Seit einem Monat wurde sie von Tag zu Tag schwächer, aufgezehrt, so sagte man mir, von einem epidemischen Fieber. Eines Tages blieb ich, nachdem ich den Doktor in den ersten Stock hinaufbegleitet hatte, noch eine Weile vor der Tür stehen, lauschte dem Klirren von Stethoskop und Spritzen auf dem Tisch und hörte meine Mutter schreien. Als sei sie verrückt geworden, wiederholte sie unzusammenhängende Worte, schließlich sagte sie: «Julien, Julien …» Ich ahnte, dass sie sich an den Doktor klammern musste und das Leben anflehte, ihr noch einen Aufschub zu gewähren. Aufgewühlt rannte ich davon, denn trotz meiner Unerfahrenheit hatte ich begriffen, dass ich schon bald würde allein leben müssen, und diese Vorstellung quälte mich. Ich hatte mich nicht getäuscht. Zwei Tage später begleitete ich meine Mutter auf den Friedhof. Nicht einer ihrer Freunde war gekommen. Ich erinnere mich nicht, jemals um sie geweint zu haben.

Als ich tags darauf leichenblass in meinem Trauerkleid am Fenster meines Zimmers lehnte und auf die Bäume im Garten hinausblickte, sah ich plötzlich Maria hereinkommen, die eine große Truhe vor sich herschob.

«Hier», sagte sie zu mir, «wenn deine Trauerzeit abgeschlossen ist, wirst du ein junges Mädchen sein, und dann wird dir das alles wunderbar passen.»

«Was ist das?», wollte ich wissen.

«Die Kleider deiner Mutter.»

«Ich will sie nicht. Schaff die Truhe aus meinem Zimmer», wies ich sie an.

«Soll ich etwa meinem kleinen Biest gehorchen?»

«Schaff sie raus», schrie ich, nun voller Zorn.

Da trat sie auf mich zu und musterte mich mit großer Traurigkeit. Ich sah Tränen über ihr dickes schwarzes, sonst so heiteres Gesicht laufen, die sie mit dem Handrücken wegwischte.

«Wenn du wüsstest, wenn du wüsstest ...», sagte sie nur. «Aber ich kann dir nichts sagen, ich habe versprochen zu schweigen. *Promesse nèguesse, cé dette.*»[8]

Dennoch gehorchte sie mir nicht, und die Truhe blieb unter der Kleiderstange in einer Ecke meines Zimmers.

Ich öffnete sie vier Jahre später. Damals war ich achtzehn Jahre alt. Sie enthielt tatsächlich die Kleider und Negligés meiner Mutter. Eines Abends trug ich sie in den Hof hinaus. Die Kleiderstoffe bildeten unter den Palmen einen großen bunten Haufen, der sich im Wind sacht regte. Ich zündete ihn an und sah mit verschränkten Armen zu, wie all diese Zeugen einer widerwärtigen Vergangenheit verbrannten.

Beim Tod meiner Mutter erbte ich zwei Häuser: das, in dem ich bis heute wohne, und ein kleineres, dessen Miete mir regelmäßig vierzig Dollar einbringt.[9]

Wann hatte sie die Zeit, all das zu erwerben? Ich habe keine Ahnung. Wie sie es geschafft hat? Die Welt übernahm es, mich darüber aufzuklären.

Gesegnet seist du, o meine Mutter, für deinen Pragmatismus und deinen gesunden Menschenverstand. Leider genieße ich die Früchte deiner Mühen allein. Allzu früh hat dich der Tod dahingerafft. Ich danke dir für diese beiden Häuser, ebenso wie für das reizende kleine Bündel an Makeln, mit dem du das wehrlose Geschöpf beladen hast, das in aller Unschuld durch dich sein Leben erlangte. Es ist nicht deine Schuld. Denn sonst müsstest auch du deiner Mutter danken, und deine Mutter wiederum müsste meiner ehrwürdigen Urgroßmutter danken. Mögen ihre Seelen ungestört ruhen … und lass uns Frieden schließen mit der traurigen Gorgone[10] namens Vererbung …

Drei Jahre darauf starb auch Maria, und ich blieb allein in dem Haus zurück. Plötzlich erschien mir die Einsamkeit als etwas Furchteinflößendes: Die vertrauten Klänge der Nacht verwandelten sich mit einem Mal in grausige Schreckensschreie. Das ferne Bellen eines Hundes, der Flügelschlag einer Fledermaus, die durch mein Zimmer flatterte, das schrille Zirpen der Insekten, der Schein des Mondes, all das erfüllte mich mit Entsetzen. Marias Geschichten kamen mir in den Sinn, in denen stets von Teufeln die Rede war, die die Gestalt einer *frisée*[11] annahmen, und von *coucouilles*[12], die nichts anderes waren als die Augen der Dämonen. Der drängende Klang der Trommeln in der Ferne verstärkte diese Atmosphäre der Furcht noch und erfüllte meine Ohren mit einem geheimnisvollen Widerhall. Die Erzählungen über den Vodou[13], die Tänze für die gefährlichen Götter,[14] die wehmütigen, von fernen Stimmen psalmodierten Gesänge schürten meine Nervosität. Oft vergrub ich, des vergeblichen Wartens auf den Schlaf überdrüssig, schluchzend den Kopf in mein Kissen. Als ich später ein neues Dienstmädchen einstellte, war ihre Anwesenheit für mich wie eine Erlösung. Dabei hatte diese Gertrude – und bitte sprechen Sie ihren Namen kreolisch aus: Gètride – kein liebenswürdiges Wesen, sie war mir weder treu ergeben noch freundlich, aber ich hatte Gesellschaft, und für den Moment genügte mir das. Sie jedoch verachtete mich von Anfang an, sobald ich, um meiner Einsamkeit zu entfliehen, einige junge Leute einzuladen begann, die alle ein wenig verrückt waren und, nachdem sie meine Konfitüren gegessen und in meinem Salon getanzt hatten, erst sehr spät wieder gingen, sodass ich vor Müdigkeit völlig benommen zurückblieb.

Mein erster Flirt war ein junger, höchst selbstgefälliger Dandy, den ich im Halbrausch einiger Rum-Cola erwählte und dem ich, auf ewig verflucht sei dieser junge Idiot, meine ersten Küsse gewährte. Sein einziger Vorzug bestand darin, dass er klug genug war, mich nicht zu zwingen, ihn hinauszuwerfen, als ich eines Tages mit ihm allein war und er mich zu vergewaltigen versuchte.

Selbst körperlich wäre ich ihm wohl überlegen gewesen. Von Dandy zu Dandy erreichte ich so mein zwanzigstes Jahr, und keiner dieser jungen Taugenichtse konnte sich je rühmen, ich hätte seinetwegen den Kopf verloren. Verdanke ich diesen Erfolg dem Groll, den mir der lasterhafte Lebenswandel meiner Mutter einflößte und der mich die Männer lange Zeit hassen ließ? Wie dem auch sei, bislang schmeichelt mir dieses männliche Begehren nicht, vielmehr erscheint es mir wie eine Falle, aufgestellt, damit sich meine weibliche Schwäche darin verfängt.

2

An diesem Morgen schlenderte ich, müßig wie stets, die Allee entlang. Ein Lied vor mich hin summend, pflückte ich ein paar Blätter von einem *bonbon-yin*-Strauch[15] ab und zerrieb sie zwischen den Fingern. Ihr schwerer, hartnäckiger Duft stieg mir zu Kopf, und ich weitete meine Nasenflügel, um ihn noch tiefer einzuatmen, als suchte ich geradezu den Rausch. Über mir umspannte ein heller blauer Himmel die Landschaft.

Draußen auf der Straße schrie jemand mit entsetzlicher, rauer Stimme. Einer kaum als menschlich zu erkennenden Stimme, sie erinnerte an ein gequältes Tier. Ich rannte ans Tor, um zu sehen, was vor sich ging: ein alltäglicher Anblick, ein Gendarm hatte einen Dieb verhaftet. Was er gestohlen hatte? Zwei Kochbananen. Er reckte sie gen Himmel, als wollte er diesen zum Zeugen anrufen. «Zwei Kochbananen, das ist doch nichts», schien er zu sagen, «das ist doch kein Stehlen, wenn man bloß das nimmt.» Wieder und wieder prallte der *gaillac*[16] auf sein Kreuz, und die Schläge erzeugten ein eigentümliches, dumpfes Geräusch, das einem Schauer über den Rücken jagte. Der Mann hatte zu weinen begonnen. Seine Frau folgte ihm mit großen Schritten, begleitet von den schallend lachenden Gaffern.

«Wartet nur, ihr *sans avés*[17]», schrie sie ihnen zu, «bald seid ihr selbst an der Reihe.»

Sie folgte ihrem Mann, der, die Kochbananen noch immer in den Händen, unter den Schlägen vor Schmerzen schrie. Er wurde ins Gefängnis abgeführt, sie wollte mit ihm gehen.

Als der Gendarm sah, dass sie sich dem Gefangenen näherte, stieß er sie fluchend zurück.

«Zwei Bananen … wegen zwei Bananen … verhaftest du ihn, brichst ihm die Knochen mit deinem *cocomacaque*[18]. Erbarmen! Erbarmen! Wir haben Hunger», schrie sie … «Und außerdem hat er sie in einem großen Laden gestohlen. Was schaden diesen reichen Leuten denn schon zwei Bananen?»

Diesmal stieß der Gendarm sie brutaler von sich.

«Hab Erbarmen, wir haben Kinder. Schlag ihn nicht länger, er wollte ja arbeiten, aber er konnte nichts finden.»

Statt einer Antwort versetzte der Gendarm dem Unglücklichen einen so fürchterlichen Schlag, dass dieser schwankte. Dann schleifte er ihn halb ohnmächtig die Straße entlang.

Ich beobachtete die Frau: Ihr schwarzes Gesicht wurde mit einem Mal aschgrau, ihre Lippen begannen zu zittern. Mit beiden Händen packte sie ihr Kleid, hob es mit einer vulgären Geste an und stemmte die Fäuste in die Hüften.

«Verdammte Scheiße», schrie sie, «Scheiße, Schweinerei, du *tioule*[19]. Du prügelst ihn, um Gefreiter zu werden, du willst befördert werden, aber du wirst dein Leben lang ein einfacher Gendarm und *tioule* bleiben …»

Der Gendarm drehte sich um, der *gaillac* traf den Mund der

Frau. Ein einzelner, wohlgezielter, heftiger Schlag, und sie spuckte Blut und Zähne. Sie blieb stehen.

Eine Menschentraube hatte sich um sie versammelt. Man bedauerte sie, man befragte sie, manche lachten.

Auch ich beobachtete sie. Als ich genug gesehen hatte, zuckte ich mit den Schultern und ging zurück zum Haus. Menschen, die stahlen und geschlagen wurden, ein alltäglicher Anblick ...! Das war nichts Neues für mich. Nichts war neu. Alles in meinem Land, in den anderen Ländern, auf der ganzen Welt ging einfach seinen Gang, ohne sich groß zu ändern. Einen Mann zu schlagen, weil er zwei Kochbananen gestohlen hatte, war das nicht gerecht? Die Ordnung wiederherzustellen, das rasche Eingreifen der Polizei zu demonstrieren[20] ... Ich verspürte nicht einmal den Drang zu lachen. Was diese Frau angesichts ihres verhafteten, geschlagenen, gedemütigten Mannes erlebt hatte, sollte auch ich irgendwann kennenlernen. Nichts würde sich im Lauf der Jahre ändern. Heute schlug man Diebe, und eines Tages würden auch diejenigen geschlagen werden, die für Gerechtigkeit und das Wohl des Volkes kämpften.

3

Nebenan, in einer scheußlichen, vom Lärm und Staub der Straße erfüllten Bruchbude, lebt mein bester Freund. Er heißt Charles, und er ist alt und weise. Abends sehe ich von meinem Fenster aus das Flackern der Petroleumlampe, deren schwaches Licht auf die Bibel fällt, in der er liest und die er kommentiert. Dort liebe ich und werde ich wiedergeliebt. So etwas spürt man ohne Gesten oder Worte. Ich bin so glücklich, so ruhig und gelassen, wenn ich mich bei meinem Freund auf dem wackligen Stuhl niederlasse, den ich gegen die Wand lehnen muss, um nicht damit umzufallen. Wenigstens dort versuche ich, mein Herz zu öffnen. Er hört mir zu, ohne zu lächeln, stellt mir niemals Fragen. Er besohlt seine Schuhe und wartet ab, während ich in mir all die verworrenen Knoten löse, die mir das Herz abschnüren und mir die Luft zum Atmen nehmen. Manchmal lasse ich mich dazu hinreißen, Sätze wie diesen zu sagen: «Vater Charles, heute Morgen bin ich aufgewacht und habe mich nicht wiedererkannt.»

Dann schiebt er die Brille auf seiner Nase vor, mustert mich einen Moment, schlägt seine alte Bibel auf und sucht auf den Seiten nach einer begütigenden Antwort.

An jenem Tag sah er mir direkt ins Gesicht und sprach leise, jedes Wort betonend, diesen Satz: «Wach auf, der du schläfst, und steh auf von den Toten, so wird dich Christus erleuchten.»[21]

Ich öffnete den Mund, um etwas zu entgegnen, doch mit einer Geste hieß er mich schweigen, dann, als ich gähnte, seufzte er leise, griff nach dem Schuh, den er auf dem Tisch abgelegt hatte, und fuhr fort, Nägel einzuschlagen.

Eigentlich war er gar kein Schuster, doch als ihm die Armut eines Tages keinen anderen Ausweg mehr ließ, hatte er sich selbst davon überzeugt, dass alle Berufe einfach seien, wenn man kein Dummkopf ist. Er hatte sich auf die Suche nach Kundschaft gemacht, und inzwischen verdiente er jeden Tag ein paar Münzen, indem er die verschlissenen Schuhsohlen von Menschen reparierte, die genauso arm waren wie er selbst.

Er hatte niemals gebettelt, nicht einmal als die Not am größten war. Dabei hatte ihm das Leben nur allzu oft übel mitgespielt; doch er beklagte sich nicht mehr darüber. Hin und wieder erinnerte er sich noch an jene lange zurückliegenden Zeiten, als er ein hervorragender Schüler und ein glücklicher Junge gewesen war. Zwar war er in ärmlichen Verhältnissen aufgewachsen, aber es war ein glückliches Leben gewesen: Seine Eltern hatten ihn vergöttert.

Seine Mutter war eine einfache Näherin gewesen, sein Vater Ladengehilfe. Sie hatten ihn zu einem gebildeten Mann machen wollen, hatten Opfer gebracht, um ihm Bücher zu kaufen, und waren stolz auf ihren gescheiten Sohn, der diese unwissenden Menschen in Erstaunen versetzte. Sein Vater war bäuerlicher Herkunft und kannte *hougans*[22], die er bei Krankheiten gelegentlich aufsuchte. Die Mutter, weniger abergläubisch, da klüger und gebildeter – sie war vier Jahre zur Schule gegangen –, träumte davon, aus ihrem Sohn einen «großen Doktor» zu machen.

Sie starben beide innerhalb von kaum zwei Jahren und unglücklicherweise zu früh.

Nach dem Tod seiner Eltern stand Charles plötzlich allein da. Er erlebte Zeiten bitterer Not, in denen er schmuddelige Kragen und geflickte Hosen trug. Als die Armut schließlich zu groß geworden war, um noch länger zur Schule gehen zu können, war er jahrelang herumgewandert, hatte seine Dienste angeboten und vor den Ladentüren den Besitzern aufgelauert. Er wollte arbeiten; er bettelte um eine Anstellung wie andere um Brot. Doch das Unglück verfolgte ihn, und auf keine seiner Bitten erhielt er je eine Antwort.

Aufgebracht machte er die Regierung für diese Zustände verantwortlich, und um seiner Unzufriedenheit Ausdruck zu verleihen, schloss er sich einer Gruppe junger Revolutionäre an, die sich eher durch Reden auszeichneten als durch Taten. In ihren Reihen lernte er Gefängnis und die Prügel mit dem *cocomacaque* kennen. Während der Affäre Vilbrun Guillaume Sam gehörte er zu den Verhafteten.[23] Nachdem der Befehl ergangen war, sie alle zu ermorden, trafen ihn zwei Revolverkugeln am Arm. Wer noch lebte, wurde mit Bajonetten getötet. Er entging dem sicheren Tod nur dadurch, dass er in den aufgeplatzten Schädel eines neben ihm liegenden Leichnams griff. Er verstrich das blutige Hirn des Unglücklichen auf seinem Gesicht, und man hielt ihn für tot.

Seitdem hatte er sich in eine Art Philosoph verwandelt, stellte keine Ansprüche mehr, begnügte sich mit dem, was das Leben ihm gab, und schätzte sich schon glücklich, nicht zu verhungern. Wenn man ihn mit seinem schmutzigen Bart in seinen alten Pantoffeln vorbeischlurfen sah, wirkte er wie ein Mann, der weiß, was die Welt wert ist und wie man sie zu nehmen hat.

Ich bin dir zu dreckig, schien er zu denken, dann besorg mir doch neue Lumpen; ich bin dir zu mager, dann gib mir zu essen. Aber es steht dir frei, mir nichts zu geben, und genauso steht es mir frei, dich durch mein dreckiges Äußeres anzuwidern und durch meine Magerkeit zu bekümmern.

«Wissen Sie, wer ich bin?», hatte er mich eines Tages gefragt. «Ein König! Aber ja doch, ein König des Elends.»

Wenn ihn die Erinnerung an seine Kindheit zuweilen wie eine sanfte Wärme erfasste, biss er nervös auf seiner Zigarre herum und erzählte mir die lange Geschichte seines freudlosen Lebens.

Natürlich hatte er alles versucht, um der Armut zu entkommen. Er hatte aufbegehrt, hatte die Reichen gehasst, von blutigen Schlachten geträumt, die die geltende Ordnung umstürzen würden, doch irgendwann hatte er die Hoffnung verloren und bloß noch das Schicksal verflucht, das ihn zwang, trotz seiner Begabungen als einfacher Schuster zu arbeiten.

Dann war allmählich auch die Auflehnung von ihm gewichen. Mit zunehmendem Alter hatte er sich an seine kleinen Leiden gewöhnt wie an etwas Schätzenswertes, und ihm blieb die Befriedigung, niemals gegen sein Gewissen gehandelt zu haben.

«Wir sollten die anderen nicht um ihr Los beneiden, denn was sie im Unglück erwartet, wird dem Glück entsprechen, das sie erlebt haben ...»

Wie stets lauschte ich folgsam.

An jenem Tag war ich in die ärmliche Behausung gekommen, um mein aufgewühltes Herz zu besänftigen.

Thérèse, Vater Charles' Tochter, kochte hustend die tägliche Suppe. Zwei kleine Jungen, der eine sechs Jahre alt, der andere acht, klammerten sich an ihre Röcke und weinten angesichts des singenden Kessels vor Ungeduld.

«Ihr müsst euch gedulden, meine Kleinen, ihr müsst lernen zu warten …»

Ein Husten unterbrach sie, und ermattet schob sie die Kinder von sich, die laut heulend zu mir hersahen. Nachdem sie sich beruhigt hatten, kamen sie, in der Nase bohrend, auf mich zu und bettelten um ein paar Münzen. Voll guten Willens überwand ich mich und wollte ihnen die Nase putzen, doch im letzten Moment verließ mich der Mut, ich senkte den Kopf und dachte bei mir, dass ich nicht einmal würdig sei, Kinder zu haben.

«Kleinem Herzen entspringt kleines Gefühl», sagte ich mir daraufhin, «meine Unfähigkeit, gewisse Dinge zu tun, beweist, dass es mit meinen Gefühlen nicht weit her ist.» Ich dachte an Krankenschwestern, an die klaffenden Wunden vor ihnen, und ich beneidete sie um ihren Heldenmut.

«Ich bin nie zufrieden mit mir, Vater Charles», vertraute ich dem Alten eines Tages leise an.

«Das Gegenteil wäre ein Unglück», antwortete dieser, «wer mit sich selbst zufrieden ist, beweist dadurch nur, dass er nie etwas durch eigene Mühen erreichen wird. Schauen Sie sich um, überall herrscht Aufruhr, überall herrscht der Wunsch nach Veränderung; das ist das Spiel des Teufels, er zerrt an unseren Kleidern und will uns zwingen zurückzublicken. Sehen Sie, junges Fräulein, was wir bräuchten, wäre eine hübsche Freiheit für alle. Alle gleich, alle ebenbürtig. Dann gäbe es keinen Hass und keinen Aufruhr. Aber Gott, unser Schöpfer, hat von Anfang an Unterschiede zugelassen: Es gibt Hässliche und Schöne, Weiße und Schwarze, Riesen und Zwerge. Wie wollen Sie bei einer solchen Vielfalt zu Ruhe und Eintracht unter den Menschen gelangen?»

«Und ich bin davon überzeugt», antwortete ich nachdenklich, «dass das Leben ohne diese Unterschiede, ohne diese fruchtlosen

Auseinandersetzungen so eintönig würde, dass in uns irgendwann der Wunsch nach Veränderung aufkäme und wir dadurch das Leiden erfinden würden.»

Ich dachte an den Hass, der die Herzen gegeneinander aufbrachte. Ich dachte an die ausgebeuteten Bauern, an die Dienstboten, die kaum mehr waren als Sklaven, dann blickte ich mich nach Thérèse und ihren Kindern um, und meine Seele füllte sich mit Traurigkeit, als ich sah, wie mager und schmutzig sie waren, ohne Hoffnung auf Veränderung und ohne jede Befriedigung außer ihrem Groll gegen die Reichen.

Manchmal erzählt mir mein alter Freund auch von dem kleinen Mädchen, das ich einst war. Er liebt es, die Vergangenheit wieder aufleben zu lassen. Jedes Mal, vertraut er mir an, findet er daran aufs Neue ein Vergnügen, das ihn sich wieder jung fühlen lässt.

«Erinnern Sie sich an den Tag, als wir uns kennenlernten?», sagt er dann. «Erinnern Sie sich, wie Sie zu mir sagten: ‹Wie heißt du?›? Und ich antwortete: ‹Charles.›»

Er verstummt. Und ohne mein eigenes Zutun sehe ich die Szene im Geist wieder vor mir:

«Möchtest du jemanden besuchen?», hatte ich weitergefragt.

«Dein Hausmädchen. Ich bin Schuster. Sie hat mir Arbeit versprochen.»

«Wo wohnst du?»

Er hatte sich zur Allee umgewandt und, ein wenig vorgebeugt wegen der Bäume, mit ausgestrecktem Finger auf ein kleines Häuschen gedeutet.

«Da wohne ich mit meiner Tochter Thérèse.»

«Wie kannst du Schuster sein und so gut Französisch sprechen?»[24]

Er hatte gelacht, oh, was für ein fröhliches Lachen, nicht die geringste Boshaftigkeit schwang darin mit, doch als er gerade zu sprechen anhob, wurde er von Maria unterbrochen, die laut um Hilfe rief. An diesem Tag erfuhr ich, dass meine Mutter sich ein böses Fieber zugezogen hatte und man mich von ihrem Zimmer fernhalten solle.

Während der gesamten Dauer ihrer Krankheit blieb ich mir selbst überlassen. Ich nutzte meine Freiheit nur dazu, den alten Charles zu besuchen. Wenn er mich näherkommen sah, sagte er zu seiner Tochter: «Da ist das kleine Fräulein. Thérèse, hol dem kleinen Fräulein einen Stuhl.»

Und Thérèse, die damals noch keine Kinder hatte, schob lächelnd den Stuhl gegen die Wand. Daraufhin nahm ich aus der Tasche die Zigaretten, die ich für meinen alten Freund aus dem Jackett stibitzt hatte, das Doktor Garin stets auf dem Esszimmertisch ablegte.

An dem Tag, als meine Mutter starb, brachte Charles mich selbst nach Hause und hielt mich an der Hand. Maria erwartete mich auf der Galerie[25]. Weinend zog sie mich an ihr Herz.

«Ich habe eine Bibel», sagte da der gute Mann. «Das ist ein Buch, in dem die schönsten Geschichten der Welt stehen. Möchtest du sie kennenlernen?»

Und von da besuchte ihn jeden Tag ein kleines Mädchen in Trauerkleidung, setzte sich brav hin und lauschte mit gefalteten Händen und strahlender Miene der Geschichte von der Erschaffung der Welt und ihrem göttlichen Erlöser.

4

Ich sitze in meinem Garten auf einer kleinen Holzbank, die ich zwischen die Hibiskusblüten gestellt habe. Ringsum neigen die Bougainvilleen ihre blütenbehangenen Zweige über die grünen Fiederaralien[26] zu beiden Seiten der Allee. Ein Stück weiter fliegen fröhlich zwitschernde Palmschwätzer[27] wie kleine Leuchtstreifen durch die Luft. Vom Hügel herab, wo sich ein paar heruntergekommene, verfallene Hütten an den Hang klammern, erklingt der frenetische Ruf einer Trommel. Ich warte auf Georges und zerdrücke mit den Fingern ein paar Russelien, die mit einem leisen Ploppen aufplatzen. Doch der abgehackte Rhythmus der Trommel lässt mir keine Ruhe, unwillkürlich beginne ich mich im Takt zu bewegen. Langsam, gleichmäßig heben sich meine Schultern, sinken herab, runden sich. «Yayoutes Blut»[28], wie Maria es immer nannte, jenes schwarze Blut, das in meinen Adern fließt, gerät in Wallung, und um es zufriedenzustellen, stehe ich auf, raffe brüsk meinen Rock und tanze auf dem großen, raschelnden Teppich aus trockenem Laub unter meinen Füßen den Vodou.

So traf mich Georges an jenem Nachmittag an. Er streckte einen Arm zwischen den Blüten hindurch und rief, um mich zu überraschen: «Hallo, Lotus! Hallo, Lotus!»

Ich antwortete nicht, sondern setzte meinen Tanz fort, und ein paar Minuten lang erhaschte ich nur flüchtige Blicke auf sein verblüfftes, von den Fiederaralien der Allee eingerahmtes Gesicht.

«Du beherrschst den Vodou? Du hast gerade getanzt wie eine richtige *hounsi*[29].»

«Wieso nicht?»

«Davon hast du mir nie erzählt.»

«Ist das wichtig?»

«Wer hat es dir beigebracht?»

«Maria, als ich klein war.»

«Ach so.»

Zwischen mir und Georges gibt es nichts außer zarten Liebkosungen. Und Liebkosungen, ist der Hunger danach erst einmal gestillt, hinterlassen nur einen schwachen, schalen Nachgeschmack wie Abführmittel, die auf nüchternen Magen geschluckt werden.

Er betrachtete meine nackten Füße, den zerknitterten Rock, den ich zu seinem Empfang nicht gewechselt hatte, mein zerwühltes Haar, das mich wie eine Wilde aussehen ließ.

Die Männer fühlen sich geschmeichelt, wenn wir uns für sie herausputzen. Daher will ich, dass sie mich in meinem nachlässigsten Aufzug sehen, erst danach kleide ich mich an. Für mich selbst. Nichts in mir will ihnen schmeicheln. Ich hasse sie nicht, aber ich mache mir auch nichts aus ihnen. Sie sind für mich das Gleiche wie ich für sie: eine Belanglosigkeit, die einen hin und wieder vor Wollust vergehen lässt. Vor allem für diesen einen bin ich bloß eine Aufziehpuppe, die sanfte Schauer weckt. Dabei gefällt er mir besser als jeder andere, den ich in meinem Haus empfangen habe, und ich habe, zumindest glaube ich das, alles getan, um ihn zu verführen, habe mir alles nur Denkbare einfallen lassen, um ihn für mich einzunehmen, habe alles gewagt, um ihn zu meinem Sklaven zu machen. Ich liebe seinen Beruf, und beinahe jeden Tag lese ich seine Artikel in den Zeitungen, die Vater Charles sich vom Papierhändler geben lässt. Ich glaube, verstanden zu haben, dass er sich für die Notleidenden einsetzt; er fordert Arbeit und Bildung für sie, er prangert die Mächtigen an, die nur auf ihren eigenen Vorteil bedacht sind, er macht sich Feinde, widerspricht mit unerschöpflicher Wortgewalt den gegen ihn gerichteten Angriffen. Ich weiß noch nicht, wie ernst es ihm ist. Aber sollte es ihm tatsächlich ernst sein, wäre das einfach wunderbar.

Er folgt mir in mein Zimmer, und während ich mich im Bad ankleide, liest er laut und in spöttischem Ton ein paar Seiten aus einem Roman vor, der auf meinem Bett gelegen hat. Ich betrachte ihn heimlich, während ich mich frisiere, und finde ihn schön. Er hat geschmeidige Muskeln, den Teint eines indischen Prinzen, ein verführerisches Lächeln und lange, zärtliche Hände, deren herrische, entschiedene Gesten abseits der Liebesstunden seine Seele offenbaren.

Ich verließ das Bad nach Chanel duftend, die Schultern nackt in einer weit ausgeschnittenen Bluse.

Er musterte mich einen Moment mit kühlem Spott, dann sagt er: «Wie kann man in solchen Zeiten bloß solche Bücher lesen?»

«Welche Bücher in welchen Zeiten?», fragte ich naiv.

«Ist es nicht eine Schande, wenn man so etwas heute noch fragen muss?»

In diesem Moment lag ein so seltsamer Ausdruck auf seinen Zügen, dass ich unwillkürlich sagte: «Widere ich dich etwa an?»

Er antwortete nicht, doch er wandte den Kopf mit so viel Verachtung ab, dass mich Scham überfiel.

«Aber was verlangst du denn, was erwartest du von mir?»

«Lass uns über etwas anderes reden, ja?»

Er erhob sich vom Bett, kam auf mich zu und nahm meine Hände.

«Du schenkst mir deine Küsse, bin ich da nicht der glücklichste Mann auf der Welt? Du, die schöne Lotus, mit der kleinen aristokratischen Nase, dem hochmütigen Gebaren; im Moment bin ich dein Auserwählter. Was könnte ich mehr von dir verlangen? Was du gibst, ist immer zu viel …»

Dann wechselte er unvermittelt den Ton und fügte beinahe grob hinzu: «Aber ich bin anspruchsvoll …»

«Das gefällt mir.»

«Das werden wir sehen. Ach, dich zu formen, dich nach meinen Vorstellungen zu formen …»

«Vorsicht», erwiderte ich darauf, «ich lasse mich nur schwer verformen.»

Er sagte nichts weiter. Aber ein Schatten legte sich über sein Gesicht.

Die Hände in die Hüften gelegt, stand ich ihm gegenüber und betrachtete ihn lächelnd. Und in Gedanken bei meiner wenig ermutigenden Antwort, sagte ich mir: Er ist nicht wie die anderen, da ist nichts zu machen. Er ist nicht wie die anderen, aber wer ist er wirklich?

Er zuckte brüsk mit den Schultern, als wollte er unliebsame Gedanken abschütteln.

«Ach, was soll's», sagte er.

Dann zog er mich an sich und schnupperte in meiner Halsbeuge nach meinem Parfüm. Indem er meinen Duft einsog, berauschte er sich zweifellos an süßen Wonnen. Doch als er mich küsste, spürte ich, wie ein vages Bedauern mein Herz zusammenschnürte, bis es so klein war, dass es nur noch mit Mühe schlug. Es war das erste Mal, dass ein Mann mich so schwach werden ließ, wenn er mich in seinen Armen hielt, und ich sank gegen ihn wie ein kleiner Vogel, der sich an seine Mutter klammert, um fliegen zu lernen.

«Lotus, Lotus, deine Züge sind zu wandelbar. Dein Gesichtsausdruck wechselt mit jeder Sekunde, wie soll man da wissen, was du denkst?»

Dieser Satz aus seinem Mund gefiel mir ebenso gut wie ein Kompliment. Ich konnte nichts darauf erwidern. Menschen, die ihr Herz öffnen, sind so unbeholfen in ihren Geständnissen, und die, die ihnen zuhören, so schrecklich gleichgültig! Ich wusste damals noch nicht, dass Dinge komplizierter werden, wenn man sie in seinem Inneren einschließt, wie Obst, das in der Hitze eines fest verschlossenen Vorratsschranks zu gären beginnt.

Im Grunde widerstrebt es mir, diese von Liebkosungen übersättigte Halbjungfrau zu sein. Wovor fürchte ich mich? Worauf warte ich? Die Männer bezeichnen diesen erbitterten Widerstand als «Eigensinn», dabei bin ich schwächer als eine Mücke. Vielleicht sind sie es einfach nicht gewohnt, denn was auch immer man denken mag, es gibt Unterschiede zwischen den Frauen. Manche verführt man mit Gesten, andere mit Worten. Und wieder anderen reicht beides nicht. Leider sind die Männer ebenso unfertig wie ein Kleid ohne Saum.

Und doch weiß ich genau, dass ich eines Tages einen von ihnen wählen werde, aus reinem Trotz womöglich den, der mir am wenigsten gefällt.

«Na gut», werde ich zu ihm sagen, «du kannst mich nehmen.»

Wenigstens wird er dann nicht erneut wie der vermeintliche Sieger vor mir stehen.

Nachdem Georges wie an jedem Abend um zehn Uhr gegangen

ist, bleibe ich mit meiner Freundin, der Langeweile, zurück – jener Rivalin, die ich allen präsentiere und die mit meinem Gähnen jede Spur von Küssen, jede Erinnerung an Sinnlichkeit verschwinden lässt. Ich bleibe mit mir allein zurück, ohne jedes Glück, hasse alles, was ich tue, ja mein Leben selbst, und mache es mir zum Vorwurf als eine Ansammlung misslungener Versuche. In der Dunkelheit beginnen sich unsichtbare Erscheinungen zu regen. Sie sind mir vertraut, oft spüre ich sie um mich streifen, hauchzart wie der abstrakte Traum, der mich verfolgt und meine Gedanken, als hielte er sie an einer Leine, unablässig zu diesem einen Punkt zurückführt, der mir stets in Dunkel gehüllt erscheint. Begierig, in ihm einen Sinn zu erkennen, strecke ich die Hände aus, meine geweiteten Augen versuchen die Finsternis zu durchdringen. Ein winziger Stern wankt vor dem schwarzen Grund. Er ist so klein, sein Leuchten so schwach, dass ich nichts anderes zu entdecken vermag als diesen dunklen Schirm, vor dem ein Irrlicht tanzt.

Ich lasse mich hinsinken, die Glieder kraftlos, übersättigt von Träumen, ohne einen Wunsch, ohne etwas anderes zu wollen, als reglos dort zu liegen. An jenem Abend überlief mich unwillkürlich ein Schauer, als Gertrude leise die Tür öffnete und ins Zimmer trat. Wie üblich meinem Blick ausweichend, reichte sie mir auf einem Silbertablett Milch und Kekse.

«Was störst du mich?», fragte ich, ohne ihr zu danken.

Und da ich fernab der Realität schwebte, drang meine Stimme hart und rau, wie eingerostet, aus meiner Kehle.

Trotzdem nahm ich die Milch und kostete davon.

«Du hast den Zucker vergessen, dummes Ding», fuhr ich sie mit derselben eingerosteten Stimme an.

Während ich trank, musterte ich Gertrude. Dieses Gesicht mit den schmalen, länglichen Augen, mit den traurigen, unbewegten Zügen, so durch und durch afrikanisch, dass sein unergründlicher Ausdruck mich nervös macht. Als ich das Glas auf dem Tablett abstelle, streift mein Arm den des Dienstmädchens, Perlmutt an Ebenholz, denke ich. Wie eigenartig, wo doch das gleiche Blut in unseren Adern fließt, auch ich hatte schwarze Vorfahren. Und suchend wandert mein Blick zu dem großen Bilderrahmen an der Wand, aus dem ein schwarzer Mann mit langen, eleganten Händen hervorlächelt.

Eines Tages habe ich dem Hausmädchen das Foto meines Großvaters gezeigt. Sie sagte nichts, lächelte nur eine ganze Weile, und ich habe nie verstanden, was dieses Lächeln mir sagen sollte. Alles an ihr verrät Gezwungenheit und Heuchelei. Zwar weiß ich nicht, was sie über mich denkt, doch ich weiß, sie wäre stolz, wenn sie wüsste, dass ich sie dafür bewundere, zu etwas nütze zu sein. Mich rührt das Los der Dienstboten, die sich für ein paar Gourdes[30] von morgens bis abends wie die Packesel schinden. Sie hegen, pflegen und hätscheln alles, was uns gehört: unsere Kinder, unsere Möbel, unsere Autos, unsere Gärten, und für welchen Lohn …! Ich liebe die vor Erschöpfung schwitzenden Stirnen, die geschickten, regsamen Hände, die muskulösen, von Kraft zeugenden Glieder. Wenn ich, wer weiß welchem despotischen Erbe gehorchend, stundenlang in meine Laken gehüllt im Bett liege und über nichtige Probleme nachsinne, schäme ich mich so sehr, dass ich mich am liebsten ohrfeigen würde, hielte mein Stolz mich nicht wie erstarrt, gefangen in dem albernen Rausch, ein weiteres jener vermeintlich reichen, in banalen Fantastereien schwelgenden Mädchen zu sein.

Die hölzernen Wände meines Zimmers sind mit unzähligen Gedanken und Skizzen bedeckt wie ein riesiges Pergament: Ergebnis kleiner innerer Duelle, großer, niemals umgesetzter Pläne, langer Phasen der Mutlosigkeit, Tausender Todeswünsche. Direkt über meinem Bett steht dieser kurze, für mich von anrührend tiefgründiger Bedeutung erfüllte Satz: «Alles Fleisch ist wie Gras und alle seine Herrlichkeit wie des Grases Blume. Das Gras ist verdorrt und die Blume abgefallen.»[31] Denn ja, was sind wir eigentlich? Und vor allem, was sind diejenigen, die glauben, allein durch die Macht ihres befriedigten Ehrgeizes zu existieren? Wenn sie nicht mehr ihr Eigen nennen als das, sind sie lebende Tote. Das Gras verdorrt und die Blume fällt ab, so hat es der Herr gesagt.

Ich bin umgeben von naiven Darstellungen, sie zeigen Schiffe und Flugzeuge – Ausbruchswünsche, liebevoll gehegte, doch niemals verwirklichte Träume vom Reisen. Von all diesen Zeichnungen ist mir lediglich eine einzige gelungen. Ich weiß selbst nicht, was sie bedeuten soll. Sie sieht aus wie ein großes verschleiertes Gespenst, in dem nur die Augen leben. War ich von dem Albtraum inspiriert, der mich gelegentlich heimsucht? Von einem dunklen Einfluss geführt, hatte meine Hand eines Tages diese Gestalt an die Wand geworfen, unpräzise und doch zugleich so eindrucksvoll, dass man sie nicht betrachten konnte, ohne einen unbehaglichen Schauer zu verspüren.

«Meine Güte, das ist ja ein *vêvê*[32]», sagte Georges Caprou bei einem seiner Besuche spottend.

«Vielleicht», antwortete ich, «aber ich weiß nicht, welches.»

«Nein, ernsthaft», setzte er verwirrt hinzu, «warum hast du deine Zimmerwände derart verschandelt?»

Ich konnte ihm darauf nicht antworten. Die gleiche Frage habe ich mir auch gestellt. Ich weiß nicht, warum, aber diese Zeichnung ist mir so teuer wie ein Gott. Sie scheint etwas Geheimes, höchst Bedeutsames zu verkörpern, und wenn ich sie betrachte, suche ich fast schon ängstlich ihre Augen. Ich bin kein Maler, trotzdem folgt mir ihr Blick wie der der Figuren auf den Fresken Raffaels, die, wie es heißt, das Innere des Petersdoms schmücken und deren Augen aus der Ferne beweglich erscheinen.[33] Wie ich mit einem Bleistiftstrich dieses Meisterwerk vollbringen konnte, entzieht sich meiner Kenntnis. Doch der lebendige Blick zeugt von Meisterhand. Er ist hart, ohne jede Nachsicht für mich, und noch nie habe ich gesehen, dass er mir zulächelt. Und er hat recht damit. Ich selbst verspüre nie den Wunsch, mit mir zu lachen. Sogar mein Äußeres missfällt mir: Eine Mulattin mit der blassen Haut einer Syrerin[34], das bin ich. «Du bist eine Schwarze», ruft mein schwarzes Blut, das Blut meines Großvaters. «Bist du verrückt», entgegnet ihm das europäische Blut meiner Großmutter, «eine Schwarze, dieses Geschöpf mit einer Haut so weiß, dass die Sonne Haitis, die heißer brennt als hundert *boucans*[35], sie kaum golden färben konnte.» Und erneut wird das Zwiegespräch meines Erbes in meinem Inneren zu einem kleinen Duell, zu einem fruchtlosen Kampf ohne Sieger oder Besiegten.

«Deine Hüften sind gerundet wie die einer Schwarzen, Lotus.»

«Ja, aber deine Füße sind lang und schmal.»

«Dein Haar gleicht mit Stroh vermischter Rohbaumwolle.»

«Ja, aber dafür ist dein Mund nicht größer als eine Erdbeere, du könntest ohne Weiteres als Weiße durchgehen, wenn …»

Um diesen zahllosen Widersprüchen zu entgehen, und vielleicht auch aus Neigung, wäre ich lieber eine reizvolle *griffonne*[36] mit brauner Haut oder eine echte Schwarze mit perfektem Körper. Für ein solches Ergebnis braucht es reines, unvermischtes Blut. So werde ich mich damit begnügen, zu sein, wie ich eben bin, und da ich all meinen Vorfahren gefallen möchte, wer auch immer sie sein mögen, werde ich weder mein schwarzes noch mein weißes Blut verleugnen.

Wie jedes Mal, wenn ich im Bett liege, sehe ich die große Zeichnung direkt vor mir. Oft betrachte ich sie lange, fasziniert und wie in einer gleichsam hypnotischen Starre gefangen. Nach und nach scheint sich um mich herum leises Flügelrascheln zu erheben und mein Zimmer mit tausend wirren Träumen zu bevölkern. Wenn endlich ein Käfer gegen den Lampenschirm schwirrt und mich aus meiner Versunkenheit reißt, wende ich den Blick ab und richte ihn erschauernd in die Dunkelheit, als hielte ich nach etwas Ausschau, was dort auf mysteriöse Weise geweckt wurde. Doch nie ist etwas geschehen. Ohne es mir einzugestehen, wartete ich auf ein Signal, das vielleicht aus der Stille käme, vielleicht auch von irgendwo außerhalb, und das wie die Bestätigung eines einzigartigen Ereignisses in meinem Leben wäre. In erbitterter Anspannung hoffte ich auf etwas, was einem Wunder ähneln würde. Ich verabscheute dieses unsichere, nutzlose Ich ohne jede Daseinsberechtigung, das ziellos seinen unwichtigen Beschäftigungen nachging. Vor allem aber verabscheute ich die Langeweile, die mich wie eine heimtückische Lepra in jeder Sekunde meines Lebens zerfraß …

Häufig rahmte ich meine Zeichnungen mit ein paar Gedanken ein, die meinem törichten kleinen Frauenhirn entsprungen waren und die ich, voller Stolz, solch ernsthafte Überlegungen hervorbringen zu können, an die Wand schrieb. Hier sind einige davon, und obwohl ich sie nicht vorschnell als bedeutungslos abtun will, spricht aus ihnen doch ein Groll gegen das Leben, der ihren Wert schmälert:

12. Juli – Ist es nicht ein Verbrechen, auf dieser Erde, auf der man selbst nur unter größten Mühen heimisch wird, noch mehr Leben zu schaffen? Wenn ich Kinder hätte, würde mein Glück durch die ständige Angst verdorben, sie leiden und sterben zu sehen. Die größte Verantwortung einer Frau: Kinder zur Welt zu bringen.

15. Juli – Die Kürze des Lebens raubt mir allen Schwung, sie beschneidet meine Möglichkeiten, zur Vollkommenheit zu gelangen. Geschaffen zu sein, um zu sterben, und trotz dieses sicheren Endes

nur mit dem Gedanken an flüchtige Besitztümer zu leben, welch ein Hohn!

20. Juli – Ich wäre gern eine Malerin, dann würde ich das Bild einer Frau mit leeren Augen und schlaff herabhängenden Händen malen, deren Fuß über dem Abgrund schwebt. Ihr Gesicht wäre dumm, so dumm, und der Titel dieses Gemäldes würde lauten: Das Leben.

28. Juli – Überall herrscht Krieg: zwischen Völkern, die sich gegenseitig beneiden, zwischen Nachbarn, zwischen Männern und Frauen, aber der schlimmste Krieg von allen ist zweifellos derjenige, der in unserem Inneren ausgefochten wird.

4. August – Nichts in mir drin … Nicht einmal ein Gedanke.

12. August – Nichts … nur Überdruss, mein einziger treuer Geliebter.

An jenem Tag hatte ich die Zeichnung lange betrachtet, als suchte ich in ihren Umrissen nach der Offenbarung, die ich herbeisehnte. Enttäuscht von ihrer scheinbar demonstrativen Unbewegtheit, begann ich zu reden, als vertraute ich mich Ohren an, die tatsächlich fähig wären, mich zu hören. Was ich sagte, war, so meine ich, dies:

«Ich schwöre dir, ich wollte nie so sein, wie ich bin, aber ich hatte keine Wahl. Sieh nur, ich kämpfe mit meinem traurigen doppelten Erbe, und ich hasse es, aber es krallt sich an mir fest wie die üblen Läuse in den Haaren der Kinder aus den Bergen.[37] Ich kämpfe, um es endlich abzuschütteln, aber es lässt einfach nicht los.»

Zum ersten Mal war mir, als sähe ich in den Tiefen des Blicks, den ich fixierte, ein schwaches Leuchten: Die Augen lebten. Ganz allmählich nahmen sie einen schrecklichen Ausdruck an. Weit aufgerissen und voller Verachtung schienen sie mir einen grausigen Vorwurf entgegenzuschleudern. Entsetzt wich ich rückwärts aus dem Zimmer.

5

Eines Tages hatte ich ein paar Freunde zu Gast, darunter auch Georges Caprou und Nicole Darcé, meine einstige Schulfreundin, die mich trotz des Verbots ihrer Eltern weiterhin heimlich besuchte. Sie war in einen weiten Regenmantel gehüllt und tief in die Polster eines alten Taxis gedrückt bei mir eingetroffen. Ich war glücklich, sie wiederzusehen, und stolz, weil sie meine Einladung angenommen hatte. Wir waren über zwanzig Leute bei dieser Cocktailparty. Meine übrigen Gäste kannte ich zum größten Teil kaum. Ich hatte sie über verschiedene Bekannte gebeten, sich uns anzuschließen, und dies allein in der Absicht, die Zahl der Anwesenden zu vergrößern und sehr bekannt zu erscheinen. Häufig verlor ich sie nach meinen Empfängen wieder aus den Augen, da ich nicht wusste, wie ich sie erreichen könnte, ja manchmal nicht einmal ihren Namen kannte. Im Nachhinein habe ich erfahren, dass ich auf diese Weise Huren in meinem Haus begrüßt hatte und Männer, die, sobald sie zur Tür hinaus waren, zum Dank die schlimmsten Verunglimpfungen über mich in die Welt setzten.

Dabei wirkten sich diese Einladungen auf meinen Geldbeutel ebenso verheerend aus wie auf mein Herz. Kaum war der letzte Gast gegangen, blieb ich allein im Salon zurück und betrachtete angewidert die schmutzigen Gläser, den staubigen Fußboden, diese ganze Unordnung, in der ich nun keinerlei Sinn mehr erkennen konnte.

Als die Gäste an diesem Abend aufbrachen, überließ ich das Durcheinander mitleidlos der armen Gertrude und ging hinauf in mein Schlafzimmer. In einem eng anliegenden Kleid, das sich um meinen Körper schmiegte, saß ich auf dem Bett und hielt meine leere Börse in den Händen. Ich hatte meinen letzten Centime ausgegeben, um diese Menschen zu bewirten, und nun stand ich bis zum Ende des Monats mit dem Rücken zur Wand.

Ohne unnötige Ausgaben kam ich normalerweise einigermaßen über die Runden. Dank Madame Carida, die in unserem Viertel einen Laden hatte und zu der Vater Charles mich eines verzweifelten Tages geführt hatte, würde ich nicht verhungern. So weit waren meine Überlegungen gediehen, als ich plötzlich ein Seufzen zu hören vermeinte. Ich schaute auf und sah die Augen der Zeichnung, die mich mit einem derart seltsamen Ausdruck anstarrten, dass es mich diesmal wahrhaftig erschreckte. Ich glaubte an eine Halluzination, erhob mich langsam und wollte gerade die Tür öffnen, um die Flucht zu ergreifen, als ich trotz meiner Angst noch einmal den Kopf hob und sah, dass die Augen jede meiner Bewegungen verfolgten. Ich begann zu zittern, und unfähig, mich zu rühren, fixierte ich unverwandt die grausige Erscheinung. Der Schrei, den ich ausstieß, rief Gertrude herbei. Sie musterte mich lange, betrachtete die grotesken Zeichnungen an den Zimmerwänden, lächelte nachsichtig und kehrte mit einem Achselzucken zu ihrer Arbeit zurück.

Wieder knarrte die Treppe, ein fröhliches Pfeifen erklang, es war Georges. Zitternd rannte ich ihm entgegen und warf mich in seine Arme.

«Was ist denn los?», fragte er überrascht.

Ich wollte ihm von der Minute erzählen, die hinter mir lag, und so nahm ich seine Hand und führte ihn in mein Zimmer. Mit furchtsam abgewandtem Kopf streckte ich den Finger aus und deutete auf die Zeichnung.

«Georges, sieh nur.»

«Was, dein *vêvê*?»

«Mach keine Scherze. Wie sehen seine Augen aus?»

«Na, es sind zwei schöne, vollkommen klare, hervorragend gezeichnete Augen. Das warst doch nicht du, Lotus, die den Stift gehalten und solche Linien hervorgebracht hat. Hattest du zufällig einen Geliebten, der Maler war?»

Da er so fröhlich war und nichts Ungewöhnliches zu bemerken schien, drehte ich langsam den Kopf und schaute in die gleiche Richtung wie er. Die Zeichnung sah völlig normal aus.

«Ich bin verrückt», sagte ich daraufhin und legte eine immer noch zitternde Hand an seine Wange.

«Das habe ich dir auch schon gesagt.»

Dann begann Georges mich wie bei jedem Besuch zu küssen. Er fand Gefallen daran und ich ebenso. Für Männer ist dies ein selbstverständliches Vorspiel, das ihre Lust erfordert. Sogar wenn sie vor Begehren dahinschmelzen, scheinen sie logisch zu denken und jede ihrer Gesten zu berechnen. Als er der Ansicht war, ich sei so gespannt wie ein Bogen, wollte er mich nehmen. Doch als sei der Bann mit einem Mal gebrochen, erwachte ich aus meinem Rausch, wie ein Ertrinkender, der plötzlich festen Boden unter den Füßen spürt.

«Wenn du dich zierst, komme ich nicht wieder», sagte er kühl, «ich lasse mich nicht zum Besten halten …»

Er musterte mich mit einer Mischung aus Verliebtheit und Hass, seine Nasenflügel bebten, und ich ahnte, dass er gegen den überwältigenden Drang ankämpfte, mich zu schlagen.

«Und was war mit denen, die du vor mir empfangen hast? Hast du dich bei denen auch so geziert?»

«Was haben sie zu dir gesagt?»

«Ich rede nie über Frauen. Für solche Unterhaltungen fehlt mir die Zeit.»

«Danke.»

Er ging fort, aber ich weiß genau, dass er wiederkommen wird. Er droht mir schon lange, mich nicht mehr zu besuchen. Die Gewohnheit ist eine mächtige Kraft. Seit drei Monaten verkehrt er in meinem Haus, und nicht einen Abend hat er seinen Besuch ausfallen lassen. Anfangs schien er mir zu misstrauen, kam eilig herein, öffnete die Tür, ohne anzuklopfen, um mich zu überraschen. Ein einziges Mal hat er einen Mann weggehen sehen. Wortlos packte er mich bei den Schultern und zog mich grob an sich, und in seinem Blick lag so viel kränkende Verachtung, dass ich ihn am liebsten geohrfeigt hätte. Aber am nächsten Tag kam er wieder. Je nach Tageslaune bin ich entweder sehr fröhlich oder sehr distanziert. Wenn ich distanziert bin, bleibt er nicht lange, wird er dagegen freundlich empfangen, verbringt er mehrere Stunden bei mir, gefangen in der Falle seines unerfüllten Begehrens.

6

Mein Haus ist das größte im ganzen Viertel, das einzig schöne, das einzig luxuriöse, ich gestehe es ganz unbescheiden, auch wenn der Junge, der es instand hält, recht nachlässig ist. Er heißt Tintin. Er ist lang und dürr. Sein großer, breiter Mund verleiht ihm das Aussehen eines Clowns. Ich habe ihn eingestellt, nachdem er mich eines Tages auf der Straße angesprochen und um Geld gebeten hatte. Ich hatte ihm ein paar Münzen gegeben und dazu noch einige Ratschläge.

«Such dir doch Arbeit, mein Junge.»

«Ich kann nichts finden, es gibt nichts.»

«Willst du einen kleinen ‹Job› bei mir?»

Er schien einen Moment zu zögern, dann, nach kurzem Nachdenken, willigte er ein.

Inzwischen war er seit fast einem Jahr bei mir. Er fegte den Hof mehr schlecht als recht, kümmerte sich leidlich um den Garten und stellte den Dienstmädchen des Viertels nach.

Er war ein wahrer Meister, wenn es darum ging, in meiner Gegenwart beschäftigt zu tun. Wenn er mich die Treppe herunterkommen hörte, packte er hastig seinen Besen und schob mit weit ausholenden, konzentrierten Bewegungen ein paar Blätter zusammen.

«Der Hof ist ziemlich schmutzig, Tintin», wagte ich gelegentlich einen Versuch.

«Kann ich nix für, Matmoizelle», antwortete er geschäftig, ohne in seinem Fegen innezuhalten, «die Blätter fallen wie der Regen, hier gibt's einfach zu viele Bäume.»

Tatsächlich gibt es viele davon, und sie bilden einen sehr hübschen Rahmen für das Haus. Die gesamte Allee ist von einem dichten gelben Blätterteppich bedeckt, in dem die Füße einsinken.

Mein prächtiges Haus ist von einzelnen kleinen Gebäuden umgeben, heruntergekommenen Hütten eher, die an Untertanen erinnern, welche zu Füßen ihres Königs knien. Mit Ausnahme von Vater Charles, den ich seit meiner frühesten Kindheit kenne, ist es mir nie in den Sinn gekommen, meine Nachbarn zu beobachten. Die meisten von ihnen sind freundliche, emsige Frauen, die nach bäuerlicher Manier mit einem bunten Tuch um den Kopf die Straßen bevölkern, andere sind magere, grell geschminkte Mädchen, die Blumen im Haar tragen, genau wie ich, und abends auf Passanten warten. Die Männer der Nachbarschaft kennen mich zwar und begehren mich wie ein unerreichbares Glück, ich jedoch weiß nicht einmal, wie sie aussehen, da ich niemals einen liebeshungrigen Blick auf sie richtete. Diesen ehrlichen Jungen, die mich vielleicht vergöttert hätten, zog ich die krawattentragenden Kleinbürger vor, die stolz hinter dem Steuer ihrer langen Limousinen saßen und deren Hupen in der Allee die Insekten aus dem Schlaf riss. Ich liebte den parfümierten Luxus, den sie mit sich brachten und der auf mich eine Anziehung ausübte, die mir vor Augen führte, wie sehr sich ihre gesellschaftliche Stellung von meiner eigenen unterschied.

Ihre Gegenwart schmeichelte mir, und ich war stolz darauf, ihnen meine Küsse zu gewähren. Wie eine Kurtisane wählte ich denjenigen unter ihnen, der meinen Sinnen und meiner Eitelkeit am meisten zu schmeicheln verstand. Und er wurde zu dem Auserkorenen, dem ich mich für ein paar Tage zur Hälfte hingab.

Doch seit Georges eines Abends das Tor zu meinem Haus durchschritten hatte, war es mir unmöglich geworden, einen anderen zu empfangen als ihn, und inzwischen verstrickte ich mich mehr und mehr in einer Zuneigung, die zu meinem eigenen Erstaunen mit jedem Tag größer wurde.

Er war eines Abends gekommen, ohne Auto und ohne Krawatte, und ich hatte in ihm auf Anhieb einen Mann aus bescheidenen finanziellen Verhältnissen erkannt. Aber seine ganze Persönlichkeit strahlte, als sei er vollständig davon durchdrungen, eine große Kraft aus. Er war gekommen, weil er von der «Schönheit» aus Bolosse gehört hatte, die ihre Gunst den Männern schenkte, die ihr gefielen. An jenem Tag hatte er die Tür zu meinem Salon geöffnet, ohne anzuklopfen, wie man es bei den Huren tut. Kaum hatte er mich gesehen, wich er einen Schritt zurück. Unsere Blicke begegneten sich, und wir musterten einander lange, wie zwei Gegner, von vornherein voller Hass, von vornherein gegen den anderen aufgebracht. Unsere Naturen hatten einander erkannt. Doch wir sollten uns noch lange Monate gegenseitig beim Leben zusehen, ohne zu begreifen …

Allerdings trugen glückliche Umstände zum Aufbrechen neuer Empfindungen bei, die, indem sie mich bereicherten, mein Herz für zärtliche Rufe öffneten.

Denn ich entdeckte das Mitgefühl.

Ich stand an meinem Fenster. Die Sonnenstrahlen fielen senkrecht auf die Bäume und überzogen sie mit einer glänzenden Farbschicht, die sie wie Kristalle funkeln ließ. Mit dem verträumten

Blick einer untätigen Frau beobachtete ich die kleinen Palmschwätzer, die von Ast zu Ast flatterten, und in der Ferne hörte ich die kreischenden Stimmen der fliegenden Händlerinnen[38]. Das ferne Tam-Tam einer Trommel drängte so unermüdlich, so frenetisch an meine Ohren, dass es einen Befehl zu übermitteln schien, dem jeder Schwarze in meiner Umgebung schweigend lauschte.[39]

Plötzlich ließ mich das Rascheln von Laub direkt unter meinem Fenster den Blick senken.

Flach auf dem Bauch, wie ein Tier, kam ein weinendes Kind auf mich zugekrochen. Ein weinendes Kind war nichts Neues für mich, ich hatte schon Kinder gesehen, die geschlagen wurden oder auf der Straße bettelten. Aber wie war dieses Kind hierher gelangt, so klein, wie es war? Sich auf den Ellbogen abstützend, das tränenüberströmte Gesicht wie zu einem Flehen erhoben, kam es immer näher. Da beugte ich mich vor und rief: «Wo kommst du her, was willst du, wo ist deine Mutter?»

Es weinte immer noch und streckte einen Arm nach mir aus. Ich rannte die Treppe hinunter und erreichte das Kind. Was sah ich in seinen Augen, auf seinem mageren schwarzen Körper, auf seinen von den Steinen aufgerissenen Händen? War es der Anblick des Blutes? Ich fasste mir ans Herz, als spürte ich einen Schmerz, und unvermittelt war mir, als ertönte ganz in meiner Nähe eine laute Stimme, die mir sagte: «Sieh hin, und du wirst verstehen.»

Ich gehorchte und sah hin: Das in Lumpen gehüllte Kind klammerte sich an meine Füße, und seine kleinen blutenden Hände hinterließen rote Abdrücke an meinen Knöcheln. Es war schmutzig, es war verletzt, und es sah halb verhungert aus. Ich beugte mich zu ihm hinunter, doch ich vermochte es nicht zu berühren; zögernd verharrte meine Hand in der Luft, und so fragte ich nur: «Hast du Hunger?»

47

Aber es war noch zu klein, um mich zu verstehen. Es weinte unentwegt, schluckte seine Tränen, den Schleim, der ihm aus der Nase lief.

Plötzlich stürzte eine zerlumpte Frau in den Hof, rannte auf das Kind zu, nahm es in die Arme und floh.

Mir war, als würde in meinem Inneren das Unterste gleichsam zuoberst gekehrt. Etwas schien auf dem Grund meines Wesens zu erstarken. Mir war ein neues Gefühl zuteilgeworden.

Ich aß kaum etwas an jenem Tag, beobachtete verwundert meine nervöse Fiebrigkeit. Ständig sah ich zwei kleine, mit Blut und Schlamm verschmierte Hände vor mir, spürte ihren warmen, kläglichen Griff an meinen Füßen, und als die Nacht hereinbrach, überkam mich eine bedrückende Traurigkeit.

Mir schien, als könnte ich nicht mehr so leben wie zuvor, als zöge mich eine unbegreifliche Macht sanft hinab in einen Abgrund voller Gewissensbisse und wunderbarer Vorhaben, in dem der anrührende Wunsch nach Sühne und Erlösung pochte.

Ich wehrte mich, schob diese fruchtlosen Selbstvorwürfe von mir.

Ach, sagte ich mir, das Leben ist zu kurz, um sich mit dem Unglück anderer abzugeben. Ich will mein eigenes Leben gierig verschlingen, wie Zuckerrohrsirup soll es durch meine ausgehungerte Kehle rinnen: geschmeidig und ungehindert, süß und wohlschmeckend. Das ist nicht schwer. Ich brauche nur die Augen zu schließen, mir die Ohren fest zuzuhalten und mich mitreißen zu lassen, die Hände allein dazu ausgestreckt, jene unbeschwerten, kleinen Freuden zu greifen, die einem auf Schritt und Tritt begegnen. Dann wird bestimmt keine vorzeitige Falte meine Stirn zeichnen, kein grundloser Kummer meine Schönheit schmälern. Leiden, wozu denn, großer Gott! Als machte es sich einen Spaß daraus, vervielfachte das Leben Not und Elend um mich herum; ich würde meine ganze Zeit damit verbringen, an andere zu denken, ohne ihren Qualen abhelfen zu können! Wozu sollte das gut sein? Ich müsste mich selbst vervielfachen, um zu versuchen, diese Unglücklichen ihrem erbarmungslosen Schicksal zu entreißen!

Aber ich konnte nicht vorhersehen, was die Zukunft für mich bereithielt! Mir würden ein paar Jahre bescheidenen, unbeschwerten Glücks vergönnt sein, und ich sollte sie gering schätzen und mich stattdessen um andere kümmern! Nein, nein, ich will nicht sinnlos leiden, das wäre zu dumm. Lieber will ich erhobenen Hauptes umhergehen. Es ist so leicht, sich blind und taub zu stellen. Ich erinnere mich, dass ich wütend die Fäuste ballte und schrie: «Nein, nein, ich will nicht.» Dann nahm ich einen Stift, drückte ihn einen Moment an meine rechte Schläfe und schrieb, wie um mir selbst zu beweisen, dass mit diesem deprimierenden Zaudern nun endgültig Schluss war, dicht neben das Gespenst die Worte: «Finis orationis.»[40]

7

Tagelang wartete ich vergebens auf Georges. Um nicht den Anschein zu erwecken, als würde ich seine Anwesenheit herbeisehnen,
ging ich nach oben, sobald Gertrude sich um acht Uhr zurückzog,
und legte mich ins Bett. Bei jedem Laut schreckte ich hoch, rannte ans Fenster und beugte mich hinaus; ich ließ die Uhr nicht aus
den Augen und war vor Ungeduld so aufgebracht, dass ich bis zum
Morgengrauen wach lag.

Zehn Tage hielt dieser Zustand an. Dann beschloss ich, außer
mir vor Zorn und davon überzeugt, ihn zu hassen, dass er mich an
dem Tag, an dem diese Laune verflogen wäre und er zu mir zurück-
käme, nicht antreffen solle. Jeden Abend floh ich nun aus dem Haus
und machte mich auf den Weg nach Carrefour[41], wo ich Männer
traf, die mich zum Tanzen aufforderten, mir Getränke spendier-
ten und mich in schummrigen Tanzlokalen befummelten, in denen
das Schlagzeug der Bands in meinem Blut vergessene Leidenschaf-
ten entfachte. Eines Abends tanzte ich nach ein paar Gläsern Rumpunsch auf der Tanzfläche allein einen *congo*[42]. Ich raffte meinen

Rock und begann mich vor den hingerissenen Zuschauern barfuß im Kreis zu drehen. Dieser Tanz machte mich berühmt, und von da an nannte man mich nur noch «die *congo*-Tänzerin».

Nachdem ich mich eines Abends besonders gut amüsiert hatte, kehrte ich todmüde nach Hause zurück. Ein Mann begleitete mich. Als wir die Haustür erreichten, streckte ich die Hand aus, um ihm eine gute Nacht zu wünschen, aber er weigerte sich zu gehen. Achselzuckend öffnete ich die Tür. Er folgte mir hinein.

«Ich kann Sie nicht empfangen, es ist zu spät», sagte ich zu ihm.

«Für Sex ist es nie zu spät. Das musst du doch wissen.»

Dann riss er mich in die Arme und versuchte mich zu küssen. Ich stieß ihm so erbittert die Fingernägel in die Augen, dass er vor Schmerz aufschrie und mich sofort wieder losließ.

«Verdammte Wilde», rief er, schon auf dem Weg zur Tür, «du kleine, wilde Hure.»

Ich ging hinauf in mein Zimmer. Kaum hatte ich mich hingelegt und entspannt, da ordneten sich meine Gedanken. Ich durchlebte noch einmal jene langen, mit albernem Lachen verbrachten Stunden, ich sah die lasziven Gesten der Männer, das entgegenkommende Verhalten der Frauen, und ich spürte, wie mein ganzer Stolz in sich zusammenfiel. Stattdessen stiegen andere Eindrücke wie sanfte Wellen in mir auf, konfuse Eindrücke, deren Bedeutung ich nicht klar zu erfassen vermochte. Langsam erwachten sie, wie benommen vom Schlaf, krochen hervor aus den verborgenen Winkeln meiner Erinnerung, nahmen immer schärfere Konturen an, wurden zur Obsession. Ich sah die ausgestreckten Hände der Armen, die verzerrten Masken hungernder Kinder, zerlumpte Händler, die verängstigt zwischen den Autos hindurchliefen, um ihnen auszuweichen, ich sah das ganze elende, wimmelnde Leben entlang der Straßenränder.

Ich versuchte, diese verstörenden Bilder, die meine ganze Lebensfreude aufzehrten, aus meinem Kopf zu vertreiben. Hielt mir die Ohren zu, warf mich auf dem Bett hin und her, verschloss mein Herz vor Gefühlen, die ich für zudringlich hielt. Doch im selben Moment sah ich, wie in einer Zimmerecke, auf die Erde verirrten Sternen gleich, zwei riesige Augen aufleuchteten und mich anstarrten. Vor Schreck stieß ich gedehnte Seufzer aus, krümmte mich zusammen, und schließlich entrang sich meiner Kehle ein so fürchterlicher Schrei, dass Gertrude an mein Lager eilte. Bei ihrem Anblick überfiel mich Scham. In jener Nacht musterte sie verschlagen die Wände meines Zimmers, legte einen Finger an die große Zeichnung und sagte dann: «Vodou ist nichts für Mulattinnen, er raubt ihnen den Verstand.»

«Vodou, welcher Vodou?»

Sie antwortete nicht, sah sich nur weiter misstrauisch um, bevor sie mit ihrem üblichen Schulterzucken wieder hinausging.

Ich bin nicht abergläubisch. Ich glaube weder an die Dinge, vor denen Frömmler zittern, noch an das, was ahnungslosen Heiden Angst macht, ich suche die Wahrheit in meinem Inneren, strecke furchtlos die Hand aus nach dem, was vor mir verborgen ist, messe mich mit dem Dasein, fühle mich unendlich klein, aber vertraue zugleich auf meine Stärke und meine Willenskraft.

Ich hatte Georges seit einem Monat nicht mehr gesehen. Der Widerwille, der mich daran hinderte, neue Männer in meinem Haus zu empfangen, verriet mir, dass ich ihn liebte. Dieses Gefühl, mir nicht mehr selbst zu gehören, Sklavin einer Empfindung zu sein, war für mich so neu, dass es mich mit größtem Glück erfüllte. Ich verschloss mein köstliches Geheimnis in meinem Inneren und dachte über Möglichkeiten nach, Georges wieder zu begegnen, um ihn zurückzuerobern.

Des Wartens auf ihn überdrüssig, beschloss ich, ihn zu Hause aufzusuchen. An jenem Abend widmete ich mich mit höchster Sorgfalt meinem Äußeren, schmückte mein Haar mit einer roten Hibiskusblüte und drehte mich, nachdem ich mich im Spiegel betrachtet hatte, zu dem Gespenst um. Es betrachtete mich wie im Spott.

Dieses sarkastische Kräuseln, das seine Augen zu den Schläfen hin verlängerte, dieser ironische, geradezu mitleidige Blick angesichts einer von vornherein verlorenen Kreatur waren entsetzlich. Blinde Wut erfasste mich. Den Mund vor Hass verzerrt, stürzte ich mich mit erhobenen Fäusten auf die Zeichnung und schlug so hart auf ihre Augen ein, dass die Nippsachen in meinem Zimmer wie bei einem Erdbeben zu tanzen begannen. Dann fiel mit einem Mal alle Erregung von mir ab, und ich sagte kühl, als spräche ich zu einer anderen Person: «Morgen lasse ich das Zimmer neu streichen.»

Dieser Gedanke beruhigte mich, und ich verließ das Haus mit einem Lächeln.

In der Nähe der Straße, die zum Friedhof führt, nahm ich einen Wagen und ließ mich zu Georges' Adresse fahren. Das Haus wirkte von außen so ärmlich, dass ich für einen Moment zweifelte, ob dort tatsächlich die Caprous lebten. Ich schaute auf die Uhr, es war erst sechs. Noch hatte die hereinbrechende Dunkelheit die Sonne nicht verdrängt. Aus Angst, jemand könne mich erkennen, beschloss ich, spazieren zu gehen, bis es vollständig dunkel geworden war. Und so wanderte ich mit funkelnden Augen und kühlen Lippen lange unter den Sternen dahin, genoss den Wind, der mein Haar liebkoste, und die Autoscheinwerfer, die die weiße Perlenkette an meinem Hals aufblitzen ließen. Außer Atem traf ich eine Stunde später wieder bei Georges ein, und obwohl ich zum ersten Mal bei ihm war, öffnete ich die Tür, ohne anzuklopfen, so wie auch er es zu tun pflegte, wenn er mich besuchte.

Er war zu Hause, saß an seinem Schreibtisch und schrieb so konzentriert, dass er mich nicht hereinkommen hörte. Ich rief ihn beim Namen, er wandte den Kopf, sah mich einen Moment an, als erkenne er mich nicht, und stand dann hastig auf.

«Du hier, was ist los?»

Verärgert wegen meines unerwarteten Besuchs, starrte er mich an. Kühl deutete er auf einen Stuhl. Ich setzte mich hin und sah mich um.

Ich hatte immer geglaubt, die Ehrbarkeit einer Familie beruhe auf äußerlichen Faktoren, und dass ein angesehener Name, eine Stellung in der Gesellschaft einem von vornherein einen gewissen materiellen Wohlstand verliehen. Wohlstand, der aus ebenjenem Namen und jener Stellung resultierte. Wie groß war meine Überraschung, als ich feststellte, dass das Haus der Caprous nur bescheiden eingerichtet war: frisch abgestaubte Lehnstühle aus Kiefernholz, Keramiktöpfe, in denen liebevoll gehegte Pflänzchen wuchsen, alles verriet den Charme eines mittellosen Heims, in dem trotz des Geldmangels Harmonie, gegenseitiger Respekt und Ordnung herrschten.

Über einer mit Blumen gefüllten Vase entdeckte ich einen Bilderrahmen, aus dem vier glückliche Gesichter lächelten. Der verstorbene Vater, die Mutter, Georges und seine Schwester. Die Mutter wirkte sanft und ernst, und ihr beinahe strenges Äußeres stand im Gegensatz zum liebreizenden Lächeln ihrer Tochter. Ich zuckte zusammen, als die Tür geöffnet wurde, und meine Verlegenheit steigerte sich noch, als Georges' Schwester eintrat. Sie hatte den dunklen Teint einer *marabou*[43], und ihr langes Haar hatte sie in einem gedrehten Zopf um ihren Kopf gelegt. Sie reichte mir die Hand mit einem so freundlichen Lächeln, dass ich gerührt war.

«Lise, darf ich dir eine Freundin vorstellen, Mademoiselle Degrave», sagte Georges.

«Sehr erfreut, Mademoiselle», sage sie mit einer tiefen Stimme, die so gar nicht zu ihrer beinahe zierlichen Gestalt passte.

Sie beugte sich über ihren Bruder, gab ihm einen Kuss, entschuldigte sich, dass sie gleich wieder gehen müsse, denn sie wolle mit ihrer Mutter ins Theater, verabschiedete sich von mir und ließ uns allein.

Ich hatte genug gesehen, um mir des Unterschieds zwischen Lise Caprou und mir bewusst zu werden. Dieser Unterschied, der ganz und gar zu ihren Gunsten ausfiel, zwang mich dazu, in mich zu gehen und mein Leben mit dem ihren zu vergleichen. Kleine Erschütterungen, schmerzhaft und ungestüm, die mich entmutigten und mich unverzüglich aufstehen ließen. Wortlos öffnete ich die Tür und ging, ohne dass Georges einen Versuch unternahm, mich zurückzuhalten. Wie sehr musste ich ihn in Verlegenheit gebracht haben. Mein Fehler war unverzeihlich. Von dem Bedürfnis getrieben, ihn wiederzusehen, hatte ich in meiner neu erwachten Leidenschaft keinen Gedanken an seine Familie verschwendet. Jedes Mal wenn ich an Lise Caprou dachte, spürte ich, wie das Gefühl der Demütigung wuchs. Sie war ein wahrhaftiges junges Mädchen, und auch ihre Mutter musste eine wahrhaftige Mutter sein.

Wie schön das sein musste, diese Harmonie, dieser gegenseitige Respekt und dieses achtbare Leben!

Ich kehrte auf der Stelle nach Hause zurück, doch es gelang mir nicht, einzuschlafen. Gegen Mitternacht war mir plötzlich, als befände sich jemand in meinem Zimmer, und ich zündete rasch das Licht an. War ich es selbst, die unbewusst dieses Geräusch von sich gab? Mir schien, als hörte ich ein leises, unterdrücktes Lachen. An der Wand gegenüber leuchteten zwei Augen. Ihr Blick enthielt nichts außer einer großen Klarheit. Ich stand auf, trat näher heran.

Was wollten sie mir sagen? Ich wusste es nicht. Aber ihren geweiteten Pupillen schienen Worte zu entströmen.

«Lotus, Lotus», schienen sie zu rufen, «sieh dich vor, sonst ist es zu spät, sieh dich vor.»

Ich wandte abrupt den Kopf. Dieses Flüstern an meinem Ohr, diese Stimme hatte ich schon einmal gehört, an dem Tag, als sich das sterbende kleine Kind unter mein Fenster geschleppt hatte. Ich nahm den Kopf zwischen beide Hände und versuchte mit aller Kraft, die Bedeutung dieses Satzes zu entschlüsseln. Wie sollte ich ihn verstehen? Was verlangte das Leben von mir? Ich fühlte mich ganz schwach und kindlich, ohnmächtig im Angesicht der Menschen, geschaffen allein für das Vergnügen und die Liebe. Meine Bildung beruhte auf einer Lektüreauswahl, deren despotische Launen wahllos Jean-Jacques Rousseau[44] und Michel Zévaco[45], Nietzsche[46] und Jacques Roumain[47] aneinandergereiht hatten. Was konnte ich tun? Ich spürte eine so tiefe Verzweiflung, dass ich nicht wieder einzuschlafen versuchte, sondern es vorzog, die Dämmerung abzuwarten.

Am nächsten Morgen lag ich noch im Bett, als Tintin an meine Tür klopfte, um mir mitzuteilen, dass alles für die Malerarbeiten bereit sei. Ich zog meinen Morgenrock an und öffnete ihm.

Schweigend stand ich ans Bett gelehnt und beobachtete in einer Starre, die meine innere Erregung verriet, wie all meine Erinnerungen zerstört wurden. Sie hatten mich so lange begleitet, dass mich ihre Vernichtung nicht ungerührt lassen konnte. Die große Zeichnung, dieses dem Zufall geschuldete Meisterwerk, wurde unter einer Farbschicht begraben, die sie langsam vor meinen Augen verschwinden ließ. Ich presste die Lippen zusammen, um den Jungen in seinem Sabotagewerk nicht aufzuhalten. Er tötete dort vor meinen Augen lebenslange Freunde, die für mich wie schemenhaft angedeutete Träume gewesen waren, von denen ich bis zu diesem Moment nicht wusste, ob sie nicht ungewollter Ausdruck all dessen waren, was ich an Tragischem und Unvermutetem in mir trug. Eine nach der anderen verschwanden die Zeichnungen. Wie eine Braut erstrahlte das Zimmer in seinen neuen Kleidern. Verjüngt, verwandelt erschien es mir wie ein völlig neuer Raum, und ich fühlte mich inmitten meiner eigenen Möbel wie ein Eindringling. Doch nach und nach verblasste dieser Eindruck, und als ich mir die düsteren Nächte ins Gedächtnis rief, die ich hier verlebt hatte, seufzte ich erleichtert auf wie ein Mörder, der nach vollbrachter Tat erkennt, dass er klug zu Werke gegangen ist und keine misslichen Folgen zu befürchten hat.

Der Geruch der Farbe trieb mich hinaus. Trotz meines Widerstrebens musste ich an diesem Abend in dem Zimmer schlafen, das einst meiner Mutter gehört hatte. Ich hatte es schon so lange nicht mehr betreten, dass der rostige Schlüssel sich erst nach minutenlangem Sträuben im Schloss drehte. Endlich öffnete sich die Tür, und ich trat ein. Unbewegt sah ich das große hölzerne Bett wieder, den inzwischen aus der Mode geratenen Frisiertisch, die Sessel, in denen die Besucher Platz nahmen. Ein unangenehm modriger Geruch, in den sich abgestandener Parfümduft mischte, nahm mir den Atem. Ich eilte ans Fenster und öffnete es. Frische, kühle Luft strömte ins Zimmer und löschte für einen Moment jede Erinnerung in mir aus. Mit dem Wind wehten ein paar Blätter von einem nahen Katappenbaum herein und glitten wie schwere Schmetterlinge vor meine Füße. Es war lange her, seit ich zum letzten Mal im Zimmer meiner Mutter gewesen war. Ich machte Licht, um besser sehen zu können. Dies also war das Heiligtum der Liebe, auf diesem Bett hatte sie so viele Männer empfangen, und in ebendiesem Bett hatte ich das Licht der Welt erblickt! Um mich schwebte der Schatten der Verstorbenen. Wie oft war ich hierhergekommen, ein kleines, wehrloses Geschöpf, wie oft war ich ans Fußende dieses Bettes getreten, um mich von der darin Liegenden ausschimpfen zu lassen, während sie mit gelöstem Haar, den Kopf auf dem Kissen, an einem grünen, nach Pfefferminz riechenden Likör nippte. Mutter, von dir habe ich alles geerbt, was mir an meinesgleichen missfällt. Es gibt Menschen auf der Welt, die ich bewundere, in dir jedoch erkenne ich zu sehr die Schwächen meiner eigenen Natur, ich bin unzufrieden mit dem, was du mir hinterlassen hast. Deine verwerfliche Vergangenheit wiegt schwerer auf meinen Schultern als hundert Sack Kaffee. Frauen wie du, Mutter, sollten niemals Kinder haben. Ist es dir denn nie in den Sinn gekommen, dass man mir all diese Schwächen, all diese kleinen Abscheulichkeiten zum Vorwurf machen würde?

Doch dann zuckte ich angesichts ihres Porträts mit den Schultern, breitete meine Decken auf dem Bett aus und legte mich hin.

Als ich am nächsten Morgen in mein eigenes Zimmer zurückkehrte, erfasste mich beim Anblick der frisch gestrichenen Wände ein Gefühl tiefen Friedens. Mir war, als hätte ich mit einer unangenehmen Gesellschaft gebrochen, und ich fühlte mich von einer schweren Last befreit. Draußen im Garten pflückte ich gelbe Studentenblumen und verteilte sie auf meine Vasen. Dann zog ich mein schönstes Kleid an und wartete auf Georges, denn ich hoffte, dass er zumindest kommen und eine Erklärung für meinen unbedachten Besuch verlangen würde. Doch der Abend verstrich, ohne dass er auftauchte. Und ich lernte die Ängste kennen, die mit unerwiderten Gefühlen einhergehen. Ich liebte ihn und wünschte mir, dass auch er mich liebte. Ich suchte nach Mitteln und Wegen, mir seine Liebe zu verdienen. Ich hatte stets gehört, wie er Frauen lobte, die arbeiteten; und sogleich beschloss ich, dass ich eine Anstellung brauchte. Ich ging die Zeitungsannoncen durch, zog Erkundigungen ein und stellte mich schließlich, mit einigen Adressen versehen, bei verschiedenen Büros als Schreibkraft vor. Während ich auf eine Antwort wartete, übte ich emsig auf einer alten Schreibmaschine, die ich in einem Winkel des Hauses entdeckt hatte und die zweifellos einem Freund meiner Mutter gehört hatte, das Tippen.

Fünf Tage später erhielt ich eine erfreuliche Antwort. Ein gewisser Mr. Davis, Direktor einer Fabrik in Port-au-Prince,[48] teilte mir mit, dass ich mich in zwei Tagen in seinem Büro melden solle.

Ich wollte Georges davon erzählen, und da ich nicht wusste, wie ich ihn erreichen sollte, schrieb ich ihm einen freundschaftlichen Brief, in dem ich ihm von meinem spontanen Entschluss berichtete.

Vergeblich wartete ich auf eine Antwort. Dabei war ich zu allem bereit, um ihn zu erobern. Im Vertrauen auf meine Reize und meinen willensstarken Charakter hatte ich mir geschworen, dass er früher oder später zu mir zurückkehren würde.

Als ich an diesem Abend bei Tisch saß, kam ein Mann herein. Er hatte mich seinerzeit ein wenig geküsst, was bedeutet, dass ich ihn genauso empfangen hatte wie all die anderen und er bloß einer auf der Liste derjenigen war, die meinen Körper betastet hatten, ohne das Geringste von meiner Seele zu nehmen. Er setzte sich mir gegenüber, sah mir rauchend beim Essen zu, und als ich mein Mahl beendet hatte, sagte er leise:

«Lass uns nach oben gehen, ja?»

«Nein», antwortete ich.

«Gefalle ich dir nicht mehr?»

«Nein.»

«Gibt es einen anderen?»

«Nein.»

«Warum dann?»

«Nein», schrie ich darauf.

Er ging, ohne mich weiter zu bedrängen, und ich blieb allein auf der Terrasse zurück, wo ich die Sterne zählte und an Georges dachte. Das war es also? Verliebt zu sein? Wie grässlich, diese Besessenheit von einer fixen Idee, dieses Gefühl, nur noch durch diese fixe Idee, für diese fixe Idee zu existieren. Alles, was ich tat, diente nun einem einzigen Zweck: Georges zu gefallen. Ich frisierte mich für ihn, wählte meine Kleider für ihn aus, badete mich für ihn und las, was auch er las. Aus diesem Grund studierte ich am Abend vor meinem Termin mit Mr. Davis einige Artikel über den Kommunismus. Ihr kompromissloser Ton missfiel mir. Er schien gegen die Freiheit der Menschen gerichtet. Ich hatte von dieser Doktrin lediglich eine vage Vorstellung. Sie war falsch, aber schön: Jeder, der wie Georges politische Ämter verachtete, das Volk verteidigte und für die Anliegen der Ärmsten eintrat, war nach meiner Auffassung der Dinge Kommunist. Und so hatte ich auch ihn lange für ein Mitglied dieser Partei gehalten. Dabei bewies gerade seine Eigenständigkeit, dass er es nicht war oder nur auf seine eigene Weise – das begriff ich nun –, denn wenn er Dinge für das Volk forderte, so tat er dies, ohne sich auf irgendeine Doktrin zu berufen, stattdessen verwies er allein auf die gegenwärtige Not der Menschen und die entsetzliche Unwissenheit, in der sie lebten.

In einem wundervollen, eloquenten Stil prangerte er all das an, was er verurteilte: Ungerechtigkeit, Verschwendung, die Unaufrichtigkeit der Mächtigen, und ich ahnte, dass er von Feinden umringt war, die seinen Tod wünschten …

Am nächsten Morgen wachte ich voller Ungeduld schon um fünf Uhr in der Frühe auf, es war das erste Mal, dass ich zur Arbeit ging.

Ich lehnte mich aus dem Fenster und rief mit so gellender Stimme nach Gertrude, dass die in den Palmen nistenden Vögel erschreckt aufflogen.

Ein schleppendes, lustloses «Ja, bitte?» folgte auf meinen schwungvollen Ruf. Ungehalten, weil ich sie in ihrer Arbeit unterbrochen hatte, kam sie herauf in mein Zimmer, und während sie auf meine Anweisungen wartete, sah sie mich so ungerührt an, dass ich wütend wurde und sie schubste.

«Los, beeil dich, du Trampeltier», schrie ich. «Ich habe dir doch gesagt, dass ich zur Arbeit gehe. Soll ich deinetwegen etwa zu spät kommen?»

Gekränkt warf sie mir einen verächtlichen Blick zu. Du wolltest Beschäftigung, schien er zu sagen, jetzt hast du sie, was regst du dich so auf, du dämliches, reiches Gör. Du weißt schon gar nicht mehr, was du dir noch alles einfallen lassen sollst, um den Leuten auf die Nerven zu gehen. Was tust du überhaupt so stolz? Ich bin nicht diejenige, die die Männer wechselt wie ihr Hemd.

Angesichts der stummen Unverschämtheit, die aus ihren Zügen sprach, steigerte sich meine Wut noch.

«Sieh mich nicht so an», schrie ich. «Oh! Du verabscheust mich, das weiß ich genau, aber mir geht es mit dir nicht anders. Du scheinst mir zum Vorwurf zu machen, was ich bin. Aber das ist nicht meine Schuld, mein Kind, ich bin nicht der liebe Gott. Jetzt sieh dir nur diese Asche an! Seit zwei Tagen hast du sie nicht weg geräumt. Meine Güte, wie schmutzig du doch sein kannst!»

Noch während ich das Hausmädchen beleidigte, regten sich in mir Gedanken, die mich meine Worte missbilligen ließen.

«Wieso schimpfe ich mit ihr?», dachte ich. «Werde ich denn nie aufhören, herumzuschreien und mich lächerlich zu machen …?»

Aber ich tobte weiter, bewarf Gertrude mit allem, was mir in die Hände fiel, und richtete, um sie zu demütigen, den Blick absichtlich auf ihre nackten Füße und ihr fleckiges, von Asche und Erde verdrecktes Kleid. Ich erinnerte mich daran, was Maria eines Tages zu

mir gesagt hatte: «Du bist ein abscheuliches Biest …» Wie entsetzlich! In diesem Augenblick empfand ich deutlich, wie tief ich ge-
sunken war, aber dieses Mädchen, das mit keinem Wort reagierte,
brachte mich durch seine bloße Gegenwart in Rage.

«Verschwinde», schrie ich.

Ich stieß sie hinaus und knallte die Tür hinter ihr zu.

Kaum war ich allein, fiel meine Wut in sich zusammen. Als ich
meine zerknitterten Kleider auf dem Bett sah, die bunt durcheinan-
derliegenden Schuhe und Hüte, diese ganze Unordnung, die ein so
passendes Bild meiner sinnlosen Erregung abgab, hätte ich mich am
liebsten gleich wieder hingelegt und mein Gesicht unter den Laken
versteckt. Ach! Nichts mehr um mich herum sehen zu müssen, nur
noch in meinem Inneren zu leben, in einer Art ununterbrochenem
Roman, alles andere hemmungslos beiseitezuschieben und in einer
idealen Existenz zu schwelgen, in der all meine Fehler einfach verschwunden wären!

«Ach», dachte ich schließlich, «man macht sich Vorwürfe, weil
man ist, wer man ist, und vermag sich doch nicht zu ändern. Was
ist schon der Wille, verglichen mit den Instinkten, die sich an unser
Wesen klammern wie schauerliche Tentakel?»

Dann wandten sich meine Gedanken Gertrude zu, diesem passi-
ven Widerstand, in den sie sich zurückzog wie in einen Panzer, und
ich beschloss zu reagieren. Mit zusammengekniffenen Lippen suchte ich ein Kleid aus und begann mich zurechtzumachen.

Im Esszimmer traf ich erneut auf Gertrude, die gleichmütig den
Tisch deckte, mit ihren üblichen langsamen Bewegungen, ihrer üblichen ungerührten Miene. Nur die Augen lebten in ihrem erloschenen, wie erstarrten Gesicht, und gelegentlich schien es, als leuchte
ein amüsiertes Funkeln in ihnen auf. Hastig aß ich ein hart gekoch-
tes Ei und einen Rest Konfitüre, dann eilte ich, obwohl es erst sieben

Uhr war, mit großen Schritten die Allee entlang. Vor dem Haus von Vater Charles blieb ich stehen und rief ihn heraus, um ihm die gute Neuigkeit zu verkünden.

«He! Guten Morgen.»

«Guten Morgen, mein kleines Fräulein. Heute schon so früh auf den Beinen? Das Wetter mag ja schön sein, aber das ist doch nun wirklich eine Überraschung.»

Grüßend hob er die Hand, in der er einen Hammer hielt.

«Vater Charles, ich gehe zur Arbeit.»

«Sie? Oh …! Aber Büroarbeit, das ist nichts für Sie. Seien Sie mir nicht böse, aber ich kann mir nicht vorstellen, wie Sie den Anweisungen eines Chefs gehorchen. Solche Leute sind nicht gerade umgänglich, wissen Sie.»

«Das bin ich auch nicht, Vater Charles.»

«Ja, leider, und gerade deshalb mache ich mir Ihretwegen Sorgen.»

Ich ging in Richtung Innenstadt. Ein trockener Wind wirbelte den Staub von den Straßen auf und verschmutzte die ohnehin schon triste Atmosphäre des Geschäftsviertels[49], das mit seinen Läden und den Häusern ohne Gärten auf Anhieb die Sehnsucht nach Bäumen und lieblichem Schatten weckte, noch mehr.

Ich hielt nach den großen schwarzen Buchstaben Ausschau, die sich von einer weißen Wand abhoben. Ich las: «Davis & Co.» und betrat das Gebäude. Sofort kam ein Angestellter auf mich zu.

«Werden Sie erwartet, Mademoiselle?»

«Ja, natürlich, ich bin Lotus Degrave.»

«Ah, gut! Bitte folgen Sie mir.»

Ich durchquerte den großen Raum, in dem sich ängstlich wirkende Angestellte konzentriert über die dicht beieinanderstehenden Schreibtische beugten. Weiter hinten tippten zwei magere Sekretärinnen mit matten, ausgedörrten Gesichtern und krummen Rücken erbittert vor sich hin.

«Oh, die sind ja viel schneller als ich», dachte ich sogleich.

Der Chef, ein dicker, kurzatmiger Weißer mit rötlichem Teint, begrüßte mich mit einem Nicken, überließ mich dann wieder dem Angestellten, der mich herbegleitet hatte, und blickte in die entgegengesetzte Richtung.

Man wies mir einen winzigen Tisch zu, und noch bevor ich meinen Hut abgenommen hatte, hielt mir jemand ein Heft hin, dessen Seiten mit schmutziger Tinte bekritzelt waren.

«Schreiben Sie das ab», sagte er kurz angebunden.

Instinktiv spürte ich einen auf mich gerichteten Blick, und Verwirrung erfasste mich. Um mir nichts anmerken zu lassen, begann ich das Heft durchzusehen, jedoch ohne etwas zu lesen, denn die Schrift war beinahe nicht zu entziffern. Ratlos schaute ich mich nach den beiden mageren Mädchen um und sah, wie sie tippten.

Geräuschvoll schob der Chef seinen Lehnstuhl zurück und stand auf. Mit einem Seufzen entspannte ich mich und machte mich an die Arbeit. Es herrschte tiefe Stille, die nur vom monotonen Klappern der Schreibmaschinen unterbrochen wurde. Ein Angestellter kam auf mich zu und forderte mich auf, meinen Arbeitsvertrag zu unterschreiben. Ich überflog das Blatt und entdeckte die Höhe meines Gehalts, es war ein Hungerlohn.

«Ich unterschreibe morgen», sagte ich leise.

«Sind Sie nicht sicher, ob Sie bleiben?», fragte er verwundert.

«Ich bin mir nie sicher, bei nichts.»

Er lächelte und ging wieder.

Ich machte mich erneut an die Arbeit, aber nach zwei Stunden ununterbrochener Plackerei tat mir der Rücken so weh, dass meine Stirn schweißbedeckt war. Die beiden mageren Mädchen, die inzwischen noch bleicher aussahen als zuvor, tippten pausenlos weiter, ohne auch nur einmal aufzusehen.

«Wie bringen sie es bloß über sich, jeden Tag so zu schuften, und das für so wenig Geld?», fragte ich mich.

Und während ich solchen Gedanken nachhing, tauchten vor meinem inneren Auge die Gesichter von Gertrude und Tintin auf. Auch sie arbeiteten hart, für einen noch sehr viel geringeren Lohn. Und welch sinnvollem Anliegen dienten die Kräfte, die sie dabei verschwendeten?

Ich schielte zu Mr. Davis hinüber, der von seiner Besorgung zurückgekehrt war und wieder in seinem Lehnstuhl Platz genommen hatte, wo er sich mit einer dicken Zigarre zwischen den Lippen sanft hin und her wiegte. Meine steif gewordenen Finger bewegten sich immer langsamer, rutschten gelegentlich zwischen die Tasten.

«Er muss mich für ziemlich unfähig halten», dachte ich, als ich mein langsames Tempo mit der meisterhaften Geschwindigkeit der anderen Schreibkräfte verglich. Ganz allmählich regte sich Auflehnung in mir, schwoll an, raubte mir die Sicht. Ich begann, einfach vor mich hin zu tippen, schrieb mitunter zweimal das gleiche Wort hintereinander, und von den ersten Fehlern an war mir klar, dass ich verloren war.

Ich wollte aufhören, wieder von vorn anfangen, doch dann erinnerte ich mich an diesen Blick, der jede meiner Gesten belauerte, und ich wagte nicht, die Kopie zu zerreißen und von Neuem zu beginnen.

Der Morgen neigte sich dem Ende zu, und ich hatte solchen Hunger, dass mir beinahe übel wurde.

«Es ist fast Mittag, beeilen Sie sich, Mesdemoiselles, Sie sind mit Ihrer Arbeit im Verzug.»

«Kabel für New York.»

«Eiliges Telegramm für …»

«Die Namensliste geht an …»

«Meine Güte», dachte ich plötzlich, «halten die uns etwa für ihre Mulis?» Und zerstreut tippte ich weiter Unsinn. Ich schrieb: Muli, Muli, Muli …

Ein Angestellter kam vorbei und beugte sich vor, um meine Arbeit zu sehen, aber ich verdeckte das Blatt hastig mit einer Hand.

«Es ist dringend, Mademoiselle.»

Ich entgegnete nichts, sondern tippte: «Scheiße», mehr als hundertmal.

Als ein Angestellter um zehn vor eins einer der Sekretärinnen einen weiteren Auftrag hinhielt, verrückte ich brüsk meinen Stuhl.

«Was ist los?», fragte der Weiße mit einem Knurren.

«Nichts, Verzeihung.»

Und ich schrieb: «Weiße Herren, ihr beutet den Schwarzen aus in seinem eigenen Land, sammelt sein Blut in seinen eigenen Händen. Weiße Herren, ihr kommt hierher, um euch von unserem Schweiß zu nähren, denn ihr wisst genau, unser Elend ist so groß, dass ihr uns mühelos für jämmerliche Summen bekommt. Angestellte, begehrt auf, verlangt, dass man euch bezahlt, lasst nicht zu, dass man euch dazu drängt, euresgleichen für so gut wie nichts den Schweiß auf die Stirn zu treiben … Besteht darauf, dass eure Arbeitszeiten eingehalten werden, sonst werdet ihr noch ewig dahinvegetieren und wie Tiere behandelt werden …» Ich hatte diese Zeilen ohne einen einzigen Fehler getippt, und das in einer Geschwindigkeit, die mich selbst überraschte.

Danach stand ich auf, reichte dem erstaunten Chef das Blatt, legte eine Kopie auf den Tisch einer der Sekretärinnen und eine weitere auf den eines Angestellten und ging ruhig, ohne mich noch einmal umzusehen, hinaus.

8

Ich zahlte einen hohen Preis für diese unbesonnene Tat, auch wenn sie Georges dazu bewog, mich wieder aufzusuchen. Die schmerzlichen Umstände, die ihn zu mir führten, verhinderten, dass ich auch nur den geringsten Versuch unternahm, ihn zu verführen. Eines Abends betrat er, vor Zorn bebend, mein Zimmer, drückte mir eine Zeitung in die Hände und befahl: «Lies!»

Als Schlagzeile erblickte ich auf der Titelseite folgenden Satz: *Ein junges Mädchen gibt ausgebeuteten Angestellten ein mutiges Beispiel.*

Ich überflog den Artikel, der von meinem Eintreffen im Büro handelte, meinem Protest gegen den angebotenen Lohn und meinen Ratschlägen an die Angestellten, die daraufhin eine Gehaltserhöhung gefordert hatten und entlassen worden waren.

Noch bevor ich zu Ende gelesen hatte, ließ ich die Zeitung fallen. Georges stand mit geballten Fäusten vor mir und musterte mich kalt.

«Verurteilst du mich etwa dafür, dass ich versucht habe zu arbeiten?»

«Stell dich nicht dumm. Ich verurteile dich wegen deiner Gedankenlosigkeit. Deinetwegen haben jetzt acht Menschen keine Arbeit mehr.»

Er entfernte sich ein Stück. Ich sah seinen Rücken, den gesenkten Kopf, die hängenden Schultern. Wie sehr musste er mich hassen, meine unreife Grausamkeit verfluchen!

«Wer mit dem Feuer spielt …»

«Bitte, Georges.»

«Versteh doch, dass es im Leben ernsthafte Dinge gibt, die es verdienen, mit Bedacht angegangen zu werden», fuhr er beinahe hasserfüllt fort. «Und sei nicht länger diese blinde Egoistin, die nur für sich selbst lebt, diese rücksichtslose, hemmungslose Kreatur. Als Dilettantin, die bloß ein wenig Zerstreuung sucht, verlangst du eine Arbeit, du zettelst eine Revolte an und dann *goodbye*. Oh nein, das ist nicht die feine Art!»

«Ach, sei doch still!»

«Du verurteilst andere doch so gern, dann musst du auch lernen zu akzeptieren, wenn dich jemand für dein Verhalten verurteilt. Du dummes, dummes kleines Frauenhirn.»

Ich liebte seinen Zorn und war ihm dankbar dafür, dass er mich beschimpfte und mich so behandelte, wie er es tat. Als ich ihm eine allzu gelassene Miene zuwandte, sah ich, wie angespannt er war und dass seine Hände zitterten, als wollte er mich schlagen. Da bekam ich Angst und lief davon. Den ganzen nächsten Tag über war ich niedergeschlagen und weigerte mich, etwas zu essen; Gertrude beäugte mich neugierig und versuchte, den Grund für meine Traurigkeit zu erraten. Gegen Abend riss ich mich endlich aus meiner Starre, zog mich an und wartete vergeblich auf Georges. Ich blieb allein auf der Terrasse, betrachtete den Himmel, und jedes Mal wenn ich die Augen schloss, tauchten wie Gespenster zwei magere Mädchen vor mir auf, die mich verfluchten. Nachts träumte ich, dass ich inmitten einer riesigen Menschenmenge auf einem Stuhl stand und schrie: «Begehrt auf, begehrt auf!» Aber alle, die mir zuhörten, lachten mich aus und zogen an meinen Haaren, um mich von dem Stuhl herunterzuholen. Eine große, blasse Frau neigte sich zu meinem Ohr und sagte: «Beruhige dich, du machst dich lächerlich. Wo ist denn deine Puppe?»

Während ich nach ihr suchte, riss mich ein Mann in seine Arme und rief: «Überlasst mir das Gör, das das ganze Viertel aufwiegelt», und ich rannte davon, noch lange verfolgt von der Menge.

Schweißgebadet wachte ich auf, und da ich noch unter dem Eindruck des Albtraums stand, wunderte ich mich nicht über den gedehnten Seufzer, den ich ganz in meiner Nähe hörte. Ich wischte mir über die Stirn, und in der Hoffnung, wieder zur Ruhe zu kommen, sobald es im Zimmer hell würde, zog ich an der Schnur, die in Griffweite hing. War es ein Kurzschluss? Die Glühbirne leuchtete nicht auf. Vergeblich tastete ich nach meiner Nachttischlampe. In der Dunkelheit erblickte ich an der Wand zwei funkelnde Irrlichter, die kurz innehielten und dann aufhörten, sich zu bewegen. Je länger ich hinschaute, desto größer wurden die kleinen Lichtkreise, zogen sich in die Länge, wurden oval und nahmen nach einer Weile die Form zweier Augen an. Nun erkannte ich auch die Stelle wieder, an der sie zum Stillstand gekommen waren: Dort hatte sich das große Gespenst befunden. Trotz der Farbschicht zeigten sich mir die Augen. Als sie schließlich wie in die hölzerne Wand eingelassen wirkten, leuchteten sie so hell, dass ich unwillkürlich aufstand, um besser sehen zu können. Sie waren wunderschön, und auf dem Grund ihrer Pupillen zitterte etwas, was wie Wasser anmutete. Die Augen weinten. Dicke, einzelne Tränen rannen über die frisch gestrichene Wand. Vorsichtig streckte ich die Hand aus und spürte an meiner Handfläche eine lauwarme Flüssigkeit, die mich erschauern ließ.

Ich stieß einen entsetzlichen Schrei aus, denn mit einem Mal war mir bewusst geworden, in welch beängstigender Lage ich mich befand: Etwas Übernatürliches ging in meinem Zimmer vor, das hatten diese Tränen unverkennbar gezeigt … Immer noch schreiend, rannte ich aus dem Zimmer und rief nach Gertrude und Tintin. Es dauerte ewig, bis sie endlich kamen, und sie fanden mich vor Angst zitternd und kurz davor, die Treppe hinunterzufallen. Sie trugen mich in mein Bett. Ich verlangte nach Vater Charles, flehte die Dienstboten an, ihn holen zu lassen. Als Gertrude sah, wie überaus erregt ich war, lief sie aus dem Zimmer. Wahrscheinlich glaubte sie, ich sei besessen, denn fünf Minuten später kehrte sie mit meinem alten Freund zurück.

In der einen Hand hielt er eine brennende Kerze, als er ins Zimmer kam, und mit der anderen drückte er seine alte Bibel an sich.

«Oh, Vater Charles!», rief ich. «Ich sehe Dinge, ich kann es Ihnen gar nicht erklären.»

Er bedeutete den Dienstboten, sich zu entfernen, dann trat er an mein Bett, senkte den alten Kopf mit den buschigen Brauen ganz dicht zu mir herab und fragte: «Was haben Sie gesehen, *mamzelle* Lotus?»

Ich erzählte ihm alles. Ohne mich einmal zu unterbrechen, hörte er zu, dann öffnete er wortlos seine Bibel und begann mir aus dem Kapitel der symbolischen Visionen vorzulesen:

«Danach sah ich, und siehe, eine Tür war aufgetan im Himmel, und die erste Stimme, die ich mit mir hatte reden hören wie eine Posaune, die sprach: Steig herauf, ich will dir zeigen, was nach diesem geschehen soll. Alsbald wurde ich vom Geist ergriffen. Und siehe, ein Thron stand im Himmel und auf dem Thron saß einer. Und der da saß, war anzusehen wie der Stein Jaspis und der Sarder; und ein Regenbogen war um den Thron, anzusehen wie ein Smaragd. Und um den Thron waren vierundzwanzig Throne und auf den Thronen saßen vierundzwanzig Älteste, mit weißen Kleidern angetan, und hatten auf ihren Häuptern goldene Kronen. Und von dem Thron gingen aus Blitze, Stimmen und Donner; und sieben Fackeln mit Feuer brannten vor dem Thron, das sind die sieben Geister Gottes. Und vor dem Thron war es wie ein gläsernes Meer, gleich dem Kristall, und in der Mitte am Thron und um den Thron vier Wesen, voller Augen vorn und hinten. Und ein jedes der vier Wesen hatte sechs Flügel, und sie waren rundum und innen voller Augen, und sie hatten keine Ruhe Tag und Nacht und sprachen: Heilig, heilig, heilig ist Gott der Herr ...»[50]

Nach außen hin war ich beruhigt, doch in meinem Inneren dauerte der Schrecken an, grausiger als zuvor. Um meinen alten Freund nicht zu bekümmern, schloss ich die Augen und lauschte zerstreut, wie einem Märchen, den Worten, die mir eher eine hübsche Legende zu erzählen schienen als jene Wahrheiten, die man in heiligen Büchern findet. Das Fiktive dieser Sätze schien kaum dazu angetan, die Dramen zu erklären, die ich durchlebte, und erst später begriff ich die rätselhafte Bedeutung dessen, was mein Freund mir vorgelesen hatte. Mein wenig zum Glauben neigender Geist verlangte nach logischen Argumenten, die ich nicht zu finden vermochte in dieser schillernden Fabel, in der die Könige sieben Augen hatten und der die Erwähnung zahlloser Edelsteine eine gleichsam unwirkliche Note verlieh. Doch ich verbarg meine Enttäuschung, und der alte Charles verließ mich in der glücklichen Überzeugung, meine Angst gemildert zu haben.

Ich befand mich inzwischen in einem Zustand andauernder Nervosität, die an Intensität zunahm, sobald ich die Schwelle meines Zimmers übertrat.

Jeden Morgen, wenn Gertrude mir meinen Kaffee brachte, schien sie mich verstohlen zu beobachten, als argwöhnte sie an mir und allem, was mich umgab, Dinge, die sie nur zu gern entdeckt hätte. Mit spöttisch geschürzten Lippen nahm sie das Tablett und die leere Tasse wieder mit hinaus.

Sie redete über meine nächtlichen Ängste, erzählte in der Nachbarschaft herum, mein Zimmer sei mit Vodouzeichen geschmückt und ich selbst oft von einem *loa*[51] besessen, was dazu führte, dass mich schließlich alle für eine Art *mambo*[52] hielten.

Die Reaktionen, die dieses gehässige Geschwätz bei den Menschen in meinem Viertel auslöste, konnten mir nicht gleichgültig bleiben. Alarmiert begannen meine abergläubischen Nachbarinnen meine Gegenwart zu fürchten, die einen ihrer Kinder wegen, die anderen um ihrer selbst willen.

Durch meinen zweifelhaften Ruf wurde ich in den Augen dieser naiven Menschen so gefährlich wie ein tollwütiger Hund. Den Beweis dafür, dass ich mich nicht getäuscht hatte, erhielt ich einige Tage später.

Eines Nachts starb ein fünfjähriges Kind, unerwartet und unter fürchterlichen Krämpfen. Am nächsten Morgen fand ich vor meiner Tür einen mit schwarzem Krepp verzierten Ochsenkopf, auf den mit Indigo zahllose Kreuze gemalt worden waren. Bleich vor Entsetzen weigerten sich Gertrude und Tintin, ihn anzufassen, und ich musste ihn selbst fortschaffen. Der halb verfaulte Kopf verströmte den abscheulichen Gestank von verwesendem Fleisch. Mit angehaltenem Atem trug ich ihn auf zwei Eisenstangen vor zur Straße, wo ich ihn in einen Graben rutschen ließ. Entlang der Allee drängten sich die Menschen ängstlich zusammen und sahen zu, wie ich vorbeiging. Zutiefst gedemütigt tat ich so, als bemerkte ich sie nicht, und ging weiter meines Weges bis zum Haus des alten Charles.

«Was bedeutet im Vodouritus ein mit schwarzem Krepp verzierter Ochsenkopf?», fragte ich ihn.

«Die Umkehr eines bösen Zaubers, den man gegen einen anderen ausgesprochen hat.»

Ich glaubte nicht an solche Dinge, und so war es nicht die Furcht vor dem Zauber, die mich erbleichen ließ, sondern vielmehr das Ausmaß der entsetzlichen Tat, deren man mich beschuldigte. Man hielt mich inzwischen also für fähig, kleine Kinder zu töten. Ich konnte meine Tränen nicht länger zurückhalten und ließ meinem Kummer freien Lauf.

Der alte Charles war gerade dabei, einen Schuh zu besohlen. Ohne seine Arbeit zu unterbrechen, sah er zu, wie ich weinte.

«Ich hätte nicht gedacht, dass Sie dem Urteil anderer so viel Bedeutung beimessen, mein kleines Fräulein», sagte er schließlich bedächtig.

«Verkannt zu werden, war noch nie eine Freude.»

«Aber wir werden alle verkannt. Selbst Jesus wurde zu Unrecht verurteilt. Wussten Sie das nicht?»

Nicht einmal das vermochte mich zu trösten. In mir brodelte eine Empörung, die durch Worte nicht zu besänftigen war. Die Ungerechtigkeit, die mir heute widerfuhr, brachte mich auf, und das Gefühl, von einem stärkeren Willen als meinem eigenen in die Enge getrieben zu werden, weckte in mir den Wunsch nach Rache.

Ich hasste Gertrude so sehr, dass ich ihr den Tod wünschte. Also beschloss ich, sie zu entlassen, und behandelte sie mit einer solchen Kälte, dass sie das heikle Thema als Erste ansprach.

«Mademoiselle behandelt mich wie einen Hund», sagte sie eines Nachmittags, «was habe ich ihr getan?»

Ich ergriff die Gelegenheit beim Schopf und senkte den Kopf, als fürchtete ich mich vor ihr.

«Ach, weißt du, wenn du nicht zufrieden bist, kannst du auch gehen.»

«Gehen? Wohin denn, bitte? Und wer sollte mich jemals ersetzen, wenn ich gehe? Ich bin die Einzige, die mutig genug ist, in einem solchen Haus zu arbeiten.»

Erbost über eine derartige Unverschämtheit, zahlte ich ihr ihren Lohn aus, doch sie nahm ihn nicht an.

«Ich habe nichts getan, warum sollte ich mich fortjagen lassen?»

Ich war so schwach, nicht darauf zu bestehen, und Gertrude blieb bei mir. Vielleicht sollte es so sein, denn der Hass, den sie mir bis zum Schluss entgegenbrachte, half mir ebenso sehr wie andere Dinge dabei, mir über mich selbst Klarheit zu verschaffen. «Denn», fragte ich mich, «wieso verabscheut sie mich?»

Es existieren gewiss Dinge, die uns voneinander trennen. Wieso existieren diese Dinge, und vor allem: Wieso sollte ich nicht versuchen, sie auszulöschen?»

Ihre Gegenwart war für mich nicht bloß die einer von Neid und Eifersucht beherrschten Bediensteten, nein, sie verkörperte sehr viel mehr und wurde sogar zu einer notwendigen Voraussetzung für jene Gefühle, die sich inzwischen mit jedem Tag wie reine Diamanten in mir ansammelten. Später begriff ich, dass die Qualen, die ihre Anwesenheit mir bereiteten, für die Entwicklung meiner selbst unerlässlich waren. Denn nur durch Opfer und Schmerz bildet sich die Seele klarer und vor allem edler heraus. Indem ich meine Empörung und meinen Hass unterdrückte, stärkte ich unwissentlich Gefühle, die aus mir nach und nach einen anderen Menschen machen sollten.

Anfangs war es nicht leicht, aber Schritt für Schritt gewöhnte ich mich daran, mich zu beherrschen, ich fand Gefallen an dieser neuen Art zu sein und machte mir einen Spaß daraus, ihre Wirkung zu beobachten. Sie erwies sich als überaus zufriedenstellend. Natürlich überließ ich mich von Zeit zu Zeit den beißenden Freuden einer Wut, die mich derart aufbrachte, dass ich alles schwarzsah. In solchen Momenten spürte ich in Gertrude so viele stumme Beleidigungen, dass ich ihr am liebsten an die Gurgel gegangen wäre.

Doch allmählich wandelte sich die Lage. Als habe ihnen jemand die Leviten gelesen, wurden die Menschen im Viertel mir gegenüber nachsichtiger. Ihre Kinder kamen wieder zum Spielen in meinen Hof, rannten mit Thérèses Kleinen durch meine Beete und aßen die Katappensamen und Honigbeeren[53] aus meinem Garten. Diese glückliche Wendung der Dinge verdankte ich meinem alten Freund. Ich erfuhr nie, wie er es geschafft hatte, aber die Nachbarn begannen mich wieder zu grüßen, zunächst noch ein wenig gehemmt, doch von Vater Charles' stichhaltigen Argumenten überzeugt, nach einer Weile sogar freundlich. Gleichwohl wich trotz der liebevollen Ergebenheit meines alten Freundes das Gefühl einer schrecklichen Bedrohung nicht von mir. Es entsprang den Tiefen meines Wesens, ich war wie von einer nie nachlassenden geistigen Anspannung erfasst, die schmerzhaft an meinen Nerven zerrte. Und erst als Vater Charles mit ein paar schlichten Worten in mir eine aufwühlende Erkenntnis auslöste, begriff ich, dass dieser Zustand der Überreizung von Überlegungen herrührte, deren bestürzender Charakter auf ihrer Neuartigkeit selbst beruhte.

An jenem Tag war er sehr früh zu mir gekommen, und ein ungewohnt ernster Ausdruck lag auf seinem sonst so heiteren Gesicht. Er sprach, als müsse er eine Aufgabe hinter sich bringen, die ihm schon lange Kopfzerbrechen bereitete. Zunächst erkundigte er sich nach meinem Befinden.

«Geht es Ihnen wieder besser, mein kleines Fräulein?», fragte er, als wollte er meine Kräfte abschätzen.

Und als ich ihm gestand, dass ich in ständiger Unruhe lebte, fuhr er fort: «Fühlen Sie sich stark genug, mich anzuhören?»

Ängstlich hob ich den Kopf.

«Um Ihnen helfen zu können, habe ich tagelang in meiner Bibel gelesen. Nun glaube ich die Bedeutung Ihrer Ängste erkannt zu haben.»

Er trat zwei Schritte zurück, schob die Brille auf seiner Nase vor und sagte streng: «Ihr Körper lebt nicht im Einklang mit Ihrer Seele. Das ist es, was ich verstanden habe. Leben Sie wohl, mein kleines Fräulein.»

Ich versuchte nicht, ihn aufzuhalten. Aus dem, was er gesagt hatte, waren mir vor allem zwei Wörter im Gedächtnis geblieben: Ihre Seele. Ich hatte vergessen, dass selbst das kümmerlichste Geschöpf auf Erden über diesen kostbaren Schatz verfügt. Meine Seele ...! Es gab also in meinem Inneren ein anderes, meinen bedeutungslosen körperlichen Reizen unendlich überlegenes Wesen, ein Wesen, das meine Lebensweise unzweifelhaft missbilligte – das bewiesen meine inneren Qualen. Ich bestand nicht allein aus diesem von so vielen Händen besudelten Fleisch. In mir lebte eine andere, edlere, zur Vervollkommnung fähige Lotus, die ein Nichts bekümmern konnte und die entsetzlich leiden musste.

Angesichts meiner bloßgelegten Schwäche wurde mir zugleich bewusst, wie stark mein inneres Widerstreben meine wahre Natur zu unterdrücken suchte. Lange hatte ich mich gewehrt, mit Sarkasmus gegen die großzügigen Regungen meines Herzens angekämpft, sie gefangen gehalten und über sie und mich selbst gelacht. Und weil ein alter Mann an mich glaubte und mir meine Seele offenbarte, erfasste mich nun eine grausame Pein, als bewirkte die Entdeckung meines wahren Ichs eine furchtbare Erschütterung, die sowohl mein körperliches als auch mein moralisches Sein infrage stellte.

Ich verließ das Haus, ohne den Dienstboten Bescheid zu sagen, setzte wie ein Automat einen Fuß vor den anderen, stieß mit Passanten zusammen, und hin und wieder drehten sich diejenigen, die ich anrempelte, ohne sie zu sehen, um und beschimpften mich. So wanderte ich lange Minuten ziellos dahin. Ein leichter Regen setzte ein, und am Himmel blitzten Feuerstreifen auf wie Leuchtsignale. Als ich wieder zu mir kam, stellte ich überrascht fest, dass ich eine recht große Strecke zurückgelegt hatte und direkt vor einer Kirche stand. Um mich vor dem Regen unterzustellen, trat ich ein.

Drinnen war es dunkel, nur ein paar Kerzen tauchten die Bänke und Statuen in ein fahles Licht. Schwerer Weihrauchduft erfüllte die Luft mit einem beängstigenden Mysterium. Eine Orgel spielte in der Stille den Refrain eines Kirchenlieds. In triumphierenden Wellen strömte ihr Klang durch die menschenleere Basilika und durchdrang sie mit seiner Ekstase. Plötzlich war mir, als würde ich von Flügeln emporgehoben, wie von selbst falteten sich meine Hände, und im Angesicht des Todesqualen leidenden Menschensohns stieg ein Gebet an meine Lippen:

«Wer auch immer du bist, Gott, Leben, Kraft, du hast mich erschaffen, und dafür danke ich dir. Ich danke dir dafür, dass du mich nicht in der Masse der Nutzlosen und Unfähigen hast aufgehen lassen; ich danke dir dafür, dass du mir zeigst, was ich vermag, obwohl ich bin, was ich bin: Klein und schwach; ich danke dir dafür, dass du mir zeigst, welche Macht jedes lebende Wesen in seinen demütigen Händen hält. Ich schwöre, um der Liebe zu meinem Nächsten willen, meiner Bestimmung zu folgen. Ich glaube an das Leben, denn es ist Gott und Kraft …»

Ich hielt einen Moment inne, bedeckte mein Gesicht mit den Händen und versank in tiefes Nachdenken. Dann hob ich den Kopf und fügte, umhüllt von Weihrauchduft und dem Klang der Orgel, leise, beinahe flüsternd hinzu: «Möge es mir nur dabei helfen, meinen Weg zu finden, dann werde ich einen Beweis für meine Existenz auf Erden erbringen. Amen.»

Gleich darauf verließ ich die Kirche, hielt ein Auto an und ließ mich nach Hause fahren.

Eine rätselhafte Anspannung hatte mein gesamtes Wesen erfasst, und so ging ich die Allee entlang und hinauf in mein Zimmer.

Es regnete in Strömen, der aufkommende Wind riss Blätter mit sich, die wie unbeholfene Vögel von den Ästen glitten. Trotz des Regens, der mein Gesicht benetzte, blieb ich am offenen Fenster stehen.

Nichts konnte mich aus meiner Versunkenheit reißen, weder das Tosen des Windes noch das Gewitter oder die unheilvollen Lichtblitze, die am Himmel aufleuchteten. Ich konzentrierte mich ganz auf mich selbst, horchte keuchend auf das stetige, rasende Klopfen meines Herzens. Als der Regen nachließ, blickte ich hinaus auf die nassen Pflanzen, deren Zweige sich unter den Böen demütig geneigt hatten. Den Blick auf die Szenerie geheftet, erforschte ich meine Gedanken, lauerte auf meine Reaktionen und versuchte zu begreifen. Plötzlich erwachte in mir eine leise Melodie, der ich aufmerksam, beinahe ekstatisch lauschte. Als tiefere Akkorde hinzukamen, glaubte ich um mich herum eine Präsenz wahrzunehmen, ein Gewirr aus unterdrücktem Gelächter, Schluchzen, Seufzen, das anschwoll, immer weiter anschwoll, wie eine große, träge Sinfonie, das immer mehr Platz in mir einnahm, mich ganz und gar ausfüllte und mich in einer plötzlichen und wunderbaren Transformation zerriss und mein Fleisch verbrannte. Zweimal wich ich erschrocken zurück, weigerte mich zu verstehen, zweifelte an meinen Kräften und an mir selbst. Mit äußerster Anstrengung versuchte ich mich zu sammeln, mich zu bezwingen. Aber die Präsenz blieb wachsam: Eindringlich, schnell schwoll die Sinfonie in meinem Inneren weiter an. Da begriff ich, auch wenn ich noch nicht wusste, ob dies ein Grund zum Lachen oder Weinen war, dass das Leben mich überschätzte und mich zum zweiten Mal erschuf.

9

Wie ich gekämpft hatte, um meine guten Eigenschaften niederzuringen, so kämpfte ich nun für ihren Sieg; in mir nahm alles Gestalt an, fügte sich befreit, gereinigt zusammen. Ich blickte ohne Widerstreben oder Abscheu auf mich, erkundete voll Inbrunst jene Seele, die zu mir gehörte, horchte auf den neuen Tonfall meines Denkens und verstand, was es damit auf sich hatte.

Obwohl Gertrude nur wenig Zuneigung für mich zeigte, beschloss ich, sie bei mir zu behalten. Jeden Morgen ging ich nun hinunter in die Küche, um mir Kaffee zu machen, und half den Rest des Tages über dem Hausmädchen bei der Arbeit. Tintin, der jetzt unter strengerer Aufsicht stand und nicht länger so tun konnte, als fegte er den Hof, schob im Garten mürrisch das verrottende Laub zusammen. Das innere Gleichgewicht, das ich durch die tägliche Arbeit gewann, vertrieb meine sprunghaften Stimmungen. Gertrude beäugte mich verwundert, wenn ich, ohne angewidert das Gesicht zu verziehen, die Hände in das fettige Spülwasser steckte und später singend die Möbel und Bilder abstaubte.

Sie will mich entlassen, dachte sie sicherlich, aber vorher erteilt sie mir noch eine Lektion.

Als mein verändertes Verhalten auch nach einer Woche noch anhielt, wuchs ihr Erstaunen, und sie versuchte herauszufinden, was mit mir los war.

Ich sah, wie sie abends zu Tintin nach hinten in den Hof ging. Meine Zigarettenstummel rauchend, die er beim Fegen aufgesammelt hatte, lauschte er ihrem Schwatzen, und ihre Stimmen, die durch die Stille zu mir herüberdrangen, erfüllten meine Seele mit Bitterkeit.

«Was ist bloß in dieses verzogene Gör gefahren?», wollte Gertrude wissen. «Faul war die, wie eine Schwangere, und jetzt fängt sie plötzlich an zu schuften wie ein Galeerensträfling. Hinter dieser Veränderung steckt doch irgendwas. Also mir kommt das verdächtig vor, findest du nicht?»

«Glaubst du vielleicht, mir gefällt das? Ich kann morgens nicht mehr rumtrödeln. Sie kontrolliert mich jetzt.»

«Ich sag dir: Den ganzen Reichen geht's im Kopf verquer. Die müssten vom Leben mal so richtig in die Mangel genommen werden, damit sie kapieren, wie es läuft ...»

Sie ging davon, und Tintin sah ihr, den Blick begehrlich auf ihre runden Hüften gerichtet, aus dem Augenwinkel nach.

Wenn ich anschließend hinauf in mein Zimmer ging, spürte ich um mich immer noch jenen wachsamen Hass, der das geringste Lächeln auf den Lippen des Hausmädchens erstarren ließ und den Schwung ihrer Gesten hemmte. Dabei hatte sie dank meiner Hilfe nur noch halb so viel zu tun. Und um die Befangenheit zwischen uns zu zerstreuen, redete ich mit ihr beinahe wie von Gleich zu Gleich.

«Als Nächstes fegen wir, Gertrude, als Nächstes wischen wir ...»

Früher oder später musste mein «wir» doch diese entsetzliche Befangenheit vertreiben, dieses Gefühl von Ausbeutung verschwinden lassen, das in ein und demselben Leben geborene Menschen zu unerbittlichen Feinden machte.

Nur das Wäschewaschen schreckte mich, denn meine an schwere Arbeit nicht gewöhnten Hände wurden in der heißen Seifenlauge schnell rot, und beim energischen Reiben der Wäsche riss meine Haut oft auf.

Als ich eines Tages in Gertrudes Gegenwart wusch, entfuhr mir ein Schmerzensschrei.

«Ich habe mir wehgetan», sagte ich, als ich bemerkte, wie sie mich ansah.

«Mademoiselle hat empfindliche Händchen.»

Ein wenig beschämt wegen meiner steifen, geschwollenen Hände, richtete ich mich auf.

«Was willst du, ich bin es eben nicht gewohnt.»

Da sah ich, wie sich der Blick des Mädchens auf meine Hände richtete, und darin lag so viel Verachtung, so viel Hass, dass mein ganzer Mut verflog und ich mit hängenden Schultern in mein Zimmer ging. Lange noch verfolgte mich dieser Blick. Er schien mir überallhin zu folgen, und je heftiger ich ihn abzuschütteln versuchte, umso deutlicher spürte ich, dass ich ihn nie wieder vergessen würde. Ein warmer Atemhauch schien mir Worte voller Hass und Drohungen ins Ohr zu flüstern.

«Ich hasse dich, ich hasse dich … Sieh dich nur um, überall Hass … Hass … Sieh dich um, überall Neid und Hass. Und weißt du, wohin das führt?»

Ich rannte zu Vater Charles und setzte mich ihm gegenüber.

«Vater Charles», sagte ich, «wieso verwandelt das Leben das Gute, das man bewirken möchte, in etwas Böses?»

«Um uns zu zwingen, über uns selbst hinauszuwachsen, mein Kind.»

«Wie das?»

«Das Leben sagt dir: ‹Du gibst zu wenig, man sieht es nicht, gib mehr, gib viel, und es wird dir zugutegehalten werden.›»

«Das Leben verlangt eine Menge», sagte ich so matt und mutlos, dass er mich aufmerksam musterte, als wollte er meine Gedanken ergründen.

«Schlechter Tag heute», sagte er nur.

Ja, es war ein schlechter Tag. Die Mutlosigkeit, die mich auf Schritt und Tritt belauerte, ergriff schleichend von mir Besitz, und in meiner unendlichen Müdigkeit spürte ich den überwältigenden Drang nach unbeschwerten Freuden, nach Lachkrämpfen und ausgelassenem Tanz. Dieses strenge, freudlose Leben, das ich führte, konnte ich nicht einmal Georges schenken, denn seit fast einem Monat hatte ich nichts mehr von ihm gehört.

Ich verabschiedete mich von Vater Charles, ging lange unter den Bäumen spazieren, allein, von unermesslicher Traurigkeit erfüllt. Und während ich dort ging, erstrahlte plötzlich ein Gedanke in mir.

«Ich werde Georges schreiben», rief ich.

Sobald ich diesen Entschluss gefasst hatte, schrieb ich ihm jeden Tag endlose Seiten, regelrechte Protokolle, in denen ich die geringsten Einzelheiten meines Tagesablaufs festhielt und ihm die geheimsten Winkel meines Denkens offenbarte.

Und so kam es, dass nach zwei Wochen grenzenlosen Vertrauens in mein Schicksal Schritte über das Laub in der Allee nahten. Er hatte noch nicht die Tür geöffnet, als ich bereits seine Gegenwart spürte.

«Guten Tag, Lotus», sagte er lediglich und setzte sich hin, als hätte er sich erst einen Tag zuvor von mir verabschiedet.

Ich erkannte seinen Duft wieder. Er roch nach Tabak und Lavendel. Ich liebte diese Mischung auf seiner Haut. Mich erfasste ein wildes Verlangen, mich an ihn zu schmiegen, und Worte, die ich bisher noch zu niemandem gesagt hatte, brannten mir auf den Lippen. Doch ich wehrte mich mit aller Kraft dagegen und wartete darauf, dass er den ersten Schritt tat.

Bisher hatte ich seiner ungezwungenen Art, sich zu kleiden, kaum Aufmerksamkeit geschenkt. Sie wies ihn als einen Mann aus, der keinen Gedanken an Eleganz verschwendet. Doch obwohl er stets sehr schlichte Kleidung trug, Hemden, deren offener Kragen den kräftigen Hals frei ließen, und Hosen aus grobem Leinen, unterschied er sich durch seine penible Sauberkeit und seine natürliche Eleganz auf den ersten Blick von jenen frivolen jungen Männern ohne Anstand und Benehmen, die die nachlässige Erscheinung schludrig gekleideter Bohemiens kopierten, um sich von ihresgleichen abzuheben. Erst einige Zeit später bemerkte ich, dass kunstvolle Ausbesserungen die abgenutzten Stellen an seinen Hemden kaschierten und seine zu oft gewaschenen Hosen die Farbe verloren. Er trug keinen Hut, und sein zu einem kurzen Bürstenschnitt frisiertes Haar ließ das allzu energische Gesicht jünger wirken. Sein Kleidungsstil passte zu meinen geblümten Röcken, meinen weit ausgeschnittenen Blusen, meinen leuchtend bunten Tüchern, und die Blicke der anderen verrieten mir, dass wir ein hinreißendes Paar abgeben mussten.

«Komm, wir gehen spazieren», sagte er nach einer Weile. «Ich möchte an die frische Luft.»

Und er führte mich aus der Stadt hinaus zum Meer, dessen intensiven Salzgeruch der Abendwind zu uns hertrug.

«Hast du meine Briefe bekommen?», fragte ich schüchtern, als er meine Hand nahm.

«Du schreibst gut, Lotus. Sollte ich glauben, dass es dir ernst ist?»

«Das Gleiche habe ich mich beim Lesen deiner Artikel auch gefragt, Georges.»

Schroff legte er die Hände auf meine Schultern, zog mich an sich und küsste mich beinahe gierig auf den Mund. Dann stieß er mich zurück.

«Da geht es dir wie Tausenden anderen, meine Kleine», sagte er spöttisch. «Du fragst dich, wie ernst es einem Fanatiker wie mir überhaupt sein kann. Dabei wäre es für mich ein Leichtes, mich auf die Seite der Stärkeren zu schlagen, ein bedeutendes Amt anzunehmen und dich in einem schicken Buick[54] herumzukutschieren. Glaubst du nicht?»

Als habe er vergessen, mit wem er sprach, veränderte sich plötzlich sein Ton.

«Unser Land ist arm», fuhr er fort, «vergiss das nicht. Trotz der schönen Autos, die du auf den Straßen siehst, trotz der seidenen Kleider und der wachsenden Zahl von Villen verhungern in fast allen Vierteln von Port-au-Prince Menschen, Kinder sterben an mangelnder Versorgung, Arbeiter schuften bis zum Umfallen. Sieh nur die Häuser da hinten, die schlecht beleuchteten, deren Vortreppen in grünlichem Abwasser enden. Dort hasst man wegen dieser luxuriösen Villen, dort neidet man und verflucht.»

Sogleich fielen mir Vater Charles, Thérèse und ihre Kinder ein, und mir wurde klar, dass ich alles, was Georges in diesem Moment sagte, seine Wahrheit, das Anliegen, für das er kämpfte, bereits selbst begriffen hatte, ohne die Hilfe eines Buches, ohne jeden fremden Einfluss … Was auch immer Georges denken mochte, dieses Anliegen vertrat ich auch, meine empfindsame Natur hatte es mich erkennen lassen, und ich wollte, dass es von nun an

85

auch zu meinem Lebensinhalt würde. Mir wurde bewusst, dass es Kämpfe, Leid und Einsatz fordern würde, und schon spürte ich, wie mich Mutlosigkeit überkam, denn ich hatte keine Möglichkeit, jenen zu Hilfe zu kommen, die vom Leben unterdrückt und von den Reichen mit Füßen getreten wurden. Georges war unterdessen verstummt, er hatte zu lachen begonnen, und dieses Lachen ließ mich erstarren, denn es schien zu bedeuten: «Warum erzähle ich dir überhaupt von diesen Dingen? Meine Worte bekümmern dich bloß, mein Kind. Ich vergaß, dass du nur eine oberflächliche kleine Närrin bist.»

Enttäuscht änderte ich meine Haltung. Ich verbarg meine Gedanken vor ihm, lachte ebenfalls und entgegnete: «Geld ist zweifellos eine schöne Sache, sollen die Notleidenden doch sehen, wo sie bleiben. Versuch nicht, mir einzureden, du handeltest aus reiner Selbstlosigkeit. Jeder hat etwas im Sinn, jeder vertritt sein eigenes Anliegen und hofft, morgen dafür belohnt zu werden.»

Er drehte sich zu mir um und ohrfeigte mich.

«Du Rohling!», schrie ich.

«Mag sein, aber ein Feigling bin ich nicht. Für diese Beleidigung würde ein Mann mit seinem Blut bezahlen.»

Brüsk setzte er sich wieder in Bewegung, und ich folgte ihm. Auf dem Rückweg wechselten wir kein einziges Wort mehr. Er begleitete mich in den Salon, und als er sich zur Tür wandte, klammerte ich mich an ihn und rief: «Geh nicht, geh nicht!»

Er hob mich hoch und stieg mit der zarten Last meines Körpers in den Armen die Treppe hinauf. Nachdem er mich behutsam auf mein Bett gelegt hatte, sagte er: «Leb wohl, Lotus.»

«Georges, nimm mich.»

«Leb wohl, ich mag keine Jungfrauen.»

Mit einem Satz war ich auf den Beinen, weinend, flehend sank ich gegen ihn. Er ließ mich weinen, dann machte er sich von mir los.

«Ruh dich jetzt aus», sagte er in dem Ton, in dem man auch zu Babys spricht.

«Bin ich dir so zuwider?»

«Du gefällst mir besser, als du glaubst. Aber ich mag es nicht, wenn kleine Mädchen mir vorschreiben, was ich zu tun habe. Ich werde dich nehmen, wenn ich es will, Lotus.»

Und er ging hinaus.

10

Bis es so weit war, führte ich weiter mein unbedeutendes Leben, und alles, was ich dereinst zu verwirklichen hoffte, schlummerte noch in mir. Gertrude, die ihre Arbeit mustergültiger verrichtete denn je, kümmerte sich mit einer Sorgfalt um meine Möbel und meine Küche, die jeden Tadel von vornherein ausschloss. Ihre Bemühungen hatten nichts mit Zuneigung zu tun, sondern verrieten lediglich den Stolz darüber, ihren Lohn auch zu verdienen.

«Ich hasse Zurechtweisungen», pflegte sie zu sagen.

Und tatsächlich verdiente sie höchstes Lob, solange ich allein ihre Arbeit in Betracht zog. Ich wusste, dass das Einzige, was ich von diesem verschlossenen, von Hass zerfressenen Wesen niemals bekommen würde, die Zuneigung war, die ich mir von ihr wünschte. Ich empfand die grundlose Ablehnung, die Gertrude mir entgegenbrachte, als ungerecht. Doch je länger ich sie beobachtete, desto klarer wurde mir, dass es gar nicht ich, Lotus, war, die sie hasste, sondern das, was ich und meinesgleichen in ihren Augen verkörperten, wir, die wir für die Menschen ihres Standes fraglos die Seligen auf

Erden waren, die Beherrscher der Welt, denen immer noch vor den Karren der Arbeit gespannte Sklaven dienen mussten, wollten sie nicht hungers sterben. Ich richtete den Blick über die Mauern meines Hauses hinaus. In den kleinen Behausungen der Nachbarschaft, die gleichsam zu Füßen meiner königlichen Residenz standen, entdeckte ich eine unter bunten Tüchern, Schminke und arrogantem Auftreten versteckte Not. Viele in meiner Umgebung litten Hunger, viele schauten zweifellos neidisch auf mein schönes Haus, meine Dienstboten, auf all das, was sie nicht hatten und selbst gerne besäßen.

Von da an grüßte ich sie höflicher, als wollte ich in ihnen eine Sympathie wecken, die mir bis dahin gleichgültig gewesen war. Sie erwiderten mein Lächeln, wenn auch ein wenig gezwungen, und an dem Tag, als ich mich traute, eines der stark geschminkten Mädchen anzusprechen, die in einem kleinen Häuschen mit morschem Dach lebten, musterte es mich wortlos. Ich liebe es, Menschen für mich zu gewinnen. Wenn ich gefallen will, wenn ich mir geschworen habe, Augen zum Leuchten zu bringen, ein Lächeln auf Lippen zu locken, Herzen schneller schlagen zu lassen, dann kann mich von diesem Ziel nichts abbringen. So wagte ich es weiterhin zu grüßen, erst freundlich nickend, später mit einem Winken. Als das Obst reif wurde, schickte ich Tintin mit vollen Körben zu ihnen; diese wurden ohne großen Dank entgegengenommen, um nicht den Anschein zu erwecken, man wolle meiner Freigebigkeit schmeicheln.

So stand es um die Beziehung zu meinen Nachbarn, als ich eines Tages nach unten ging und einer von ihnen die Tür öffnete: Vor mir stand ein stark geschminktes Mädchen mit gesenktem Kopf und rot geweinten Augen.

«Mademoiselle», sagte sie, «verzeihen Sie die Störung, aber meine kleine Schwester liegt im Sterben. Können Sie kommen und uns helfen?»

Ich folgte ihr auf der Stelle. Was ich an diesem Tag an schrecklichem Elend zu sehen bekam, erfüllte meine Seele mit Erstaunen.

Auf dem nackten Boden lag eine löchrige, von Wanzenblut fleckige Matratze, und auf dieser Matratze rang ein achtjähriges Mädchen unter grausigem Röcheln mühsam nach Atem. Die Luft, die durch ein winziges Fenster hereindrang, vermochte die stickige Atmosphäre in dem kleinen Verschlag kaum zu erfrischen. Ich beugte mich über das Kind. Weißer Speichel rann von seinen Lippen hinab zu seinem ausgezehrten Hals. Man hatte ihm Blätter um den Kopf gebunden, die durch das Fieber getrocknet sein mussten, denn sie staken gelb verfärbt unter dem Verband hervor. Die Mutter saß auf einer Ecke der Matratze und weinte still, ohne mich anzusehen. Ich war ihnen in ihrer Verzweiflung keine Hilfe, mit einem letzten krampfhaften Atemzug starb das Mädchen in meiner Gegenwart, während seine Schwester sich über es beugte und leise seinen Namen rief: «Anita, Anita …»

Mutlos kehrte ich nach Hause zurück. Abends ließ ich der unglücklichen Mutter einen verschlossenen Umschlag bringen, um sie bei den Beerdigungskosten zu unterstützen, und am nächsten Morgen folgte ich, weiß gekleidet, mit dem gesamten Viertel dem Sarg, in dem der Körper des toten Kindes lag.

Die noch unentdeckte Typhusepidemie forderte schon bald zahlreiche Opfer. Alle zwei, drei Tage starb in unserer Nachbarschaft ein Kind. Ich ließ sogleich das Trinkwasser abkochen und versorgte damit auch jeden Tag das Haus des alten Charles. Man verbot den Kindern, Obst aus dem Garten zu essen, ließ sie im Krankenhaus impfen, und nach ein paar Tagen war die Geißel besiegt.

Aber das stark geschminkte Mädchen, das zu mir gekommen war

und mich um Hilfe für seine kranke kleine Schwester gebeten hatte, hatte mein Interesse geweckt.

Sie hieß Angèle[55]. Der Name passte zu ihr, denn schon bald entdeckte ich unter der Schminke, die ihre Wangen älter wirken ließ, die sanften Züge eines vom Leben verschreckten jungen Mädchens. Was sie mit ihrem Körper machte, berührte sie in keiner Weise, es war eine Arbeit wie jede andere, härter vielleicht, dafür aber leichter zu finden, und sie erforderte keinerlei Diplom.

Ich sah sie wieder in ihrem schwarzen Kleid, ohne Make-up auf den Wangen, das Haar mit zwei schmalen Bändern neben den Ohren zusammengebunden. Sie dankte mir für das Geld und sagte, dass ihre Mutter mir meine Gabe hoch anrechne. Mit der Zeit taute sie mir gegenüber auf und erzählte mir die Geschichte ihres Elends. Hin und wieder wurde sie von einem schleimigen Husten unterbrochen, dann entschuldigte sie sich, stand auf, beugte sich aus dem Fenster und spuckte Blut. Drei Monate litt sie im Krankenhaus ein Martyrium, aufgezehrt von der Tuberkulose, die sie am Ende dahinraffen sollte. Während dieser drei Monate stand ich ihr bei, so gut ich es konnte. Sie schien mich so sehr zu lieben, dass meine bloße Gegenwart ihr schon ein Trost war. Am Tag ihres Todes riss sie sich ein dünnes Silberkettchen vom Hals, an dem einige Anhänger klirrten.

«Hier», sagte sie zu mir, «behalte das als Erinnerung an mich.»

Sie war die Einzige in unserem Viertel, die ich wie eine Freundin hätte lieben können.

11

Kurz darauf wurde meine Hingabe erneut auf die Probe gestellt.

Eines Morgens kam Vater Charles zu mir. Er sah anders aus als sonst, drehte erregt seinen schmutzigen Hut in den Fingern, und das Zittern seiner Hände verriet mir, dass er eine schlechte Nachricht brachte.

«Thérèse ist krank», sagte er, «seit drei Tagen schon. Ich weiß ja, dass ein Arzt in solchen Fällen von größerem Nutzen ist, aber wer weiß. Wollen Sie mich vielleicht begleiten?»

Ich folgte ihm sogleich zu seinem Haus. Unterwegs spürte ich, frei jedoch von jeglichem Hochmut, wie in mir ein Gefühl meiner eigenen Bedeutung aufkeimte. Es entsprang dem Eindruck, tatsächlich von Nutzen zu sein, jenen Wert zu besitzen, von dem ich ahnte, dass ich ihn in mir trug, und der mich in meinen eigenen Augen wachsen ließ, als hätte ich mit einem Mal große, bislang durch Ketten gebundene Kräfte freigelassen, wie Vögel, deren Käfigtür eines schönen Tages geöffnet wird. Mit solchen Gedanken trat ich über die Schwelle meines alten Freundes.

Thérèse lag mit glühender Haut auf ihrem ärmlichen Lager und blickte mit großen, leeren Augen an die Decke. Ihr Körper verströmte einen schalen Schweißgeruch, und ich atmete so flach wie möglich, als ich mich über sie beugte und behutsam eine Hand auf ihre glühende Haut legte.

«Hast du Schmerzen, Thérèse?»

Sie antwortete nicht, bewegte lediglich kurz die Hand, als wollte sie sagen: «Was macht es schon, ob ich Schmerzen habe oder nicht?», und starrte weiter an die Decke. Die Kinder kauerten in einer Ecke und sahen mit halb geöffnetem Mund verständnislos zu uns herüber; beim Anblick ihrer Füße und Gesichter erkannte ich, dass sie nicht mehr gewaschen worden waren, seit ihre Mutter darniederlag.

Ein heiserer Atemzug kam über die Lippen der Frau und erfüllte das winzige Zimmer mit dem Klang des Todes.

«Sie braucht einen Arzt», sagte ich zu Vater Charles.

Die Kranke drehte den Kopf in unsere Richtung und schüttelte ihn abwehrend.

«Du willst keinen Arzt?»

Ich zog Vater Charles hinter mir her aus dem Raum.

«Sie muss behandelt werden», sagte ich mit Nachdruck.

«Sie will nicht, und außerdem …»

Er zögerte.

«Ich bezahle», entgegnete ich daraufhin, ohne überhaupt zu wissen, woher ich das Geld nehmen sollte. «Sie muss behandelt werden. Wenn jemand vernünftig mit ihr redet, ist sie bestimmt einverstanden. Ihre Kinder brauchen sie. Das werde ich ihr sagen.»

Ich ging zu ihr zurück, kniete neben dem Bett nieder und fand so treffende Worte, um Thérèse umzustimmen, dass sie abrupt meine Hand vor ihre Augen zog und zu schluchzen begann.

Eine Stunde später kam ich mit Doktor Garin zurück. Er war ein kleiner, runder Mann, dessen Gesicht eine große Güte ausstrahlte. Er hatte mich behandelt, als ich noch ein Kind gewesen war, und erkannte in dieser gesunden jungen Frau nur mit Mühe das kleine Mädchen mit den bleichen, eingefallenen Wangen wieder, um dessen Leben er zwei Monate gerungen hatte.

«Ihre Mutter und ich waren gute Freunde», sagte er zu mir.

«Ach ja …!»

Während er eine Spritze aufzog, erzählte er mir von einigen Begebenheiten, die in mir die Asche der Erinnerung aufwühlten.

«Sie waren noch so klein und dünn, so dünn … Sie hatten schreckliches Fieber. Tagelang glaubte ich, der Tod würde siegen … Aber ich habe ihn bezwungen, hahaha …!»

Er lachte und sah mich aus fröhlichen Augen an.

«Er ist glücklich, weil er weiß, dass er den Menschen von Nutzen ist», dachte ich sogleich. Und als ich ihn bei seiner Arbeit beobachtete, begann ich ihn zu beneiden.

Nachdem er die Kranke abgehorcht hatte, führte ich ihn hinaus.

«Ist es ernst, Doktor?»

«Ja und nein», antwortete er. «Ein schwerer Anfall von Malaria. In diesen kleinen, feuchten Häusern wimmelt es von Mücken. Und die ganzen Abwasserrinnen locken sie noch zusätzlich an.»

Während er sprach, stellte er ein Rezept aus und reichte es mir.

«Sie soll dieses Medikament drei Tage lang alle zwei Stunden nehmen. Bis dahin komme ich noch einmal wieder.»

«Danke, Doktor.» Mit einem Mal verlegen, wandte ich den Blick ab und setzte hinzu: «Doktor, lassen Sie nichts unversucht, um diese Frau zu heilen … Ich übernehme die Rechnung.»

Er musterte mich einen Moment lang so eindringlich durch seine klaren Brillengläser, dass mir unbehaglich wurde.

«Womit verdienen Sie Ihren Lebensunterhalt?», fragte er unvermittelt.

Als ich wortlos in die Ferne blickte, legte er mir eine Hand auf die Schulter, dann ging er fort, ohne mich noch einmal anzusehen.

Von da an ging ich jeden Tag zu Vater Charles und kümmerte mich um Thérèse. Stumm streiften die Kinder, in der Nase bohrend, um mich herum, und ihre kränklichen Blicke schienen mich anzuflehen. Das war ihre Art, um ein paar Münzen zu betteln. Ich gab ihnen so viel, wie ich konnte, und ihre Freude und kindliche Dankbarkeit waren mein Lohn. Meine Seele war von Frieden erfüllt, und die heitere Gelassenheit, die mir dieses wenige Gute bescherte, welches ich Menschen angedeihen ließ, die weniger hatten als ich, half mir dabei, die Einsamkeit zu ertragen, mehr noch, sie ließ sie mich geradezu herbeisehnen, als fände ich inzwischen etwas Reizvolles daran. Ich gewöhnte mich an Georges' Abwesenheit, wie ich mich zuvor an seine Gegenwart gewöhnt hatte. Und die mondlosen Abende, die ich nun allein auf der Terrasse verbrachte, weckten in mir die Liebe zur Stille der Nacht. Zwar hatte ich Georges' Arme nicht mehr, um mich zu wärmen, dafür fand ich einen Ausgleich in den Gedanken, die auf mich einströmten. Ich erfreute mich nicht länger an äußeren Dingen, sah die Sterne kaum noch und hörte nicht einmal mehr ihren Glöckchenklang.[56] Ich merkte nicht, dass ringsum die Orangenbäume im Dunkeln ihre Blüten herabregnen ließen, atmete nicht länger den süßen Duft der Sapotillen[57], an denen zwischen den Blättern die Fledermäuse knabberten, ich erfreute mich nur noch an meiner neuen Existenz. Von dem Wunsch beseelt, mich ganz und gar zu verausgaben, um anderen von Nutzen zu sein, wurde ich in Gedanken eins mit dem unermesslichen Leiden der Menschheit, und es drängte mich, einen Weg, ein Mittel zu finden, ihre Not zu lindern. Mir war, als befände ich mich weit, sehr weit entfernt, in einer Welt, in der der Mensch allein durch seinen Willen tätig werden und sich behaupten konnte, in der wahre Freiheit herrschte und aus der vor allem jeglicher Neid und Hass verbannt waren.

Die Stille um mich herum schien die ganze Welt zu umfassen. Zartem Flügelrauschen gleich erfüllten leise murmelnde Stimmen die Luft. Wie von unsichtbaren Händen geschoben, näherte sich mir die große Schar der Armen und Entrechteten. Dann verschwanden einige von ihnen und ließen in meiner Erinnerung die ausgemergelten schwarzen Gesichter meiner Landsleute zurück. Da waren sie, die unter ihrer Last gebeugten Bauern, drängten sich an mich, und ihre ausgedörrten Lippen, ihre schweißbedeckten Körper schrien ich weiß nicht mehr welche entsetzlichen Verwünschungen. Sie forderten, flehten, verfluchten, und ich sah, wie sich das Leben, in seine Unsterblichkeit und seine unabänderlichen Gesetze zurückgezogen, taub stellte und mit jedem Tag nur noch grausamer wurde.

Doch seltsamerweise bekümmerten mich diese melancholischen Traumbilder nicht, sondern reinigten meine Seele und wärmten sie, als seien sie meinem Geist dankbar, dass er sie für einen kurzen Moment zugelassen und gehegt hatte. Tiefe Ruhe breitete sich in mir aus. Eine sanfte, innige Traumverlorenheit erfasste meine Sinne, läuterte sie in einem so köstlichen Rausch, dass ich darüber sogar den Geschmack der Küsse vergaß. Meine Nächte waren friedlich, keine Ängste unterbrachen sie, und nicht ein einziges Mal im Verlauf dieser moralischen Erhebung verstörten mich eine Vision oder ein Traum.

Auch mein Gesicht veränderte sich: Meine durch innere Einkehr und Liebe entspannten Züge wurden anmutig und zart.

Einen Monat später kehrte Georges zu mir zurück. Als er mich an jenem Abend küsste, wusste ich, dass sich seine Haltung mir gegenüber gewandelt hatte. Von dem Tag an führte er mich gleich nach seiner Ankunft hinaus auf die Terrasse, setzte sich neben mich und erkundigte sich ohne einen Kuss, ohne die geringste Liebkosung nach den Dingen, die ich liebte, nach den Büchern, die ich gelesen hatte, und nach all den kleinen Einzelheiten meines Lebens. Doch obwohl ich ihm vertraute, konnte ich das Widerstreben nicht überwinden, ihm von meiner Mutter zu erzählen. Eine unbezwingbare Scham hielt mich zurück und machte mich stumm. Schweigend hörte er zu, wie ich belanglose Anekdoten aneinanderreihte, und wenn er aufstand, um zu gehen, drückte er mich wortlos an sein Herz. Aber ich spürte, dass sein Groll mit jedem Tag schwand und seine Kälte dahinschmolz. Geduldig wartete ich auf das Erwachen seiner Freundschaft, horchte auf sein Schweigen, lauerte auf seine Blicke, machte mich ganz klein und so sanft, dass er mich oft gleichsam erstaunt betrachtete. Dieser neue Zauber, den ich ausstrahlte, schlug ihn gegen seinen Willen in den Bann. Stolz wertete ich diesen Sieg als den Beginn einer Belohnung für das neue Leben, das ich nun führte. Lange hatte ich selbst geglaubt, meine veränderte Haltung sei bloß eine vorübergehende Laune, hatte Abend für Abend erwartet, mich wieder verwandelt vorzufinden, ihn mit vor Zorn verzerrten Zügen anzuschreien: «Lasst mich einfach in Ruhe, das ist es, was ich will!»

An diesem Abend war er ganz besonders unfreundlich zu mir, schob stumm den Maiskuchen zurück, den ich ihm anbot, und zog, ohne mich auch nur eines Blickes zu würdigen, die Hand weg, nach der ich griff. Ich gab mir alle Mühe, ihm zu gefallen, aber vergeblich. Nach einer Stunde gab ich auf. Er gab mir das Gefühl, als sei ich tausend unbewusster Vergehen schuldig, ich war unglücklich und so enttäuscht, dass ich mich unvermittelt mit einem lauten Seufzen hinsetzte. Abrupt wandte er mir das Gesicht zu, sah mich an, musterte aufmerksam meine Züge und fragte schließlich kurz angebunden: «Ist es dir ernst, Lotus?»

Ich schaute zu ihm auf, und mein Blick war von solcher Inbrunst erfüllt, dass er plötzlich den Stuhl zurückschob und aufstand. Er schien mit sich zu ringen, als fürchtete er, meinem Zauber zu erliegen. Als er zu sprechen begann, erkannte ich, dass Stolz der einzige Grund für sein Verhalten mir gegenüber gewesen war. Doch des ständigen Kampfes müde und besiegt, kapitulierte sein Hochmut nun vor seinem Verlangen und demütigte ihn, indem er ihn meiner Liebe auslieferte.

«Wenn mir eine Frau gefällt, teile ich sie nicht mit anderen», sagte er mit einer Stimme, in der der letzte Widerstand erstarb.

Wortlos sah ich ihn immer noch an.

«In allem, was ich besitze, will ich der Einzige sein, hast du verstanden?»

Er verrückte geistesabwesend ein paar Stühle und zündete sich eine Zigarette an, die er sofort wieder in einem Aschenbecher ausdrückte, dann stürzte er sich auf mich und riss mich ungestüm in die Arme. So trug er mich hinauf zu meinem Bett … und an jenem Abend verließ er mich erst im Morgengrauen.

12

Früher, als ich mich noch für Oberflächlichkeiten begeisterte, schmeichelten mir die Besuche von Nicole Darcé. Wie die jungen Männer, deren Gesellschaft in einer Phase meines Lebens die eitleren Neigungen meiner Natur befriedigt hatte, war auch Nicole für mich weniger eine echte Freundin als ein Gegenstand, dessen Besitz mit Stolz erfüllt. Dabei hatte ich sie schon während unserer Schulzeit als etwas Besonderes erkannt, sie erwählt, und sie wäre für mich zu einer Schwester geworden, hätte ich nicht mit zunehmendem Alter begonnen, unsere beiden Leben miteinander zu vergleichen. Genau wie ich für Gertrude eine Gesellschaftsschicht verkörperte, die mit ihrer eigenen nichts gemeinsam hatte, war Nicole für mich ein Mensch von seltenen Vorzügen gewesen, einzigartig und voller verlockender Reize. Das Echo der Bälle, die bei ihr zu Hause veranstaltet wurden, drang an meine Ohren. In den Zeitungen wurden die Kleider gerühmt, die Anna Verdieu oder Madame Darcé getragen hatten. Es war eine unbekannte Welt voller Verheißungen, die mich durch die Bewunderung, die ich ihr entgegenbrachte, lange in ihren Bann geschlagen hatte. Damals hatte ich das alles wie durch einen dichten Schleier gesehen. Nun, da sich die engen Maschen meines Sichtfelds allmählich lockerten, vermochte ich die Dinge klarer zu erkennen, und nach und nach öffneten sich mir die Augen für das, was ich seinerzeit die «bessere Gesellschaft» genannt hatte. Diejenigen, die ihr angehörten, waren wie alle anderen Menschen, mit denselben Fehlern behaftet, denselben Vorzügen gesegnet. Der Unterschied beruhte allein auf kleinen äußerlichen Dingen, die vergänglicher waren als unser Körper selbst. Und so kam ich zu dem Schluss, dass keine Gesellschaftsschicht eine Mauer zwischen den Menschen errichten konnte, denn diese waren von Natur aus gleich. Später lernte ich, dass, wenn es einen Unterschied zwischen ihnen gab, dieser nur auf der Überlegenheit von Seele und Bildung beruhen konnte.

Trotzdem kann ich nicht sagen, dass ich keine Zuneigung zu Nicole empfand. Sie war lediglich durch gewisse Vorstellungen verfälscht worden, und nachdem diese zerstreut waren, konnte ich die Freundschaft zu meiner einstigen Schulkameradin nun freier und nach eigenem Ermessen bewerten. Es gab Gemeinsamkeiten zwischen uns, denn obwohl sie in ihrem wohlhabenden, kleinbürgerlichen Elternhaus eine behütete Erziehung genossen hatte, brachte sie allem, was sie empörte, instinktiv einen erbitterten Hass entgegen. Und was sie empörte, waren Armut, Ungerechtigkeit und Tyrannei. Ich wusste, dass sie viel darum geben würde, das Los der Armen zu lindern, ihr aber bislang noch niemand dabei geholfen hatte, sich über ihr Innerstes klar zu werden. Vielleicht war es das, was uns schon in unserer Kindheit zusammengeführt hatte und was das Leben dazu bewog, sich ihrer zu bedienen, um mir meinen Weg zu zeigen.

Die Darcés wohnten noch immer in ihrem herrlichen Haus im

vornehmen Teil von Turgeau[58]. Obwohl Nicole und Anna Verdieu unzertrennlich waren, gestand Nicole mir, dass sie sie im Grunde nicht besonders mochte. Versnobt und teilnahmslos in ihren kleinbürgerlichen Luxus zurückgezogen, hatte Anna sich schließlich auf die Seite ihrer Eltern geschlagen und vermied es seitdem, mich zu grüßen. Ich war ihr deswegen nicht böse, denn das Einzige, was ich mittlerweile noch für sie empfand, war völlige Gleichgültigkeit.

Wenn Nicole mich besuchte, trug sie stets einen Regenmantel ihres Bruders, unter dem von ihrer eleganten Erscheinung nichts mehr zu erkennen war. Wir lachten gemeinsam über ihren grotesken Aufzug und plauderten, auf meinem Bett sitzend, stundenlang miteinander. Bei diesen Gelegenheiten vertraute sie mir an, dass sie unter strenger Aufsicht stand, und nicht ohne Bitterkeit erzählte sie mir von der Unnachgiebigkeit ihrer Mutter, ihren vergeblichen Zurechtweisungen.

«Soll sie mich nur anschreien, ich mache trotzdem, was ich will», erklärte sie schroff. «Ich werde nicht gern herumkommandiert.»

Und sie schilderte mir erneut jene unerfreulichen Szenen, aufgrund deren sie ihre Mutter inzwischen regelrecht als Feindin betrachtete.

«Man muss doch akzeptieren, dass sich die Zeiten geändert haben, meine Liebe. Meine Mutter gestattet mir nicht, dich zu sehen, sie unterstellt dir die schlimmsten Dinge, ohne dich ein einziges Mal angehört zu haben.»

«Du musst zugeben, dass mein Ruf …»

«Du bist nicht reich genug, das ist alles. Einige dieser feinen Damen, die sie bei uns empfängt, sind abscheuliche, lasterhafte Frauen. Das weiß sie auch ganz genau. Und weißt du, wieso sie sich weigert, Janine einzuladen, deren Erziehung und Ruf nun wirklich außer Frage stehen? Nur weil sie schwarz ist, hörst du? Nur weil sie ihr mit ihrer dunklen Haut Schande machen würde in diesem Salon, in dem sie nur die empfängt, die ihr gefallen, nämlich die reichen Mulattinnen ...»

Erstaunt darüber, in ihr eine Empörung zu entdecken, die meiner eigenen so ähnlich war, hörte ich ihr zu, ohne sie zu unterbrechen. Eine neue Gemeinsamkeit festigte unsere Freundschaft: Beide verurteilten wir unsere Mutter. Was ich der meinen vorwarf, war Nicole nicht unbekannt.

Eines Nachmittags kam sie zu mir, ohne sich zu verbergen, und dabei strahlte sie eine Entschlossenheit aus, die ich an ihr bisher nicht gekannt hatte.

«Hallo», begrüßte sie mich und hielt mir frische Weintrauben hin, die sie unterwegs gekauft hatte.

«Du hast deinen Mantel vergessen, Nicole», sagte ich besorgt.

«Von jetzt an werde ich mich nicht mehr verstecken, wenn ich dich besuche.»

Sie setzte sich neben mich auf die Bettkante, und ich sah, dass ihre Augen vor unterdrücktem Zorn funkelten. Ich wagte nicht, ihr Fragen zu stellen. Doch nach einer Weile vertraute sie mir von sich aus an, was sie beschäftigte.

Ihre Mutter, die zweifellos den Wunsch hegte, sie zu verheiraten, veranstaltete ihr zu Ehren einen Empfang. Da Nicole inzwischen fünfundzwanzig Jahre alt war, hatte ihre Mutter ihr erlaubt, die Gästeliste selbst zusammenzustellen. Nicole hatte diese Gelegenheit genutzt und sowohl meinen Namen als auch den von Janine hinzugefügt. Nachdem Madame Darcé die Liste zu Gesicht bekommen hatte, strich sie unsere Namen, wie sie es schon einmal getan hatte.

Nicole war außer sich und hatte von ihr zum ersten Mal eine Erklärung für dieses Verhalten gefordert.

«Eine Mutter schuldet ihrer Tochter keine Erklärungen», versetzte Madame Darcé.

«Oh nein, Maman, das wäre ungerecht. Ich bin kein Kind mehr. Ich will dir jetzt ein für alle Mal sagen, was ich davon halte …»

Sie hatte lange geredet, ihrer Mutter vorgeworfen, mich seit unserer Kindheit verdammt zu haben, ohne mich überhaupt zu kennen, und die kleine Larivière aufgrund eines dummen Vorurteils von ihren Gesellschaften auszuschließen. Ihre Mutter hatte sie wortlos angehört, bevor sie sie mit einer Beschimpfung mitten ins Gesicht geschlagen hatte.

«Dafür wird sie teuer bezahlen», beendete Nicole ihren Bericht. «Oh, ich werde dafür sorgen, dass sie es noch bereuen wird, die Hand gegen mich erhoben zu haben.»

Sie blieb sehr lange an jenem Tag und ging erst, kurz bevor Georges eintraf.

Es dauerte zwei Monate, bevor ich sie wiedersah. Sie hatte sich in erschreckender Weise verändert. Ihr sonst so frisches Gesicht wirkte welk, ausgetrocknet, gelblich. Die übergroßen Augen hatten allen Glanz verloren. Beim Anblick ihrer traurigen Gestalt und ihrer aufgelösten Züge vermutete ich gleich, dass etwas Ernstes vorgefallen sein musste. Besorgt nahm ich ihr Gesicht in meine Hände, diese verhärtete Maske mit den ruhelosen, verstörten Augen weckte in mir dunkelste Ahnungen.

Sogleich bestürmte ich sie mit Fragen.

«Nicole?»

«Was denn?»

«Nicole, was hast du getan?»

«Ich, nichts, wieso?»

«Mir kannst du nichts vormachen. Dafür kenne ich dich schon zu lange. Ich sehe es in deinem Gesicht. Du bist … Du bist …»

Plötzlich brach sie in Tränen aus.

«Ach, wenn du wüsstest, Lotus», flüsterte sie, «wenn du wüsstest, was ich getan habe …!»

Ich rückte näher an sie heran, nahm ihre Hände, bedachte sie mit zärtlichen Gesten und Worten. Und je liebevoller ich mich ihr zuwandte, umso heftiger weinte sie.

«Oh», sagte sie, «ich war verrückt, verrückt …»

Sie gestand mir, dass sie sich seit zwei Monaten mit einem Mann traf und nun schwanger war.

«Dann heiratet er dich eben», sagte ich arglos, «das weißt du doch.»

Sie schüttelte den Kopf.

«Ich habe dir nicht alles gesagt», fügte sie hinzu, «dieser Mann ist verheiratet und Vater von drei Kindern.»[59]

«Was?»

Ich starrte Nicole entgeistert an. Da mir die tröstenden Worte, die sie gebraucht hätte, nicht einfallen wollten, begnügte ich mich damit, sie stumm anzusehen.

«Siehst du, siehst du», stammelte sie und wandte den Kopf ab.

«Oje, wie willst du dich denn aus der Affäre ziehen?», fragte ich. «Was soll aus dir werden? Was wird deine Mutter sagen?»

«Meine Mutter …?»

Sogleich veränderte sich ihre Miene. Hass verzerrte ihre Züge. Sie drehte sich zu mir um und stieß durch zusammengebissene Zähne zornerfüllte Worte aus.

«Meine Mutter …! Ach, sie ist doch an alldem schuld. Ihretwegen, hörst du, nur ihretwegen wollte ich, dass es so weit kommt. Jetzt ist es endlich vorbei mit ihrer Überheblichkeit, jetzt werde ich endlich erleben, wie sie sich ganz klein macht … Denn ich werde das Kind behalten, nur um ihr Schande zu machen, nur um mich zu rächen.»

Mich überkam der kaum beherrschbare Drang, sie zu ohrfeigen. Doch ich riss mich zusammen und sagte nur: «Eine Närrin warst du, eine fürchterliche Närrin, mehr nicht.»

Trotzdem litt ich auf tausenderlei Weise mit ihr. Ich missbilligte ihr Verhalten, und der Hass, der sie vorhin geschüttelt hatte wie eine Furie, war mir zuwider; ich verübelte ihr nach einer solchen Tat diesen harten, trockenen, fiebrigen Blick, aus dem zwar Scham und Traurigkeit sprachen, nicht aber die geringste Spur von Liebe, die ihn verschönert hätte.

Etwas in mir schrie, ich solle sie hinauswerfen, ohne noch ein weiteres Wort anzuhören. Eine andere Stimme jedoch flößte mir zärtliche Trostworte ein, die ich nicht auszusprechen wagte.

Ja, ich weiß, hätte ich ihr am liebsten gesagt, du hast mehr aus Trotz gehandelt als aus Liebe, du warst dumm, und du wirst für die Folgen deiner Tat bezahlen. Du bist schwanger von einem Mann, ohne auch nur das Glück zu kennen, ihn zu lieben, von einem Mann, der dir nicht zur Seite stehen kann, weil er dich nur heimlich treffen darf. Aber dieses kleine Wesen, das in dir heranwächst, das musst du lieben, verstehst du? Das bist du dir schuldig. Dieses Wesen ist nicht verantwortlich für das, was du getan hast, und es soll nicht darunter leiden. Du schätzt deine Mutter zu treffend ein, um nicht zu verstehen, dass du dich von der Minute an, in der du schwanger wurdest, darauf vorbereiten musst, dein Kind willkommen zu heißen und es mit Zuneigung und Liebe zu umgeben. So ein kleines Wesen ist zart und zerbrechlich. Oh, Nicole, begreifst du eigentlich, was für ein Glück du hast? Lösch allen Hass, allen Groll in dir aus, bereite deine Seele und deinen Körper vor, denn du wirst zu einem geweihten Menschen …

«Oh, hilf mir, Lotus, ich flehe dich an», rief meine Freundin.

Zwanzig Minuten später klopften wir an die Tür von Doktor Garin. Er weigerte sich rundheraus, uns zu helfen, und musterte mich streng, während er den Kopf schüttelte.

«Aber Doktor», redete ich ihm zu, «Sie müssen noch größeres Unheil verhindern. Dieses junge Mädchen stammt aus einer untadeligen Familie. Welch ein Drama steht uns bevor!»

«Ärzte haben nicht jahrelang studiert», entgegnete er, «um Familiendramen zu verhindern, wie Sie es so trefflich ausdrücken, sondern um die Not der Körper zu lindern und leidenden Kranken zu Hilfe zu kommen.»

«Aber Doktor», flüsterte Nicole daraufhin, «ich bin krank, und ich leide.»

«Ihre Krankheit ist die Folge Ihres unüberlegten Handelns. Es wäre gut, wenn sie Sie noch länger plagen würde.»

Wir verließen ihn enttäuscht und so aufgewühlt, dass wir, statt uns vor der Tür des Arztes zu trennen, einfach ziellos weitergingen. Ein Auto fuhr dicht neben uns vorbei, und als Nicole den Fahrer erkannte, schlug sie vor Überraschung die Hand vor den Mund, und ihr entfuhr ein leiser Aufschrei.

«Oh, mein Bruder!», sagte sie.

Wir verabschiedeten uns auf der Stelle voneinander. Ich ging nach Hause, wo ich Vater Charles antraf, der auf mich wartete. Ich lud ihn ein, mit mir eine Suppe zu teilen. Er nahm ohne Umstände Platz, begann zu essen und erkundigte sich nach meinem Tag.

«Womit vertun Sie eigentlich Ihr Leben?», fragte er mich nach einer Weile. «Sie verschwenden Ihre Zeit.»

Ich lauschte nur mit halbem Ohr, denn meine Gedanken waren bei Nicole. Zwei Wochen später erhielt ich eine Nachricht von ihr. Sie hatte beschlossen, das Kind zu behalten, und bat mich, ihr zwanzig Dollar zu leihen, ohne mir den Grund für ihre Bitte zu verraten. Damals legte ich jeden Centime zur Seite, den ich von meinem knappen Budget erübrigen konnte. Ich hatte Vater Charles versprochen, das Honorar des Arztes zu übernehmen, und Thérèse, die mir schon im Voraus dankbar war, wusste nicht, wie sie es mir vergelten sollte. Trotzdem zögerte ich keine Minute, Nicole zu schicken, was ich besaß, nämlich vierzig Gourdes[60], die ich zusammengespart hatte, indem ich auf vieles verzichtete. Danach fürchtete ich jeden Tag, die Rechnung des Arztes zu erhalten. Aber es kam keine Rechnung. Doktor Garin, der Thérèse mit grenzenloser Hingabe gepflegt hatte, bewies eine Selbstlosigkeit, die offenbar typisch für ihn war und die ihn in meiner Achtung noch weiter steigen ließ. Was mich betraf, so brachte er mir weiterhin die größte Sympathie entgegen. Ein paar Tage später erhielt ich die Erklärung für dieses Verhalten.

Nachdem er mich eines Nachmittags bis vor mein Tor begleitet hatte, blieb er einen Moment stehen und betrachtete die lange Allee, als sei er glücklich, sie wiederzusehen.

«Seit zwölf Jahren war ich nicht mehr hier», sagte er lächelnd. «Wie man so plötzlich mit einer ganzen Vergangenheit brechen kann.»

Ich spürte, dass er hoffte, hereingebeten zu werden, also lud ich ihn ein, mich zu begleiten, und er nahm freudig an. Wir gingen auf die Terrasse und bewunderten die Aussicht, die sich uns von dort aus bot. Schließlich nahm er mit unverkennbarer Rührung meine Hand und führte sie an seine Lippen.

«Wie ähnlich Sie Ihrer Mutter sehen», sagte er leise.

Ich wandte den Kopf ab, damit er die Enttäuschung in meinen Augen nicht sehen konnte, doch er fuhr glücklich fort: «Vor allem Ihre Augen und die Mimik haben Sie von ihr.»

Dann verstummte er abrupt.

«Wissen Sie was», fügte er hinzu, «wenn Sie mögen, komme ich noch einmal her und erzähle Ihnen von ihr.»

«Meine Mutter war eine Hure, Doktor, was gäbe es noch mehr über ihr Leben zu erfahren», versetzte ich kalt.

Überrascht fuhr er herum.

«Was reden Sie da? Sie haben kein Recht, über Ihre Mutter zu urteilen.»

«Oh, über mich selbst urteile ich ebenso streng.»

«Und zweifellos verdammen Sie die anderen auch genauso schnell wie sich selbst. Ich kannte Ihre Mutter …»

«Welcher Mann kannte sie nicht?»

Mitleidig betrachtete er meine zitternden Hände und meine erregten Züge.

Die Gedanken, die in diesem Moment auf mich einstürmten, wühlten in mir eine Vielzahl von Gefühlen auf, die meine Seele in Aufruhr versetzten, und ich spürte, wie sich all meine Organe weiteten, als wollten sie mich ersticken. Die Vergangenheit hob ihre grausige Fratze und weckte meinen Zorn. Die ganzen Beleidigungen, die man mir nachgerufen hatte, schlugen mir erneut wie Ohrfeigen ins Gesicht. Stimmen flüsterten mir ins Ohr: Unselige, Unselige, deine Mutter war eine Prostituierte …

«Verflucht, verflucht sei sie!», schrie ich den entgeisterten Doktor an, bevor ich die Flucht ergriff und ihn allein auf der Terrasse zurückließ.

In meiner Wut verhielt ich mich wie in einem Anfall von Wahnsinn. Auf dem Treppenabsatz nahm ich einen Schlüssel und betrat das Zimmer meiner Mutter: Sie lächelte in ihrem Bilderrahmen wie ein kokettes junges Mädchen und erschien mir dabei so kindisch, dass ich unvermittelt die Fäuste hob und damit auf ihr Gesicht einschlug; die Scheibe zerbrach, die Splitter rissen meine Hände blutig. Dann ging ich in mein eigenes Zimmer und saß dort lange Stunden reglos in der Dunkelheit. Als Georges sich bei seiner

Ankunft über mich beugte und mich küsste, fuhr ich zusammen. Ich behauptete, ich sei furchtbar müde, legte mich auf mein Bett und bat ihn, wie aus einer Laune heraus, mir eine Passage aus der Bibel vorzulesen.

«Du hast eine Bibel?», fragte er verwundert.

Es war die von Vater Charles. Er erkannte sie sogleich wieder und fragte mich lachend, was ich hören wolle. Ich nahm ihm das Buch aus den Händen und blätterte die Seiten um.

«Lies mir das hier vor, ja?», sagte ich.

Und er las:

«Aber du verließest dich auf deine Schönheit. Und weil du so gerühmt wurdest, triebst du Hurerei und botest dich jedem an, der vorüberging, und warst ihm zu Willen. Du nahmst von deinen Kleidern und machtest dir bunte Opferhöhen und triebst auf ihnen deine Hurerei ...»[61]

Als er an die Stelle kam, wo Yahweh zu der Prostituierten spricht, rührte mich seine tiefe, volltönende Stimme so sehr, dass ihn mein Weinen innehalten ließ.

«Darum, du Hure, höre des HERRN Wort! Weil du bei deiner Hurerei deine Scham entblößtest und deine Blöße vor deinen Liebhabern aufdecktest und wegen all deiner gräulichen Götzen und wegen des Blutes deiner Kinder, die du ihnen geopfert hast: Darum, siehe, ich will sammeln alle deine Liebhaber, alle, die du geliebt hast, und will sie gegen dich versammeln und will ihnen deine Blöße aufdecken. Und ich will dich richten ...»[62]

Als er sah, dass ich weinte, schloss er das Buch, kam zu mir herüber und setzte sich neben mich.

«Das ist das erste Mal, dass ich deine Tränen sehe, Lotus», sagte er.

«Ach, ich weine nicht um meinetwillen.»

«Und um wen weinst du?»

Ich bat ihn sogleich zu gehen. Ich empfand einen derartigen Ekel gegen alles, dass ich es nicht einmal ertrug, geküsst zu werden. Die Liebe selbst erschien mir als etwas Abscheuliches. In jener Nacht fand ich keinen Schlaf. Etwas, was wie Gewissensbisse anmuten mochte, hielt mich wach, zerfetzte mich innerlich mit seinen Klauen und drückte mich mit seinem ganzen Gewicht nieder. In dieser Verfassung drängte mich ein natürlicher Instinkt dazu, mein Zimmer zu betrachten, und während ich voller Bitterkeit darüber nachsann, was ich getan hatte, schien mir, als regten sich um mich herum kleine runde Lichter. Sie umringten mich, stoben auseinander, nur um heller und wie vergrößert zu mir zurückzukehren. Ich senkte die Lider, glaubte, ein Opfer meiner Erschöpfung zu sein: Meine Vision war zurück, und diesmal wundersamer als je zuvor. Immer mehr Augen umgaben mich mit einem furchterregenden Leuchten. Es waren so viele, dass das ganze Zimmer von ihrem Licht erfüllt war. Lange wagte ich mich vor Entsetzen nicht zu rühren. Inzwischen waren sie ganz nah bei meinem Bett und betrachteten mich mit der gleichen schrecklichen Traurigkeit wie einst. Dann füllten sie sich plötzlich mit Blut, und um mich herum begannen dicke rote Tropfen zu fallen, befleckten meine Laken und mein Nachthemd. Die grässliche Vision mit Händen und Armen von mir stoßend, sprang ich aus dem Bett, aber die Augen verfolgten mich, und mir war, als hörte ich Stimmen, die mir zuriefen: «Deine Mutter, deine Mutter, welch abscheuliche Profanation!»

Ich stieß einen furchtbaren Schrei aus und fiel hintenüber. Als ich wieder zu mir kam, sah ich Doktor Garin und Vater Charles über mich gebeugt. Um meinen Kopf war ein kühles Tuch gelegt, und ich konnte weder meinen Körper bewegen noch die Hand heben. Ich fühlte mich, als sei ich mit Schlägen traktiert worden, und lag reglos auf meinem Bett. Etwas später erkannte ich Thérèse, die mit Gertrudes Hilfe an den Laken zog, um das Bett zu machen. Auch Georges kam an diesem Tag, aber der alte Charles ließ ihn auf Anweisung von Doktor Garin nicht zu mir. Ich hörte ihre Stimmen hinter der Tür und lauschte, nur halb bei Bewusstsein, ihren Worten.

«Was hat sie denn nur?», fragte Georges.

«Das weiß Doktor Garin selbst noch nicht.»

«Aber wieso darf ich denn nicht zu ihr?»

«Der Doktor hat strikte Anweisung erteilt, Monsieur ...»

Ich wollte etwas sagen, aber bei der ersten Bewegung durchzuckte meinen Kopf ein derart heftiger Schmerz, dass es mir den Atem verschlug und ich mich nicht mehr zu rühren wagte. Meine Krankheit dauerte lange, offenbar litt ich an einem Gehirnfieber, und Doktor Garin pflegte mich, als sei ich seine eigene Tochter. An dem Tag, als ich wieder zu klarem Bewusstsein kam, öffnete ich die Augen und erkannte Georges und den Doktor, die sich miteinander unterhielten. Sie nahmen jeweils eine meiner Hände und beugten sich nacheinander über mich, um mich zu küssen.

Als ich acht Tage später wieder kräftig genug war, um das Bett zu verlassen, erfuhr ich, dass ich schwanger war. Es war Georges, der mir die Neuigkeit mitteilte, zärtlich und so, als freue er sich darüber. Aber ich wusste genau, dass er nur aus Mitleid so reagierte.

Sobald er wusste, dass ich schwanger war, wandelte sich sein Verhalten mir gegenüber spürbar. Er las mir jeden Wunsch von den Augen ab. Es fehlte nichts, um die glücklichste Frau auf Erden zu sein, und doch war ich es nicht! Ich erriet, dass jede Geste meines Geliebten von Mitleid bestimmt war. Ich hatte mich sehr verändert. In jener Phase meiner Genesung war ich noch so mager, dass ich all meine Reize erloschen glaubte und die geringste Liebkosung für mich eine Demütigung bedeutete. Zusammen mit meiner robusten Gesundheit hatte ich auch mein Selbstbewusstsein verloren, und darunter litt ich ungemein.

Wir waren allein auf der Terrasse. Draußen zirpten die Insekten ihre schrille Melodie, und an den Bäumen um uns herum zitterte das in silbriges Mondlicht getauchte Laub.

Er saß dicht neben mir, und im Halbdunkel schimmerte sein störrisches schwarzes Haar in dem gleichen schwachen Licht. Er hielt meine Hand und rauchte.

«Was geschehen ist, tut mir so entsetzlich leid, meine Kleine», sagte er plötzlich.

«Du brauchst dich doch nicht zu entschuldigen. Ich mache dir keinen Vorwurf.»

«Du bist es, um die es mir leidtut.»

«Oh, ich!», entgegnete ich, und meine Stimme klang so enttäuscht, dass er mich sogleich in die Arme nahm.

«Was wirst du jetzt tun?», fragte er dann.

«Meine Entscheidung steht fest.»

«Willst du das Kind behalten?»

«Ich habe nichts dabei zu verlieren.»

Daraufhin rückte er wieder von mir ab; ich sah, wie er im Halbdunkel an seiner Zigarette zog und so dichte Rauchschwaden ausstieß, dass sie ihn wie eine große, helle Wolke einzuhüllen schienen. Als er zu sprechen anhob, klang seine Stimme leise und wie eingerostet.

«Wirst du mir jetzt glauben, wenn ich versuche, es dir zu erklären? Wirst du nicht denken, dass ich nur Ausreden suche? Wir sehen uns seit sechs Monaten, also sind wir es uns schuldig, offen miteinander zu reden, wenn wir uns nicht gegenseitig verachten. Und das tun wir doch nicht, oder?»

Ich vermied es, ihm zu antworten, und er fuhr fort: «Anfangs dachte ich manchmal, unsere Affäre würde nicht lange Bestand haben. Aber sie hatte Bestand, und darin bist du etwas Besonderes, denn bisher haben mir die Frauen, mit denen ich ausgegangen bin, nie etwas bedeutet. Ich habe mich gegen deine Anziehungskraft gewehrt, habe mit mir gerungen, und wenn du mich lachen oder spotten sahst, dann weil ich mich deinem Bann entziehen musste. Du denkst sicher: ‹Warum redet er heute so mit mir, oh, dieser Feigling, er will sich reinwaschen, bevor er die Flucht ergreift.› Ich werde nicht feige sein, und ich werde so lange bleiben, wie du mich bei dir haben willst. Feigheit, Lotus, liegt weder in dem, was die Menschen geschaffen haben, noch in dem, was sie verurteilen, Feigheit bedeutet, gegen das eigene Gewissen, gegen die eigene Pflicht zu handeln. Und da es meine Pflicht ist, dich zu beschützen, werde ich dich beschützen. Ich kann dir nicht anbieten, dich zu heiraten, wie ich es eigentlich tun sollte. Bislang habe ich keinerlei Hoffnung für die Zukunft, keinerlei Aussicht auf Erfolg. Irgendwann vielleicht. Wenn ich endlich an mich selbst denken kann und wenn ich dir dann noch gefalle …»

Ich hatte ihn noch nie so erlebt. Alle Kälte, alle Unnahbarkeit waren von ihm abgefallen, er öffnete sich mir, und ich lauschte atemlos der Geschichte seines Lebens. Und ich erkannte in ihm, wie in mir selbst, einen unglücklichen, bedauernswerten Menschen, der an sich selbst zweifelte und mit der ganzen Kraft seiner jungen Muskeln mit dem Dasein rang. Meine Empfindsamkeit und meine Verzweiflung fanden in ihm ihren Widerhall, alles, was ich gelitten hatte, verstand er, denn auch er hatte gelitten.

Fast sechs Monate lang hatte ich ihn in meinem Haus willkommen geheißen, hatte geglaubt, einen flüchtigen Schatten in den Armen zu halten, der von meinem Körper nahm, was dieser geben konnte, und beinahe wäre mein wartendes Herz achtlos an seinem Herzen vorbeigegangen …!

«Siehst du», sprach er weiter, «zu oft zweifelt man an den Menschen um sich herum, zu oft zweifelt man an sich selbst … Doch dabei verliert man ein Stück seiner Zuversicht und seines Enthusiasmus, und man braucht so viel davon, um den Kampf fortzusetzen.»

Mit bebender Hand strich er sich über das Gesicht, und die Traurigkeit, die ich auf seinen Zügen erblickte, war für mich so neu und erschütternd, dass ich mich auf ihn warf, die Arme um ihn schlang und rief: «Leide nicht, das will ich nicht!»

Als er mich taumeln sah, hob er mich hoch und trug mich zu meinem Bett. Ich spürte einen leisen stechenden Schmerz im Unterleib. Stöhnend drehte ich mich zu ihm um, und in dieser Bewegung bemerkte ich eine warme Flüssigkeit, die meine Beine hinabrann. Als ich sie anhob, entdeckte ich auf dem Laken einen Fleck von schwärzlichem Blut, so zäh wie Schlamm.

«Doktor Garin, schnell!», rief ich sofort.

Schon brüllte Georges Gertrudes Namen aus dem Fenster und hob meine Beine an, um sie auf das Kissen zu lagern.

Das Blut floss immer noch, ich badete geradezu darin, und das Kissen, das Gertrude unter mir festhielt, glich einer dicken roten Kugel. Meine Angst war groß, als Georges mit dem Arzt zurückkam. Ich war so schwach, dass ich kaum sprechen konnte. Wartend schloss ich die Augen. Wie lange verlor ich das Bewusstsein? Ich weiß es nicht. Doch als ich wieder zu mir kam, stellte ich überrascht fest, dass die Unordnung im Zimmer beseitigt worden war und der Doktor sich zum Gehen anschickte.

«Es ist alles gut gegangen», sagte er. «Ruhen Sie sich jetzt aus. Ich komme morgen wieder her und sehe nach Ihnen.»

Georges, der am Fußende des Bettes saß, musterte mich besorgt.

«Was für ein dummer Unfall», sagte er, und es schien, als machte ihn ein Gedanke verlegen, den er nicht preisgeben wollte.

Während meiner gesamten Rekonvaleszenz umsorgte er mich auf vollendete Weise. Er besuchte mich mehrmals am Tag, überhäufte mich mit Aufmerksamkeiten, und da ich um seine schwierige finanzielle Lage wusste, ahnte ich, dass er große Opfer bringen musste, um all diese Präsente bezahlen zu können. Trotzdem ließ ich mich verwöhnen. Es war für mich eine neue Situation, mich rückhaltlos in fürsorgliche Arme sinken lassen zu können, und ich kostete meine langsame Genesung genüsslich aus. Eine wundervolle Vertrautheit entwickelte sich zwischen uns. Ich schickte ihn in meinem Zimmer hin und her, forderte ihn auf, sich die Hände an meinem Handtuch zu trocknen oder meine Mahlzeiten zu teilen, und mit der Zeit begann ich, ohne dass es mir selbst bewusst war, im Stillen Heiratspläne zu schmieden.

13

Wenn ich es bisher vermieden hatte, Georges von meinen Visionen zu erzählen, so allein deshalb, weil ich fürchtete, mich lächerlich zu machen. Wenig geneigt, an Wunder und Übernatürliches zu glauben, mühte sich mein rationaler Verstand vergebens, eine Erklärung für das zu finden, was ich durchlebte.

Zu glauben, dass sich alles hier auf Erden abspielt, ist die Ausrede schwacher Gemüter. Ich hingegen wollte für alles Beweise, und so begann ich in meinem Umfeld nach jemandem zu suchen, der mir Näheres über meine Halluzinationen sagen könnte.

Die Erklärung von Vater Charles genügte mir nicht. Seine sich auf das Unwirkliche stützende Argumentation schien in meinem Fall nicht zuzutreffen. Ich hielt meine Seele für zu tief verborgen, zu unaufdringlich, als dass sie von mir jemals, und das womöglich unter Qualen, Dinge verlangt hätte, zu denen ich nicht die geringste Neigung verspürte. Auf der Suche nach leichten Tröstungen wanderte ich umher. Oft blieb ich vor Buchläden stehen und hielt nach wissenschaftlichen Werken Ausschau, die sich mit Sexualpsychologie, Nervenerkrankungen, Psychiatrie und dergleichen beschäftigten. Ich schlug sie auf, betrachtete sehnsüchtig die Titel, und während ich verstohlen die Umstehenden beobachtete, die mit dem Auswählen von Romanen beschäftigt waren, überflog ich hastig ein paar Seiten, die meine aufgeregt hin und her schießenden Blicke kaum zu entziffern vermochten. Es verlockte mich, sie zu kaufen, doch wenn ich in meine Geldbörse sah, enthielt sie nie genug. Und so machte ich mich betrübt und mit hängenden Schultern wieder auf den Heimweg.

Dafür, dass ich niemals auf den Gedanken kam, Hilfe in der Religion zu suchen, ist einzig und allein meine Geisteshaltung verantwortlich. Wie alle Kinder war ich in den religiösen Traditionen erzogen worden, war zur Messe gegangen und hatte die heilige Kommunion empfangen, doch ohne einen nennenswerten Grund war mir diese ganze fromme Routine mit der Zeit gleichgültig geworden, und die Priester, eben weil sie Priester waren, schienen mir die Letzten zu sein, denen ich meine Gedanken anvertrauen konnte. Also beschloss ich, einen Arzt aufzusuchen. Und natürlich wandte ich mich an Doktor Garin. Er empfing mich eines Morgens in seiner Praxis. Er ließ mich Platz nehmen und wartete einen Moment, bevor er begann, mir Fragen zu stellen. Ich war ihm dankbar für dieses Taktgefühl, denn die Emotionen, die mir die Kehle zuschnürten, hätten mich daran gehindert, auch nur einen Ton hervorzubringen.

«Was kann ich für Sie tun, mein Kind?», erkundigte er sich schließlich.

Meine Gesundheit war nicht beeinträchtigt, ich litt an keiner Krankheit, daher würde er mir von keinerlei Nutzen sein. Was konnte ein Mann, der sich sein Leben lang mit konkreten Dingen beschäftigt hatte, in meinem Fall schon ausrichten? Meine Hände begannen zu zittern, ich brach in Schluchzen aus und schrie so laut, dass Doktor Garin mir eine Hand auf den Mund legte und zur Tür deutete, die mich von den übrigen Patienten trennte.

«Doktor, Doktor», sagte ich, «ich bin verrückt geworden.»

Unwillkürlich zuckte er heftig zusammen, doch dann bezwang er seine Sorge, setzte sich neben mich, hob mein tränenüberströmtes Gesicht an und nahm es behutsam in beide Hände.

«Na, na, beruhigen Sie sich», sagte er. «Ihre Tränen genügen, um mir zu beweisen, dass das, was Sie sagen, nicht stimmt.»

«Oh, Doktor Garin … Doktor Garin …»

«Ganz ruhig, sagen Sie mir, was Sie bedrückt.»

Da erzählte ich ihm alles. Er lauschte mit abgewandtem Gesicht, als wollte er mich nicht in Verlegenheit bringen, und als ich meinen Bericht beendet hatte, stand er auf und ging zu seinem Schreibtisch. Er forderte mich auf, mich ihm gegenüberzusetzen.

«Sind Sie gläubig?», fragte er, nachdem er mich eine Weile forschend gemustert hatte.

«Auf meine Weise.»

«Das heißt?»

«Ich bewundere Jesus als Menschen, und ich verehre ihn für seine Demut.»

Abrupt blickte er auf und sah mich einen Moment wortlos an.

«Sie sind bei klarem Verstand», sagte er dann, als analysierte er jede meiner Antworten, «von dieser Seite droht keine Gefahr. Frömmlerinnen sind häufig anfällig für solche Halluzinationen.»

Er bat mich, mich auszuziehen, und verließ kurz den Raum. Nachdem er mich von Kopf bis Fuß untersucht hatte, erklärte er mir, dass es auf Erden übermäßig empfindsame Naturen gebe, deren aufs Äußerste gespannte Nerven auf die geringste Erschütterung reagierten.

Während er sprach, betrachtete ich verwundert seine zitternden

Hände. Er schwieg einen Moment, wie in tiefes Nachdenken versunken, dann fügte er hinzu: «Ich habe meinen Patienten immer vertraut, und Ihnen mehr als jedem anderen, daher bin ich es Ihnen schuldig, aufrichtig zu sein.»

Wieder zögerte er.

«Es sind Ihre Nerven, die krank sind», sagte er dann. «Um sie zu heilen, ist ein ruhiges Leben erforderlich. Vermeiden Sie jeden Anlass zu Aufregung und Zorn, und leben Sie vor allem in Frieden mit sich selbst.»

Er hielt meine Hände in den seinen und ließ mich weinen. Als ich zu ihm aufblickte, erkannte ich, wie weh es ihm tat, mich so verzweifelt zu sehen.

«Beruhigen Sie sich», sagte er schließlich. «Ach, ich hätte nicht gedacht, dass ich eines Tages mit Ihnen über solche Dinge reden müsste.»

Ich sah ihn fragend an.

«Seien Sie stark, mein Kind», sagte er.

Ich begriff sofort. Ja, noch bevor er mir das entsetzliche Geheimnis anvertraute, wusste ich, was er mir sagen würde.

«Dies ist eine schmerzliche Aufgabe für mich. Aber ich muss Sie warnen. Ihre Mutter ist im Wahnsinn gestorben. Nur Maria und ich kannten dieses Geheimnis. Und es ist das erste Mal, dass ich darüber spreche.»

Schluchzend brach ich zu seinen Füßen zusammen.

«Na, na, stehen Sie auf. Seien Sie tapfer. Im Übrigen», fügte er hinzu, «bin ich davon überzeugt, dass Sie mit einem starken Willen wieder gesund werden können. Ich habe den Fall Ihrer Mutter studiert. Ihre Anfälle begannen, als sie, um sich am Leben zu rächen, jenes bezaubernde, unschuldige junge Mädchen in sich zerstören wollte, das sie einst gewesen war.»

«Ich hasse sie, ich hasse sie …»

«Reden Sie nicht so, das verbiete ich Ihnen.»

«Warum sollte ich denn nicht so reden? Warum? Meine Mutter hat mir genug Leid zugefügt. Und jetzt erfahre ich, dass ich ihren Wahnsinn geerbt habe. Die Anfälle meiner Mutter, oh, welch wundervolles Erbe!»

«Den gewöhnlichen Sterblichen sind Gewissensnöte nicht vergönnt, mein Kind. Und das ist es, was Sie geerbt haben.»

Er zwang mich, ihn anzusehen.

«Sie werden wieder gesund, wenn Sie das wollen», sagte er und blickte mir dabei direkt in die Augen, als wollte er mich auf diese Weise beeinflussen. «Vor allem aber suchen Sie keinen Psychiater auf. Er würde Ihre Nervosität nur noch verschlimmern. Ziehen Sie sich zurück und konzentrieren Sie sich ganz auf sich. Bei Menschen Ihrer Natur sind Reue und Unzufriedenheit mit sich selbst oft die einzigen Ursachen des Übels.»

Er stand auf, nahm einen Schlüssel von seinem Bund und öffnete damit die Vitrinentüren seines Bücherschranks. Er nahm ein prächtig gebundenes Buch heraus und blätterte, bis er die Seite fand, die er gesucht hatte.

«Lesen Sie das», forderte er mich auf. «Wenn Sie diese Verse bereits kannten, könnte Ihr Unterbewusstsein Ihnen in einer Situation, die der hier beschriebenen ähnelt, solch böse Streiche gespielt haben.»

Bei dem Buch handelte es sich um «La légende des siècles» von Victor Hugo, und das Gedicht, das ich lesen sollte, trug den Titel «La conscience».[63]

Nachdem ich meine Lektüre beendet hatte, gestand ich ihm, dass ich dieses Gedicht tatsächlich schon einmal gelesen, es in der Zwischenzeit jedoch völlig vergessen hatte.

«Aber», wandte ich ein, «was verbindet denn diesen Mann, der seinen Bruder umgebracht hat, mit mir, die ich nie auch nur eine Fliege getötet habe?»

«Vielleicht töten Sie, ohne es zu wissen, Lotus», entgegnete er.

In diesem Moment erinnerte mich seine Stimme an die von Vater Charles. Ich starrte ihn an und versuchte, seine Gedanken zu lesen.

«Töten, Doktor, ja wen denn?»

«Ihre Seele vielleicht.»

Er öffnete mir die Tür und schob mich sanft hinaus.

Zum zweiten Mal sprach jemand zu mir von meiner Seele. Trotz meines Unglücks empfand ich darüber eine sanfte Freude, die mich weit forttrug, hin zu den Wolken, die den tiefblauen Himmel über mir säumten. Wie durch ein Wunder war alle Traurigkeit, alles Grauen verschwunden, ich spürte, wie Blitze mich durchzuckten, wie eine Vielzahl von Dingen mich belebte, und vielleicht waren es jene weißen Wolken, jene Vögel in der Luft, und jene Blätter, die sich wie zur Melodie eines Liedes an den Spitzen der Zweige wiegten.

In einem nur schwer zu beschreibenden Zustand der Erregung kehrte ich nach Hause zurück, und als Georges abends zu seinem täglichen Besuch bei mir eintraf, küsste ich ihn so leidenschaftlich, dass er überrascht fragte: «Was ist denn los?»

«Ist es so seltsam, wenn ich dich mit meiner ganzen Seele küsse?», entgegnete ich.

Doch als er in neckendem Ton sagte, ich sei ja verrückt, und mich dabei ins Ohr kniff, erschauerte ich unwillkürlich, als läge mein schreckliches Geheimnis schamlos vor seinen Augen ausgebreitet.

14

In jener Zeit sah ich Nicole wieder. Geschwächt und krank, war sie von zu Hause fortgegangen, nachdem ihre Mutter sie mit Schlägen traktiert hatte. Ihre Stirn trug immer noch den Abdruck eines Kalenders, den diese ihr unter schlimmsten Verwünschungen an den Kopf geworfen hatte.

Trotz ihrer verzweifelten Lage entdeckte ich an ihr einen heiteren Blick, der mich überraschte. Manch widriges Geschick erhebt die Seele und macht sie stärker. Das Leben war dabei, Nicole seinen Stempel aufzudrücken. Einige ihrer Worte ließen mich vermuten, dass sie das Kind, das sie in sich trug, zu lieben begann. Und diese Vermutung wurde zur Gewissheit, als sie ein weißes Hemdchen aus ihrer Handtasche zog und es mir stolz vor die Augen hielt, damit ich die Stickerei bewunderte, mit der es verziert war.

«Das habe ich gemacht», sagte sie lediglich.

Mit dem Hemdchen in den Händen streckte sie sich auf meinem Bett aus und erzählte mir von dem Martyrium, das sie seit sechs Wochen zu Hause durchlitt.

«Das Geld, um das ich dich vor einer Weile bitten ließ, brauchte ich, um davon Essen zu kaufen. Meine Mutter hatte mich eingesperrt, weil sie hoffte, ich würde mich umbringen oder verhungern. Dass ich nicht gestorben bin, verdanke ich meinem Bruder und unserem Hausmädchen. Sie haben mir kleine Päckchen durch eine Öffnung in der Badezimmerwand geschoben. Aber heute Morgen hat meine Mutter sie dabei erwischt. Es war entsetzlich … Sie hat mich geschlagen, aber ich konnte mich losreißen und habe ihr verkündet, dass ich das Haus verlassen würde.»

Danach erfuhr ich alles, was sich zwischen ihr und ihrer Mutter seit dem Tag zugetragen hatte, als ihre Schwangerschaft durch einen Zufall ans Licht gekommen war.

Sie war allein in ihrem Zimmer gewesen und hatte sich traurig und verlassen gefühlt. Seit mehreren Tagen schon lebte sie in der ständigen Angst, ihre Mutter könne trotz des schrecklichen Mieders, das ihr die Luft abschnürte, erraten, in welchen Umständen sie sich befand.

Da ihr häufig übel war, schloss sie sich oft ein, damit niemand etwas merkte, denn sie befürchtete, man könne sie für krank halten und den Arzt rufen lassen. Manchmal verließ sie unter größten Mühen das Bett und versuchte so zu leben wie zuvor. Am Ende ihrer Kräfte hatte sie eines Tages einen Arzt aufgesucht, der für eine Abtreibung so viel Geld von ihr verlangt hatte, dass sie den Gedanken daran verwerfen musste. Inzwischen verfluchte sie ihre Unbesonnenheit und verabscheute obendrein das Kind, das sie erwartete, als sie eines Nachmittags spürte, wie es sich in ihrem Leib bewegte. Es war, so erklärte sie mir, als regte sich in ihr ein eigenartiges, fremdes Etwas, das sacht gegen ihre Eingeweide stieß. Stöße, wie die schwachen Hiebe wütender Fäuste, die nach Aufmerksamkeit verlangten und darum bettelten, gehört zu werden. Sofort zog sie das

Mieder aus und drückte beide Hände auf ihren verformten Bauch. In dem Moment offenbarte sich ihr ein bislang ungekanntes Gefühl. Doch plötzlich betrat ihre Mutter das Zimmer. Als sie den gerundeten Bauch ihrer Tochter entdeckte, riss sie die Augen auf, und die Äderchen darin traten immer stärker hervor, je länger sie Nicole anstarrte.

Diese merkte überrascht, dass sie keine Spur von Hass mehr in sich fand, und der flehende Blick, mit dem sie zu ihrer Mutter aufschaute, war reingewaschen durch die zärtliche Liebe zu ihrem künftigen Kind, die so unvermittelt in ihr erwacht war.

«Wie? Was hast du?», fragte ihre Mutter. «Warum ist dein Bauch so geschwollen, bist du krank?»

Als Nicole den Kopf wandte und ihre Mutter ansah, um ihr zu antworten, erkannte sie sie nicht wieder. Vor ihr stand eine alte Frau mit hängenden Schultern und kläglichem Blick.

«Was hast du getan?», stammelte sie unablässig. «Was hast du getan …?»

Da stieg ihr ganzes Mitleid hinauf in ihr Herz. Sie brach zu Füßen ihrer Mutter zusammen und umklammerte schluchzend ihre Beine. Doch diese stieß sie grob von sich, stürzte sich auf sie und riss sie an den Haaren. Danach trat und schlug sie so heftig auf Nicole ein, dass diese sich angesichts der entfesselten Furie, die ihr ans Leben wollte, nicht mehr zu helfen wusste; sie begann aus Leibeskräften zu schreien und rief das Hausmädchen und ihren Bruder herbei …

Nun war sie auf dem Weg zu einem Anwesen in der Ebene,[64] erzählte sie mir, das sie von ihrem Vater geerbt hatte. Dort würde sie zwei alte Dienstboten antreffen, ein betagtes Paar, das seit fast fünfzehn Jahren einige kleine Äcker bewirtschaftete, auf denen Süßkartoffeln, Kochbananen und Yamswurzeln angebaut wurden.

Ich verband ihre Wunde, packte ihr ein paar Gläser Pampelmusenkonfitüre ein, die sie so gern mochte, küsste sie zum Abschied und versprach, zu ihrer Niederkunft nachzukommen, sobald sie mich rufen ließ.

Acht Tage später zog ganz Port-au-Prince über diese uneheliche Schwangerschaft her. Der grausamen Welt zum Fraß vorgeworfen, sollte die bedauernswerte Nicole teuer für ihren Fehler bezahlen, denn das Leben kennt keine Nachsicht mit jenen, die es in die ersten Reihen der Gesellschaft stellt.

«Was für eine Geschichte, das mit dieser armen kleinen Nicole, findest du nicht?», sagte Georges, als er mich an dem Abend besuchte, und kniff mich dabei ins Ohr.

Ich nickte langsam, ohne etwas zu entgegnen.

Wortlos zog er mich an sich. Bestimmt dachte er daran, wie selbstverständlich es für mich gewesen wäre, unverheiratet ein Kind zu bekommen, und er sagte sich, dass trotz allem ein Unterschied bestand zwischen einer Lotus und einer Nicole Darcé. Dieser Gedanke wühlte mich so sehr auf, dass ich mich aus seinen Armen losriss. Aus einer Art Sadismus heraus begann ich nach Gründen für Leid und Schmerz zu suchen. Ich, die ich mich der Achtung und Liebe so würdig fühlte, seit ich für die Liebe eines Mannes lebte, entdeckte aufs Neue meine Unwürdigkeit und den niederen Rang, auf den mich das Leben verwiesen hatte. Ich war ein Niemand, ich war nichts wert, ich war niemandem von Nutzen. Plötzlich erinnerte ich mich daran, wie ich in der Kirche mein «Glaubensbekenntnis» gesprochen hatte …

«Möge das Leben mir nur den Weg zeigen, dann werde ich einen Beweis für meine Existenz auf Erden erbringen.»

Und hier schwelgte ich nun jeden Abend in Liebe, widmete mich selbstsüchtig meinen kleinen sentimentalen Problemen, als seien sie einzigartig auf der Welt. Von Hochmut getrieben, maß ich meiner belanglosen kleinen Person eine unvergleichliche Bedeutung bei, und diese künstliche Leidenschaft verstärkte in mir ein egoistisches Gefühl, das ich für ein aufrichtiges Streben nach Vollkommenheit gehalten hatte. Mein Kampf war also noch nicht zu Ende, immer noch drohte die Niederlage. Wenn es Glückseligkeit hier auf Erden nicht gibt, sagte ich mir daraufhin, so kann ich doch zumindest hoffen, einen gewissen Seelenfrieden zu erlangen, wenn ich dem Leben alles von mir gegeben habe, was nötig ist!

15

Ich war aus körperlichen Gegensätzen geschaffen, und mein ver-
mischtes Blut hatte mich nach seinen Launen auf eigentümliche
Weise geformt. Mein Innerstes, jenes große Unsichtbare, mehrte zu
meinem Leidwesen die kuriosen Paradoxa meiner Person. An manche Dinge glaubte ich nicht, dafür glaubte ich an andere. Ich glaubte
nicht an die Religion, wie sie praktiziert wurde, stattdessen glaubte
ich an das Gewissen, und zwar frei von jeglicher Borniertheit, und
ich war ebenso der Auffassung, dass ihm große Freiheit gewährt
wurde. Durch mein Erbe war ich trotz meiner eingeschränkten Bildung zu rationalem Denken bestimmt. Ich zog stets alle Umstände in Betracht. Ich liebte die Bibel, aber das meiste, was ich darin
las, schienen mir schöne Legenden zu sein. Ich ließ nur gelten, was
mein Verstand erfassen konnte. Ich fühlte mich zur Pflichterfüllung
hingezogen, und nun, da ich akzeptiert hatte, dass ich eine Seele besaß, wollte ich ihr gefallen, ohne dabei an ihr ewiges Leben zu denken. Hier auf Erden wollte ich mich bewähren. Ein nutzloses Leben
zu führen und wie ein Geizhals all meine Schätze für ein ungewis-

ses Jenseits anzuhäufen erschien mir selbstsüchtig und nicht hinnehmbar. Sein Leben im Gebet zu verbringen, ohne denjenigen die Hand zu reichen, die größere Not leiden als man selbst, ist nichts als eine heuchlerische Verschleierung der eigenen Gleichgültigkeit und Feigheit. Und sich mit einem Rosenkranz zwischen den Fingern als fauler Heiliger zu gebärden kann weder in diesem Leben, an das ich glaube, noch im nächsten, welches mir ungewiss erscheint, irgendeine Überlegenheit verleihen.

Obwohl mein Wille mich unablässig zu einer radikalen Veränderung meines Lebens drängte, hatte ich bisher keines meiner Vorhaben in die Tat umgesetzt. Zu Recht betrachtete ich mich nach wie vor als ein unglückliches Geschöpf, das unfähig war, irgendetwas Nützliches und Gutes zustande zu bringen. Ein unglückliches Geschöpf, das seine Existenz verschwendete, indem es tatenlos zusah, wie das Leben verstrich, und das mit diesem zusammen verstrich, ohne das geringste Zeugnis seiner Anwesenheit in dieser Welt zu hinterlassen. Verrückt, verrückt. Die Worte verfolgten mich mittlerweile bis in den Schlaf. Wieder sah ich die mit Skizzen und Gedanken besudelten Wände meines Zimmers vor mir, sah die große Zeichnung, der ich Augen gegeben hatte, die sich für mich in die Augen unerbittlicher, schrecklicher Richter verwandelt hatten.

Verrückt, verrückt ... Der geringsten Erschütterung hilflos ausgeliefert. Fragil, zu Anfällen verdammt ... Und ich sah mich schreiend über den Boden rollen, mit gekrümmten Händen und Schaum vor dem Mund. Meine entsetzlichen Wutausbrüche ...! Jetzt wurde alles so klar!

Verzweiflung überkam mich. Doch eine wohlbekannte Stimme sprach mir weiterhin Mut zu. Zeig, rief sie, – und es ist dir nur umso höher anzurechnen, weil du irre bist –, zeig, wozu du fähig bist. Und wie um mich zu reizen, kamen mir einige Sätze von Autoren in den Sinn, die zweifellos meinen Stolz angestachelt hatten.

«Du dienst nur der Erholung des Kriegers», sprach Nietzsche zu mir.[65]

«Ein Tier mit langem Haar und kurzem Verstand», übertrumpfte ihn Schopenhauer.[66]

Empörung trat nun an die Stelle der Verzweiflung.

Ich ließ nicht länger die Schultern hängen. Jäh fühlte ich mich fortgetragen, einem strahlenden Schicksal entgegen, über das ich ganz allein bestimmte. Ich hielt mich nicht mehr für den Spielball eines blinden Geschicks. Ich fühlte mich zu ungeahnten Dingen fähig. Ich war nicht länger das von ungerechten Gesetzen geknechtete Weib, sondern ein menschliches Wesen, das, wenn es sich provoziert fühlt, bereit ist, die Herausforderung anzunehmen.

Trotz meines schlechten Gesundheitszustands nahm ich meine ganze Energie zusammen, um den Kampf gegen das Leben fortzusetzen. Stärke vermag alles, sagte ich mir, in Gedanken erneut bei Nietzsche. Jetzt diente mir derselbe Autor zum Trost. Doch ach, leider war mir kaum Stärke geblieben. Trotzdem klammerte sich mein wankender Geist an eine letzte Hoffnung.

Kämpfe, kämpfe, rief mir die Stimme immer noch zu, lass dich nicht besiegen, zeig deine Stärke, kein menschliches Wesen besitzt so wenig davon, dass es nicht sein Schicksal zu wenden vermag. Lass nicht nach, dich zu wehren, lass nicht nach, zeig deine Krallen, deine Zähne, dann wirst du das Unglück verschrecken, denn es liebt jene, die es mit Samtpfoten und gebeugtem Nacken empfangen, sie macht es zu seinen Auserwählten.

So beschloss ich eines Tages, in der Hoffnung, endlich von meinem inneren Aufruhr erlöst zu werden, notleidende Kinder zu mir zu holen und ihnen das Lesen beizubringen.

Diese Art, mich nützlich zu machen, ist genauso gut wie jede andere, sagte ich mir, wenngleich, in meinem Inneren versteckt, kühnere, von geheimen Sehnsüchten befeuerte Träume brodelten.

Dennoch setzte ich meinen Plan einige Tage später in die Tat um. Vater Charles war an dieser Entscheidung nicht unbeteiligt. Eines Nachmittags hatte er sich unter den Honigbeerbäumen zu mir gesellt, während ich gerade in Gedanken an ein feuriges Leben schwelgte, die mich weit fort trugen von der Realität. Ohne ein Wort der Entschuldigung riss er mich aus meiner Versunkenheit.

«Sie träumen», sagte er vorwurfsvoll, «das ist schlecht. Das Leben hat das Gute und das Böse geschaffen. Sie haben noch nicht zwischen beidem gewählt, mein kleines Fräulein. Es bekümmert mich, Sie so im Dunkeln umhertappen zu sehen.»

Ich begehrte sogleich auf gegen seine Strenge, beteuerte, ich sei nicht mehr die Gleiche wie früher.

«Aber was kann ich tun, was soll ich tun? Ich weiß nicht, wohin ich mich wenden, wem ich mein Leben weihen soll. Ach, das Leben ist eine zu schwere Last für die Schultern einer Frau.»

«Bedauern Sie manchmal, kein Mann zu sein?»

«Nein, etwas sagt mir, dass es nichts gibt, worum ich ihn beneiden müsste. Ich möchte lediglich, um mich mit ihm zu messen, meinem Geschlecht Ehre machen.»

«Dann beweisen Sie, wozu Sie fähig sind.»

«Es ist nicht der Wille, an dem es mir mangelt, sondern Situationen, die mich herausfordern würden. Um mich herum sehe ich nichts als die immer gleiche Routine alltäglicher Dinge.»

Er nahm mich mit in sein ärmliches Heim, bot mir einen Platz an und begann ohne ein weiteres Wort, Nägel in eine Sohle zu schlagen, die so verschlissen war, dass sie aussah wie ein großer, gähnender Mund.

Ein Krüppel blieb vor der Tür stehen und bat mit ausgestrecktem *coui*[67] um Essen: «Eine milde Gabe, *papa moin*[68].»

Er stand auf, zog unter einer flachen Emailschale ein Stück Brot hervor und reichte es dem Bettler.

«Hier, ich schenke dir mein Mittagessen», sagte er, voller Stolz, dass sich ein Armer an den König der Armen wandte.

Und während er lachte, sah ich dem Krüppel nach, der seines Weges ging und dabei einen Fuß hinter sich herzog, so dick wie der Stamm eines Mangobaums. Wie von einem Peitschenhieb getroffen, änderten meine Gedanken unvermittelt ihre Richtung. Ich ließ ab von meinen absurden Träumereien und betrat erneut jene andere, erbauliche Welt, in der das Glück sich so sehr von Lachen und selbstsüchtiger Freude unterscheidet. Ich spürte das aufrichtige Bedürfnis nach etwas anderem als der Befriedigung darüber, schön und verführerisch zu sein, den Wunsch, endlich durch beispielhafte Werke ein Zeichen meiner Anwesenheit auf Erden zu hinterlassen.

Mein alter Freund besohlte weiter seinen Schuh.

«Wenn nur alle guten Willens wären», sagte er, als er sah, dass ich beharrlich schwieg, «dann wäre das Wort ‹Elend› in den Sprachen der Menschheit überflüssig. Ich bin mir sicher, dass wir selbst alles Nötige in uns haben, um die Völker miteinander zu versöhnen, um Kriege zu verhindern und den Hass auszulöschen. Dazu müssten die Menschen auf dieser Welt einander die Hände reichen und eine lange, lange, eine endlose Kette der Solidarität und Zuversicht bilden. Aber wir neigen eher dazu, uns gegenseitig zu kratzen, und daher sind unsere Hände, statt sich zu vereinen, nur noch erhobene Waffen.»

Danach erkundigte er sich in weniger ernstem Ton nach Georges und dessen Zukunft. Als fürchtete er, indiskret zu erscheinen, entschuldigte er sich und sagte, er empfände für mich eine so große

Zuneigung, dass er nicht umhinkönne, sich um mich zu sorgen. Er sprach von meiner Kindheit, von meiner Mutter, die er gekannt habe und hinter deren Sarg er zusammen mit Maria, Doktor Garin und mir hergegangen sei. Er durfte in meine Vergangenheit eindringen, er kannte sie ebenso gut wie ich, das spürte ich an seinem gelegentlichen Zögern, daran, wie er mich ansah, wenn er aus Zuneigung zu mir über gewisse Dinge schwieg. Aber jetzt stellte er an mich plötzlich genauso hohe Ansprüche wie ich selbst und akzeptierte keine der üblichen Ausreden, mit denen ich meine Faulheit entschuldigte, meine Mutlosigkeit erklärte oder meine Feigheit verbarg.

«Mit Ihnen muss man streng sein, Lotus», sagte er schließlich.

«Das habe ich mir auch schon gesagt», antwortete ich, und meine Stimme klang so bewegt, dass er aufsah und mich so durchdringend musterte, dass ich darüber verlegen wurde.

An jenem Tag nahm er meine Hand, hob sie vor seine Augen und strich mit einem rauen Finger über meine Handfläche.

«Ihre Hand ist nicht die einer gewöhnlichen kleinen Frau. Und Ihr Leben scheint mir bereits so klar vorgezeichnet, dass mich die allzu langsam verstreichenden Tage mit Ungeduld erfüllen. Was ich in Ihrer Hand lese, ist Ihnen im Übrigen auch ins Gesicht und in Ihre ganze Persönlichkeit eingeschrieben. Ich bin alt, ich habe Erfahrung, und ich sage Ihnen: Wenn Sie es wollen, werden Sie eine Heilige sein.»

Meiner Ansicht nach war es schwer, eine Heilige zu sein, und die Aussicht verlockte mich kaum. Ich wusste damals noch nicht, dass man es auf unterschiedliche Weise sein kann. Was ich über das Leben einiger dieser verrückten Mystikerinnen gelesen hatte, erfüllte mich mit Unruhe und Abscheu. All diese Bußübungen, Gebete und Selbstkasteiungen erschienen mir grauenhaft und vor allem unnütz, und der Zustand des ewigen Leidens schreckte mich ab von diesem harten Ideal …

Meine ersten Schüler waren Thérèses Söhne, die barfuß herüberkamen und sich auf zwei neue kleine Stühle setzten, die ich für sie gekauft hatte. Zwölf weitere Stühle um uns herum blieben tagelang leer, doch eines Morgens trat eine Frau in den Hof, die vier Kinder bei sich hatte. Eine Weile betrachteten sie die Tafel, dann sagte die Frau: «Ich habe vier Kinder, Mademoiselle, und ich bin Witwe. Um zur Schule zu gehen, brauchen sie eine Menge Sachen, die ich ihnen nicht kaufen kann.»

Sie sah sich um, schaute hoch zu den Bäumen und zum Himmel.

«Das hier ist anders», fuhr sie fort, «sie sind draußen, da wird es ihnen nichts ausmachen, dass sie keine guten Kleider haben.»

Brüsk zog sie ihre kleine Schar an sich.

«Wie viel muss ich für meine vier hier zahlen?»

Bei meiner Antwort begannen ihre Lippen zu zittern, dann schnäuzte sie sich in einen Zipfel des Tuchs, das sie um ihre Haare gebunden hatte.

«Danke», sagte sie, «ich wusste nicht, dass sie vom Staat bezahlt werden. Dann möchte ich mich vorstellen: Ich heiße Marie Paulin, und das sind meine drei Kinder. Sie hier» – sie schob ein sechsjähriges Mädchen nach vorn, das scheußliche, für ihre Füße viel zu große Pantoffeln trug – «hat weder Vater noch Mutter. Ich musste sie aufnehmen, als ihre Mutter, meine Nachbarin, in dem Zimmer gestorben ist, das ich ihr vermietet hatte.»

Ich zog das Kind, das mich aus großen, furchtsamen Augen anstarrte, zu mir her: Sie war schwarz, mit seltsam runden kleinen Zügen, und ihr zu dicken, krausen Zöpfen geflochtenes Haar umrahmte ein hübsches ovales Gesicht. Nachdem sie Zutrauen gefasst hatte, nannte sie mir leise ihren Namen: Anie. Sie hatte die ängstliche, erstickte Stimme eines Waisenkinds, dem wohl bewusst ist, dass es bei fremden Menschen lebt. In einem Alter, in dem Kinder üblicherweise fröhlich sind, stand sie mit schmerzlich verzogenem Mund vor mir. Wahrscheinlich dachte sie dreimal am Tag, wenn ihr Hunger nur zu einem Viertel gestillt war, an ihre tote Mutter, wagte nicht zu klagen, litt, ohne zu fordern, und nahm ihr beschwerliches kleines Los als ein unausweichliches Schicksal hin.

Marie Paulin ging fort und ließ ihre Kinder in meiner Obhut.

Zwei Wochen später reichten die Stühle nicht mehr für alle Schüler. Ihre kindlichen Stimmen stiegen hinauf zu den Bäumen der Allee und drangen bis hinten in den Hof, wo Gertrude und Tintin verwundert diesen ersten Unterrichtsstunden lauschten. Mittags schickte ich meine Schüler fort und ging hinein, um Gertrude bei der Arbeit zu helfen. Sie ließ mich mit jenem spöttischen Ausdruck gewähren, der seit einigen Tagen auf ihren Zügen lag. Wenn ich mich entfernte, spürte ich, wie sie mir nachblickte, als belauerte sie mich, und wenn Georges abends kam, verschloss sie sogleich die Türen und zog sich wortlos in ihr Zimmer zurück. Aber hinter ihrer demonstrativen Gefälligkeit spürte ich ein solch unerträgliches Maß an Verachtung, dass sich mein Herz mit Zorn füllte. Und jedes Mal beschloss ich, sie am nächsten Morgen zu entlassen. Doch wenn ich sie am nächsten Morgen antraf, wie sie sich schweigend ihren Aufgaben widmete, seit fünf Uhr früh auf den Beinen, so vermeintlich harmlos und mustergültig in ihrer Arbeit, dann verflüchtigte sich mein Entschluss gleich wieder.

Eines Morgens kamen die drei Paulins ohne Anie. Sie saß normalerweise immer neben mir, die kleinen Füße in ihren grotesken Pantoffeln. An diesem Morgen war ich nicht bei der Sache. Ich vermisste das hübsche schwarze Gesichtchen, das vom sanften Leuchten ihrer klugen Augen überstrahlt wurde.

Mittags begleitete ich die Paulins nach Hause. Wir gingen die Straße entlang, in der Vater Charles wohnte, und bogen in eine feuchte Gasse ab, wo sich schmutzige, niedrige Häuschen aneinanderreihten. Zusammen betraten wir eines davon. Marie Paulin verbarg ihre Überraschung nicht, als sie mich sah. Verlegen richtete sie hastig ihren krausen Haarknoten, und ohne auch nur daran zu denken, mir einen Stuhl anzubieten, begann sie, beschämt über die Unordnung im Raum, fieberhaft von ihren kleinen Nöten zu erzählen, ihre Armut und das teure Leben zu verfluchen.

«Sie müssen das Durcheinander entschuldigen», sagte sie nach einer Weile, «wir haben nur zwei Zimmerchen für uns alle, und jetzt ist auch noch die Kleine krank.»

Ich gestand ihr sofort, dass ich nur gekommen war, um Anie zu besuchen. Sie zuckte mit den Achseln, dann öffnete sie eine Tür.

«Wenn Sie unbedingt wollen», sagte sie.

Ich betrat die winzige Kammer, die ihnen als Schlafraum diente. Das Kind lag auf einer Matte, ohne Decke, ohne Kissen, und wimmerte leise vor sich hin. Ich kniete neben ihr nieder, berührte ihre glühende Stirn. Sie lächelte, als sie mich erkannte, nannte mich flüsternd «Matemoiselle» und begann aufs Neue zu wimmern. Ich versprach ihr Süßigkeiten und zog ihren glühenden Körper an mich. Beinahe verwundert ließ sie mich gewähren und antwortete mit ihrer leisen, erstickten Stimme auf meine Fragen. Als Marie Paulin, die hinausgegangen war, zurückkam, machte sich das Kind abrupt von mir los und ließ sich auf die Matte zurückfallen. Da begriff ich, dass sie sich vor ihrer Adoptivmutter fürchtete und zutiefst unglücklich war. Der Anblick des schmächtigen Kindes, das zusammengekauert dalag, als kämpfe es gegen Schmerzen, weckte mein Mitleid, und ich hätte es am liebsten hochgenommen und von dort fortgebracht. Aus Angst, Marie Paulin zu kränken, unterdrückte ich diesen Wunsch, aber ich nahm mir fest vor, ihn später in die Tat umzusetzen und die Kleine zu mir zu holen. Drei Tage danach kam Anie wieder in die Schule. Ich nahm sie beiseite, gab ihr ein wenig Milch zu trinken und ging mit ihr zu Vater Charles.

«Du bekommst schöne Schuhe», sagte ich zu ihr. «Vater Charles wird dir sehr gern welche für deine kleinen Füßchen machen.»

Glücklich streckte sie dem lächelnden Mann einen Fuß entgegen, damit er Maß nehmen konnte.

«Mein erstes Paar Schuhe», sagte er nachdenklich. «Ich arbeite nun schon so lange, und in der ganzen Zeit habe ich nur Sohlen geflickt. Mein erstes Paar Schuhe, und die mache ich für einen kleinen Engel.»

«Mein erstes Paar Schuhe», sagte auch die Kleine.

Und auf diesen beiden im Alter so unterschiedlichen Gesichtern erstrahlte die gleiche arglose Freude, durch die sie einander plötzlich ähnlich sahen. Ich reichte dem Alten einen neuen Geldschein und sagte: «Das ist für das Leder, mein Freund.»

Acht Tage später bekam Anie ihre Schuhe. Schöne schwarze Schuhe, die sie völlig veränderten und ihre Gestalt mit einem Mal zart und hübsch wirken ließen. Die kleinen Paulins schielten neidisch auf ihre Füße, und ich erwischte das ältere der Mädchen dabei, wie es ihr im Vorbeigehen auf den Fuß trat. Aus Sorge, das Kind könne bei den Paulins zu sehr leiden, unterließ ich es von diesem Tag an, die Kleine in ihrer Gegenwart zu verhätscheln. Dabei hätte ich ihr so gern geholfen. Ihre Kleider waren notdürftig geflickte Lumpen und bildeten einen unschönen Kontrast zu ihren neuen Schuhen. Sie wurde immer dünner, schlief häufig ein, während ich den Kindern vorlas. Und leider sollten die neuen Schuhe Anies Unglück nur noch vergrößern und drei hasserfüllte kleine Neider gegen mich aufbringen.

Trotzdem empfand ich ein Glücksgefühl, das sich nur schwer beschreiben lässt. Es ist ein Zustand, der aus der vollkommenen Zufriedenheit mit dem eigenen Handeln erwächst und der Gewissheit, von den Menschen wertgeschätzt zu werden, die man liebt. Nichts sei wichtiger, als sich selbst wertzuschätzen, heißt es, doch das genügt nicht, um wahre innere Ausgeglichenheit zu erlangen. Wenn ich nicht gespürt hätte, dass Georges mich ebenso wertschätzte wie ich mich selbst, wäre meine Freude getrübt gewesen. Seit ich meine unentgeltliche Schule gegründet hatte und mich nützlich machte, indem ich arme kleine Kinder unterrichtete, sah ich, wie Georges' Liebe zu mir erstarkte. Das war die schönste Belohnung, die das Leben mir schenken konnte. Einmal war er entgegen seiner Gewohnheit am Vormittag gekommen, wohl um mich inmitten meiner kleinen Schar zu beobachten, und schon im Voraus bezaubert von der Vorstellung, mich in meiner neuen Rolle als Lehrerin zu erleben. Er hatte sich neben meinen Stuhl gestellt, ohne mich zu unterbrechen, und ich hatte weiter die Geschichte vorgelesen, der meine jungen Zuhörer aufmerksam und vor Anspannung keuchend lauschten. Nachdem ich die Lektüre beendet hatte, legte er eine Hand auf mein Haar und sagte: «Das ist ein schöner Anfang, Lotus, ich bin stolz auf dich.»

Gleich darauf hatte er sich wieder verabschiedet und war mit großen, nervösen Schritten über die laubbedeckte Allee davongegangen.

In der Luft hing noch sein männlicher Duft, und für einen Moment saß ich da und sog ihn glücklich ein.

Am selben Abend war er wiedergekommen, mit einer roten Nelke in der hohlen Hand.

Zwei Wochen später beschimpften mich die kleinen Paulins als ungerecht und verließen die Schule, nachdem sie mich dabei ertappt hatten, wie ich Anie hinter einem Baum versteckt etwas zu essen gab.

«Ach, für alle reicht es wohl nicht», hatte die Älteste mit einem gehässigen Ausdruck in den Augen gesagt, «in einer Schule sollten doch alle gleich sein.»

«Sei still», entgegnete ich ihr, «sie hat keine Angehörigen.»

«Und was ist mit meiner Mutter, ist die für sie etwa keine Angehörige? Gut zu wissen.»

Am Tag nach diesem Vorfall waren sie nicht mehr gekommen. Ich setzte meine Arbeit tapfer fort, doch beim Anblick der freien Stühle zog sich mein Herz zusammen. Als ich beschloss, zu den Paulins zu gehen, erfuhr ich, dass sie umgezogen waren. Ich sollte meinen kleinen Schützling nie mehr wiedersehen. Aus Gründen, die ich nicht kannte, blieben nach und nach auch die übrigen Stühle leer. Nur Thérèses Kinder kamen getreulich immer wieder, und angesichts der vielen freien Plätze füllte sich mein Herz unwillkürlich mit Bitterkeit. Später erfuhr ich, dass Mutter Paulin eine abscheuliche Intrige gegen mich gesponnen und mich der schrecklichsten Sünden beschuldigt hatte, bevor sie aus dem Viertel weggezogen war. An diesem Tag weinte ich vor Scham und Entsetzen, und Vater Charles versuchte mich mit dem Versprechen zu trösten, dass jene, die heute auf Erden mit Undank entlohnt wurden, morgen im Himmel zu den Auserwählten gehören würden. Doch anders als sonst missfielen mir seine Überlegungen, und mehrere Tage hielt mich eine Mutlosigkeit gefangen, die an Verzweiflung grenzte. Erst mehr Erfahrung hätte mich gelehrt, nicht gegen das Schicksal aufzubegehren und mich nicht von den böswilligen Gedanken bekümmern zu lassen, die den menschlichen Geist heimsuchen.

16

Als Doktor Garin zum zweiten Mal mit mir über meine Mutter sprach, erkannte ich, dass er sie geliebt hatte. Er saß neben mir in einem Lehnstuhl im Salon. Ich lauschte ihm ohne eine Regung, mit gesenktem Kopf und äußerlich ungerührt. Aber in meinem Inneren harrte meine Seele ungeduldig der Worte, die zu langsam kamen. Ich hoffte, meiner Mutter, nachdem er mich ins Vertrauen gezogen hatte, endlich die Achtung entgegenbringen zu können, die ich ihr schuldete, damit mein Herz wieder Frieden fand. Er redete kaum ein paar Minuten. Zum Schluss reichte er mir einen zugeklebten Umschlag.

«Ihre Mutter hat mich vor ihrem Tod gebeten, diesen Brief zu vernichten», sagte er. «Aber ich bin besessen von Erinnerungsstücken und habe ihn behalten. Ich hoffe nur, dass er Ihnen dabei hilft, ihr zu vergeben. Als sie starb, habe ich selbst ihr die Augen geschlossen. Und vor ihrem Tod war Ihr Name das letzte Wort, das sie gesprochen hat.»

Als ich schließlich allein sein konnte, öffnete ich den Umschlag und fand darin lediglich ein kurzes, an einen gewissen Jean gerichtetes Billett, bei dem es sich um meinen Vater handeln musste, denn es war darin von meiner Geburt und meiner Zukunft die Rede.

Durch diesen Brief erfuhr ich, dass mein Vater im Orient gelebt hatte und meiner Mutter häufig von den Sitten der Orientalen zu erzählen pflegte. Es war zweifellos jene Reise in den Orient, der ich meinen Namen verdankte. Nun hatte ich also unvermittelt die Erklärung gefunden, nach der ich so lange gesucht hatte, und sie machte mich stolz auf meinen Namen, dem die Erinnerung an eine ferne Welt, zu der ich mich seit jeher – vielleicht aus vererbter Neigung – hingezogen gefühlt hatte, einen besonderen Glanz verlieh.

Meine Mutter war dreißig Jahre alt und noch unberührt, als mein Vater sie nahm. Sie war allein auf der Welt, ohne finanzielle Mittel, ohne Arbeit, und er ließ sie im Stich, als sie schwanger war.

«Man bringt sich nicht aus Verzweiflung um», hatte sie geschrieben, «und ich weiß, dass das Leben mich, wie tief die Wunde auch sein mag, zwingen wird zu vergessen. Ich bin bis zu meinem dreißigsten Lebensjahr ehrbar geblieben, und es hat mir nichts genützt. Dein Eintritt in mein Leben hat ausgereicht, um meine ganze hochmütige Vergangenheit kläglich in sich zusammenbrechen zu lassen. Aber ich schwöre Dir, dass mein Kind nicht erleben wird, was ich erleben musste: Sollte ich mich auch zum Schlimmsten durchringen müssen, sollte ich allen Stolz in mir auslöschen müssen, ich werde ihm zumindest ein Dach hinterlassen, unter dem es Zuflucht findet.»

Nun konnte ich also Rechtfertigungen finden für den lasterhaften Lebenswandel meiner Mutter, und das tat mir unendlich wohl. Nicht Ehrgeiz und Sinneslust hatten sie zur Prostitution gedrängt. Dieses Haus, in dem ich lebte, hatte zu viele Opfer gekostet. Und die

Mauern und die Bäume im Hof und alles, was mich umgab, weinte mit mir gemeinsam das «De profundis»[69] so vielen Leids.

Ich rannte in ihr Zimmer, hob den im Staub liegenden Bilderrahmen auf, riss die Fotografie heraus und betrachtete sie zum ersten Mal voller Zärtlichkeit. Verblüfft stellte ich fest, dass ich sie nicht wiedererkannte. Die stille Bereitschaft zu sinnlichen Freuden war aus ihren Zügen verschwunden, und in den dunklen Augen, die zu mir aufblickten, entdeckte ich eine unendliche Mattigkeit, die von Furcht vor sich selbst, Verzweiflung und dem ganzen Elend des menschlichen Daseins zeugte.

Ich schuldete meiner Mutter nicht nur meine eigene Achtung, sondern auch eine vollständige Wiederherstellung ihres Ansehens in den Augen derjenigen, die sie gering geschätzt hatten, und dies oft genug durch meine Schuld. So gab ich der reparierten Fotografie einen Ehrenplatz, und als mein Geliebter abends eintraf, konnte er nicht umhin, sie zu bemerken.

«Wer ist das?», fragte er verwundert.

«Meine Mutter», antwortete ich.

Und meine Stimme bebte unter dem Ansturm so vieler unterschiedlicher Gefühle, dass er den Kopf hob und mich neugierig musterte. Dann richtete er den Blick wieder auf das Bild und sagte lediglich:

«Sie war schön ...»

Ich nahm meinen Mut zusammen, denn trotz allem stand, wie um mich zu demütigen, vor meinem geistigen Auge die Erinnerung an Madame Caprou, die so achtbar war, in allem, was sie tat, und ich gestand ihm mein unfreiwilliges Eindringen in die Vergangenheit meiner Mutter und jenes lange währende Martyrium, das sie auf sich genommen hatte, um mich nicht ohne Obdach der Willkür der Menschen preiszugeben.

«Wieso hat sie denn nicht gearbeitet, werden viele fragen», fügte ich herausfordernd hinzu. «Die Antwort darauf habe ich selbst gefunden: Welche Arbeit hätte ihr innerhalb einiger Jahre all das eingebracht, was sie mir hinterlassen hat. Oh, sie tut mir leid, sie tut mir so unendlich leid!»

Er folgte mir ans Fenster. Ich blickte hinaus in die Dunkelheit, wo Hunderte Glühwürmchen wie Sternenfunken durcheinanderschwirrten. Georges nahm meine Hand, und auf die Ellbogen gelehnt, betrachteten wir die in Dunkel gehüllte Szenerie vor uns.

«Ich wusste doch, dass ein Mädchen wie du keine gewöhnliche Frau zur Mutter gehabt haben kann», sagte er leise, «und selbst wenn es anders gewesen wäre, selbst wenn …»

Ich legte ihm eine Hand auf den Mund, und er verstummte.

Auch wenn er es gesagt hatte, um mich zu trösten, war ich ihm dankbar, denn seine Worte legten sich wie Balsam auf meine Seele. Aus meinem Blick sprach so große Dankbarkeit, dass er mich unvermittelt an sich zog, meinen Kopf an seiner Schulter barg und sagte: «Weine nur, mein Kleines, das wird dir guttun.»

Und ich weinte lange, glaube ich.

17

Was im Leben geschehen muss, scheint stets durch einen unsichtbaren Finger angezeigt zu werden, den die Gläubigen verklären, indem sie überall die Hand Gottes sehen. Wenn ich über meine Existenz nachdenke, so schreibe ich die gesamte Verantwortung für die Ereignisse in meinem Leben den Umständen zu, die durch bestimmte vorhergehende Handlungen ausgelöst wurden.

Was passierte, nachdem Doktor Garin mich über die Vergangenheit meiner Mutter aufgeklärt hatte, war lediglich die Folge eines neuen Glückszustands, der mich wie von selbst dazu bewog, nach den kleinsten Erinnerungsstücken an die Verstorbene Ausschau zu halten. Inzwischen durchstreifte ich das Haus auf der Suche nach allem, was ihr gehört hatte. So stieß ich beim Durchwühlen der Schubladen ihrer Frisierkommode auf ein paar vergilbte Taschentücher und einen Veilchenstrauß, den sie an ihrer Bluse zu tragen pflegte. Durch diese Suche nach den kleinsten Dingen, die der Verstorbenen gehört hatten, wollte ich nicht weiter in das für mich auf ewig verlorene Leben eindringen, sondern vielmehr einen lange verkannten Menschen wiederauferstehen lassen, dessen entsetzliche Qualen ich damals nicht hatte erahnen können, weil ich noch zu jung gewesen war. Einige von Marias Reaktionen bestätigten mich in der Vorstellung, die ich mir nun von meiner Mutter machte, und mehrere Tage lang kannte meine Euphorie keine Grenzen. Erst in dieser Phase wurde mir bewusst, wie schmerzlich es für mich gewesen sein musste, diesen Menschen, den ich hätte verehren sollen, bis in die geringste seiner Handlungen hinein zu hassen.

Am Tag danach besuchte mich Vater Charles. Ich deutete auf das Foto und fragte nur: «Erkennen Sie sie wieder?»

Er gab mir keine Antwort. Dabei bin ich mir sicher, dass er das bittere Geheimnis um die Vergangenheit meiner Mutter kannte. Sollte ich ihm vorwerfen, es vor mir gewahrt zu haben, oder musste ich ihm im Gegenteil dankbar dafür sein, dass er nicht versucht hatte, mich ohne triftigen Beweis von Dingen zu überzeugen, die ich womöglich niemals geglaubt hätte?

Eine Weile sah er mich schweigend an, dann tätschelte er sanft meine Hand und sagte mit jenem gutmütigen Lächeln, das von seiner hohen, gedankenumwölkten Stirn Lügen gestraft wurde: «Sie war viel schöner und viel sanftmütiger, als Sie es sind.»

An dem Abend dachte ich vor dem Einschlafen an sie. Ich rief mir ihr langes Haar in Erinnerung, ihre schmale, schön geschwungene Taille und ihren allzu traurigen Blick. Während ich meinen Gedanken nachhing, betrachtete ich geistesabwesend die Dinge in meinem Zimmer: zunächst die kleine vergoldete Uhr, die an der Puderdose lehnte, dann meine Nachttischlampe mit dem Lampenschirm in Form eines chinesischen Huts. Zwei Bücherstapel rechts und links des Bettes dienten als Unterlage für Aschenbecher und Zigaretten, und auf dem niedrigen, gedrungenen modernen Schrank stand eine Kristallvase mit einem großen Strauß Kerzenstrauchblüten[70]. Als mein Blick auf die Truhe fiel, erfasste mich eine leise Erregung, wie sie von etwas lange Vergessenem ausgelöst wird, das man unvermittelt wiederfindet. Unter dem Stoff, mit dem die Kleiderstange abgedeckt war, schaute eine ihrer Seiten hervor. Plötzlich fiel mir Marias beharrliches Drängen wieder ein, ihre rätselhaften Worte an dem Tag, als sie die Truhe in mein Zimmer geschoben hatte, die verbrannten Kleider …

Ich erhob mich sogleich von meinem Bett und zog sie fieberhaft unter der Kleiderstange hervor. Sie war nicht abgeschlossen, ich brauchte den Deckel nur anzuheben. Welches Gefühl trieb mich dazu, diese Truhe öffnen zu wollen, obwohl sie leer war? Ich hatte schließlich selbst alles herausgeholt, was darin gewesen war, wozu dann dieses Bedürfnis, trotzdem noch einmal hineinzusehen? Aber ich tat gut daran, denn ich fand darin das Einzige, was mir wahrhaft Aufschluss über das Leben meiner Mutter geben konnte: ihr Tagebuch. Ich schloss die Augen, nicht aus Freude, sondern vor Angst. Vor mir öffneten sich die Türen zu den Geheimnissen einer Existenz, und ich fühlte mich bereits im Voraus abgestoßen von dem, was ich erfahren sollte. Was würde mir dieses Heft verraten? Würde das, was ich darin entdeckte, mich in meiner Achtung vor der Toten bestärken, oder würde es stattdessen die töchterliche Liebe, die seit einiger Zeit in mir erblühte und die mich so glücklich machte, endgültig zerstören?

Von der ersten Seite an durchzuckte mich eine schmerzliche Rührung, denn in diesem Heft hatte meine Mutter in solchen Worten über ihr Liebesleben Buch geführt, dass es sie in das vorteilhafteste Licht rückte.

Auf der ersten Seite stand der Name eines Mannes, unmittelbar gefolgt von einem niedrigen Betrag, dann dieses eine Wort: «Grauenhaft», dreimal hintereinander.

Auf der zweiten Seite ein anderer Männername, dahinter ein anderer Betrag, dann dieser Satz: «Werde ich mich jemals daran gewöhnen? Oh, dieser Ekel, dieser Ekel … Wie soll ich dabei nicht verrückt werden …!»

Einige bereits erwähnte Namen tauchten auf späteren Seiten gelegentlich wieder auf, andere wiederholten sich häufig.

Als ich auf einer Seite den Namen von Doktor Garin las, schien sich der Tonfall meiner unglücklichen Mutter schlagartig zu wandeln. Vom ersten Besuch dieses Mannes an hatte sie sich beschützt gefühlt durch das aufrichtige Gefühl, welches er ihr mehr als zwei Jahre lang entgegenbringen sollte und durch das er sie gleichsam rehabilitierte.

«Der erste echte Mann unter so vielen Männern, das ist wahrlich wenig», hatte sie geschrieben. «Dabei ist er weder schön noch elegant, aber ich könnte ihn lieben, wenn mein Herz nicht für immer gestorben wäre. Man kann ein Organ nicht wiederbeleben, das an dieser grässlichen Krankheit, schlimmer noch als Krebs, verendet ist: dem Ekel gegenüber allem.»

Das Datum, das auf diesen Satz folgte, zeugte von einer Unterbrechung ihres unsteten Lebens. Auf vielen weiteren Seiten war davon noch die Rede. Den Namen von Doktor Garin sollte ich nicht mehr finden. Aber die folgenden Einträge waren von größerer Verzweiflung durchdrungen, als hätte sie sich bewusst von einem Gefühl frei gemacht, das einem Entschluss im Wege stand, den sie nach einem beängstigenden inneren Ringen gefasst haben musste.

«Werde ich stark genug sein, um weiterzumachen», hatte sie an einer Stelle geschrieben, «aber es muss sein. Ich kann nicht leben, als währte ich ewig, und wenn ich sterbe, bleibt mein Kind der Willkür anderer ausgeliefert. Ich habe Angst, so furchtbare Angst vor dem Leben.»

Weiter hinten stieß ich auf diesen Satz: «Sie werden dafür bezahlen, und zwar immer teurer. Oh, ich hasse sie, ich hasse sie so sehr, dass ich darüber verrückt werde, sie alle, alle, alle …»

Als ich die vorletzte Seite erreichte – ein Datum zwei Wochen vor ihrem Tod –, erfuhr ich, dass meine Mutter sich in einem Anfall von Wahnsinn durch die Einnahme von Jodtinktur vergiftet hatte.

Ich lag auf meinem Bett und versuchte, anhand des Gelesenen jene letzten Wochen zu rekonstruieren, die ihrer Erkrankung vorausgegangen waren; die Worte, die ich las, weckten schlummernde Erinnerungen, und mithilfe ihrer verzweifelten Sätze und eines vagen Unterbewusstseins gelang es mir, mich an einige Gesten zu erinnern, deren Tragweite ich vor zwölf Jahren noch nicht hatte erfassen können.

Ich sehe meine Mutter, wie sie behutsam die Badezimmertür öffnet und plötzlich zusammenzuckt, als sie Maria bemerkt, die gerade dabei ist, mich vor dem Spiegel zu frisieren. Oh, dieser Blick, den sie wechselten, nachdem meine Mutter unwillkürlich zu dem Regal mit den Flakons geschaut hatte!

«Ich habe einen eingewachsenen Nagel», sagte sie darauf zu unserem Hausmädchen, «gib mir das Fläschchen mit der Jodtinktur.»

Und dann dieses Zögern in Marias Bewegung, die Tränen in ihren Augen, jetzt endlich verstehe ich, was sie bedeuteten! Sie begann zu schluchzen, und meine Mutter griff selbst nach dem Flakon. Dann hatte Maria mich allein gelassen und war hinter ihr hergerannt. Damals hatte ich geglaubt, sie stritten wie üblich über irgendwelche Kleinigkeiten.

Ich entstieg der Vergangenheit wie einem Rausch, mit trockenem Mund und leerem Kopf. Das Heft noch in der Hand, stand ich auf und ging, ohne über meine Schritte nachzudenken, ans Fenster.

Ich ließ den Blick über das riesige Grundstück schweifen. Am Ende der Allee sah ich das schmiedeeiserne Tor, das den Zugang versperrte. Das Haus und alles, was dazugehörte, erschien mir wie ein gewaltiges Bauwerk, dessen Einzelteile allesamt vom Martyrium meiner Mutter zeugten. Sie war inzwischen überall: Ich glaubte sie stöhnend unter den Bäumen umhergehen zu sehen, das wirre Haar fiel ihr offen über den Rücken; ich spürte ihren Atem, wenn der Wind durch die Blätter an den Zweigen fuhr. Niemals könnte dieses Haus mir gehören, oder vielmehr niemals würde ich es als mein Eigen empfinden: Es war mir um den Preis von zu viel Leid überlassen worden. Das starrsinnige Festhalten am Verwerflichen, geläutert durch Selbstlosigkeit und mütterlichen Wahn, hatte aus dieser unverheirateten Mutter eine Märtyrerin des Fleisches gemacht, was sie für mich in eine Reihe stellte mit denjenigen, die sich für ihren Gott geopfert hatten.

Eines Abends empfing ich draußen auf der Terrasse eine Botschaft.

Ich war allein, umgeben von Grün und Schatten. In der Dunkelheit erschien mir das Haus, gleichsam losgelöst von der Terrasse, wie ein Symbol. Dessen wahren Sinn erkannte ich nicht sofort, aber von diesem Abend an wusste ich, dass es nicht weiter ein simples Heim bleiben konnte, in dem ein nutzloses Leben in seinem steten Wechsel aus kleinen Freuden und belanglosem Leid verstrich. Noch lange danach, in den Momenten großen Liebesglücks, sollte ich mich unwillkürlich an diese Minute erinnern, als ich mich allein auf der Terrasse befand und dieses Haus in meinen Augen eine übergroße Bedeutung annahm. Von dem Moment an war mir, als sei ich mit einer Flut von Ereignissen verbunden, die ich vorausahnte, ohne sie klar benennen zu können. Ich spürte lediglich den Stachel beunruhigender Ausblicke auf eine nahe Zukunft, in der mich eine lange Kette unumgänglicher Handlungen ohne das geringste Zögern in ihrem erbarmungslosen, aber zutiefst gerechten unentrinnbaren Strom mitreißen würde.

18

Von diesem Tag an hatte ich nur noch ein Ziel: mich in eine andere Frau zu verwandeln und alles Vergangene wiedergutzumachen. Ich, die ich gelegentlich an den Tod dachte, die ich mich als eine Art Eindringling in dieser Welt betrachtete, dessen Anwesenheit niemandem von Nutzen war, suchte, zunächst in mir selbst und später in meiner Umgebung, nach dem Grund für meine Existenz, und indem ich ihn suchte, fand ich ihn.

Ich fand ihn zunächst in Georges. Abends kam er zu mir, erschöpft von den Sorgen, den Kopf voller Zahlen und Berechnungen, und ließ für eine Weile den Blick auf meinem Gesicht ruhen.

«Lotus, Lotus», sagte er dann, «es ist doch ein Elend mit diesem Leben!»

Ich ließ mich zu seinen Füßen auf dem Boden nieder, hob den Kopf zu ihm auf und hörte zu, wie er von seinen Enttäuschungen erzählte.

Manchmal klagte er nicht, dennoch zeigte sich auf seiner Stirn eine Sorgenfalte. Später erfuhr ich, dass er oft nicht in der Lage war, die Miete für das Haus zu zahlen, in dem er mit seiner Familie lebte, da er all seine Diplome beiseitegelegt hatte und sich nun als Geschäftsmann durchschlug, der auf Provisionsbasis für verschiedene Handelshäuser Waren anbot; denn der Geldmangel war ihm immer noch lieber als die Herabwürdigung durch ein offizielles Amt, das ihn auf eine Stufe gestellt hätte mit all den Profiteuren und Nutznießern von Pfründen und Pöstchen, die er verachtete. Er war im Land gefürchtet wegen der Artikel, die er in einer Zeitung veröffentlichte, welche von einer kleinen Gruppe von Fanatikern herausgegeben wurde, die trotz aller Anfeindungen durch die Mächtigen beharrlich mit ihm gemeinsam für die Anliegen der von Unterernährung ausgelaugten Bevölkerung kämpften.

Eines Abends kam er früher als gewöhnlich, und auf seiner Stirn sah ich die Sorgenfalte, die einen schlechten Tag verriet. Schweigend setzte er sich. Um ihn abzulenken, bot ich ihm Zitronenkonfitüre an, doch er schob sie von sich. Stattdessen starrte er mit fiebrigem, von bitterer Auflehnung erfülltem Blick vor sich hin.

«Sie haben die Zeitung geschlossen», sagte er nach einer Weile. «Samson und Ganthier haben sich mit Polizisten geprügelt, bevor sie geflohen sind, und jetzt sucht man nach ihnen, um sie ins Gefängnis zu stecken.»

Ich setzte mich neben ihn, neigte mein Gesicht dem seinen zu.

«Ich möchte dir helfen, mein Liebster», sagte ich.

Er nahm meine Hand und hob sie an seine glühende Stirn.

«Ich möchte dich da nicht mit hineinziehen», antwortete er, als ringe er mit sich selbst. «Ach, Lotus, wenn man gewissen Dingen auf den Grund geht, riskiert man, dort Gestank zu finden. Und hat man diese Dinge erst einmal entdeckt, dann prägen sie einen wie mit einem Siegel.»

Ich beteuerte, dass ich kein Kind mehr sei und es meine Pflicht sei, ihm beizustehen. Ich flehte ihn an, mich als Botin zwischen ihm und seinen Freunden einzusetzen, und ich war so überzeugend, dass er schließlich einwilligte.

Samson und Ganthier waren untergetaucht und versteckten sich momentan in La Saline[71] bei Freunden, deren Namen Georges mir nannte. Er bat mich, sie dort aufzusuchen und ihnen Wäsche und etwas Geld zu bringen. Ich machte mich sogleich auf den Weg.

Ich ließ den Wagen ein gutes Stück von der Stelle entfernt anhalten, zu der ich wollte, und ging allein weiter. Was ich an dem Tag in diesem Elendsviertel vorfand, werde ich nie wieder vergessen.

Der Ort war ein einziger Morast, hier und da schwirrten dicke, surrende Fliegen über dem Unrat. Babys mit aufgetriebenem Bauch und langen, dürren Armen weinten vor Hunger. Die baufälligen Hütten, nur notdürftig gedeckt und gerade groß genug, um zusammengekauert darin schlafen zu können, versanken im stehenden, schlammigen Wasser, durch das zahllose Regenwürmer krochen. In einer dieser elenden Behausungen fand ich Samson und Ganthier. Zunächst musterten sie mich argwöhnisch, doch ihr Misstrauen verflog, sobald sie Georges' Brief gelesen hatten. Als sie auf eine winzige, wacklige Bank deuteten und mir anboten, mich ein wenig auszuruhen, sah ich mich verblüfft um. Der kleine Raum bot kaum genug Platz für die beiden Freunde. In der Ecke lag zusammengefaltet eine alte, nach fauligem Stroh und Urin riechende Matte, und auf einem Brett standen zwei ausgebleichte Trinkbecher. Das war die ganze Einrichtung der Hütte.

«Hier können Sie nicht bleiben», sagte ich.

Einen kurzen Moment stützte Ganthier seine schwarze Wange in seine Hand.

«Andere haben hier ihr ganzes Leben verbracht, Mademoiselle.»
Ich wusste nicht, was ich darauf entgegnen sollte. Von draußen
drang das jämmerliche Geschrei der hungrigen Kinder herein.

«Wenn ich daran denke, dass wir nur zehn Minuten von Port-
au-Prince entfernt sind», murmelte Samson, «vom fortschrittlichen
Zentrum der Stadt, und dass in unmittelbarer Nähe zu dieser er-
bärmlichen Armut Menschen schamlos ihren Luxus zur Schau
stellen …!»

Er schien gerade einmal zwanzig Jahre alt zu sein. Im Gegensatz
zu seinem Freund hatte er den von kleinen Sommersprossen über-
säten Teint eines *grimaud*[72]. Sie beugten sich vor und vertrauten mir
mit gedämpfter Stimme an, dass dieser Zustand nicht mehr lange
andauern werde und sie selbst bereits viele Mitstreiter in der Region hätten.

«Ganz La Saline ist auf unserer Seite, bald kommt es zur Revolution.»

Blutige Bilder zogen vor meinem geistigen Auge vorbei, eine
bislang unterdrückte Kühnheit strömte in mein Herz, und als ich
mich von ihnen verabschiedete, versprach ich, bald wiederzu-
kommen.

Ich war kaum ein paar Schritte gegangen, als ich einen gellen-
den Schrei hörte. Es war dunkel geworden, sodass ich nichts erkennen konnte, und aus den notdürftig von kleinen *gridappe*-Lampen[73]
beleuchteten Verschlägen drang nur schummriges Licht ins Freie.
Schwer von Schlamm stießen meine Füße immer wieder gegen Stei-
ne, während an meinen Ohren das ununterbrochene Sirren riesiger
Mücken ertönte. Eine Frau rannte an mir vorbei, und ohne sie recht
sehen zu können, folgte ich ihr, geleitet von ihren ziegenbockarti-
gen Ausdünstungen.

Als ich sie endlich eingeholt hatte, drehte sie sich zu mir um.

«Ach, nichts weiter», antwortete sie resigniert auf meine Frage, «in der Nachbarschaft ist ein Kind verhungert. Das kommt hier jeden Abend vor.»

Ich war todmüde, und meine Seele war von dem Grauen über dieses Elend erfüllt, als ich nach Hause zurückkam. Georges erwartete mich, nahm mich wortlos in die Arme und hielt mich lange an sich gedrückt.

Zwei Tage später verließen Samson und Ganthier mitten in der Nacht ihr Versteck und suchten bei mir Unterschlupf. Spitzel hatten die Polizei informiert, und diese würde noch am selben Tag in La Saline eine Razzia durchführen.

Die Revolutionäre schlossen sich tagsüber im Zimmer meiner Mutter ein und wagten sich erst abends hinaus, nachdem Gertrude und Tintin sich für die Nacht in ihr eigenes Quartier am Ende des Hofs zurückgezogen hatten. Manchmal kamen sie erst im Morgengrauen wieder, völlig verdreckt und so erschöpft, dass sie kaum noch laufen konnten. Vormittags gesellte ich mich nach einem wachsamen Blick auf die Dienstboten zu ihnen, und wir redeten über die Armut der einfachen Bevölkerung und die Erfolge, die sie bei ihren nächtlichen Unternehmungen erzielt hatten. Ganz Mariani[74], ganz Carrefour würden an ihrer Seite marschieren, erzählten sie mir glücklich. Sie hatten vor, ihren Radius noch zu erweitern, den Armen die Augen zu öffnen und sie zu zwingen, aktiv zu werden. Abends stieß Georges zu uns, und wir saßen noch stundenlang zusammen.

Eines Tages kam er etwas später als üblich und fragte mich als Erstes, wo Gertrude sei.

«Sie ist in ihrem Zimmer», entgegnete ich, «was ist denn los?»

Ohne zu antworten, löschte er sämtliche Lichter und pfiff eine Melodie. Gleich darauf schlichen fünf Männer auf Zehenspitzen ins Haus, die Hände ausgestreckt, um nicht im Dunkeln gegen die Möbel zu stoßen.

«Keine Zeit für große Vorstellungen», sagte Georges. «Das ist die Herrin des Hauses. Sie wird bald meine Frau sein.»

Er hatte mich auf dieses neuerliche Glück nicht vorbereitet. Ich begann vor Freude zu zittern. Dann streckte ich die Hände aus und tastete nach ihm. Ich streifte die Schulter eines Mannes.

«Sie irren sich», sagte er mit einem leisen Lachen, «ich bin nicht Georges.»

Und als ich ebenfalls über meinen Irrtum lachte, riss er ein Streichholz an, hielt es sich dicht vors Gesicht und fügte hinzu: «Darf ich mich vorstellen: Jean Bertier, Anwalt, zweiundfünfzig Jahre alt, eifriger Schürzenjäger, aufrechter Patriot und der verlässlichste Freund, den man auf Erden finden kann. Oh, und dass ich es nicht vergesse», setzte er, wie über sich selbst spottend, hinzu, «ich bin außerdem sehr reich.»

«Sehr erfreut, Monsieur», flüsterte ich.

Das ersterbende Flämmchen beleuchtete sein Gesicht, er hatte braune Haut, sinnlich geschürzte Lippen und kurz geschorenes krauses Haar. Er betrachtete mich mit einer Mischung aus Neugier und Verwunderung.

Die anderen folgten seinem Beispiel, zündeten nacheinander ein Streichholz an und stellten sich vor. Alle Altersklassen und Typen waren vertreten. Seltene Herzen, die sich in der verdorbenen Masse der Menschen noch einem selbstlosen Anliegen verschrieben hatten. Am nächsten Abend gesellte sich Vater Charles, dem ich von ihnen erzählt hatte, zu der Gruppe.

«Ich bin zu alt», sagte er, «körperlich werde ich Ihnen keine Hilfe sein, aber ich glaube, ich kann Sie auf andere Weise unterstützen.»

Er schlug seine Bibel auf, und Ruhe und Entspannung senkten sich auf die Anwesenden herab.

Vereint lauschten all diese Männer in der nächtlichen Stille der brüderlichen Stimme, die sie beschwor, nicht die Hoffnung zu verlieren:

«Habt ihr eure Seelen gereinigt im Gehorsam der Wahrheit zu ungeheuchelter Bruderliebe, so habt euch untereinander beständig lieb aus reinem Herzen. Denn ihr seid wiedergeboren nicht aus vergänglichem, sondern aus unvergänglichem Samen ...»[75]

19

In manchen Nächten trafen sie sich draußen im Hof unter den Bäumen, ohne mir etwas davon zu sagen. Dann wurde ich von einem verdächtigen Kommen und Gehen aus dem Schlaf gerissen, das von Zeit zu Zeit durch kurze Pfiffe unterbrochen wurde. Sofort war ich auf den Beinen und lauschte atemlos den flüsternden Stimmen und vorsichtigen Schritten, die die stille Nacht mit einem Hauch wundervoller Tragik erfüllten. Ich hatte nur einen Wunsch: Mich ihnen anzuschließen. Aber ich wagte nicht, ihr Missfallen zu erregen, denn ich wusste, dass sie womöglich schwerwiegende Gründe hatten, mich gelegentlich von ihren Diskussionen fernzuhalten.

An jenem Abend überwand ich mein Zaudern, und nachdem ich mich hastig angekleidet hatte, zündete ich eine Kerze an und ging nach unten. Wortlos ließen sie mich herankommen.

«Sorgt sich die Herrin des Hauses wegen der verdächtigen Personen, die in ihrem Hof Zuflucht suchen?», fragte eine spöttische Stimme, als ich sie erreicht hatte.

Ich erkannte Jean Bertier.

Ohne zu antworten, suchte ich im Halbdunkel Georges' Augen. Er starrte mich an, als versuchte er, meine Gedanken zu erraten, und trotz der Dunkelheit fühlte ich mich von seinem Blick durchbohrt. Ich stand da, ohne mich zu rühren, sah ihm unverwandt in die Augen, und von der Kerze in meiner Hand tropften warme Tränen auf meinen Arm, wo sie beim Abkühlen an meiner Haut festklebten.

«Sag ihr, sie soll die Kerze ausmachen, Georges.»

Ich blies die Kerze aus. Im selben Moment umfing uns vollkommene Finsternis. Und da wir schwiegen, herrschte mit einem Mal tiefe Stille.

Diese ganzen Leute störten mich. In ihrer Anwesenheit konnte ich mit Georges nicht so frei reden, wie ich es gewollt hätte. Seit vielen Tagen schon entglitt er mir auf diese Weise, traf mich nur in Gegenwart anderer, ausschließlich auf diese fixe Idee konzentriert, die jeden Gedanken an mich verdrängte. Ich spürte, dass er mir nicht mehr ganz gehörte, und die Erinnerung an meine Küsse schien von dieser neuen Besessenheit wie weggefegt. Wenn er sein Ziel erreicht hatte, würde er zweifellos genauso verliebt, genauso leidenschaftlich wie zuvor zu mir zurückkehren. Und wie gern würde ich ihm helfen, dieses Ziel zu verwirklichen, dachte ich, wenn es mir nur möglich wäre. Aber Georges versteifte sich auf das Unmögliche. In seinem Land, ja auf der ganzen Welt, denn wer weiß, wie weit sein Fanatismus und seine Illusionen reichten, wollte er Elend und Ungerechtigkeit auslöschen.

Trotz der Dunkelheit sah ich zu ihm hin, und ich erkannte, wie angespannt er war, sodass er beinahe geduckt dastand, als habe sich sein ganzer Körper um seine Gedanken zusammengezogen. Ich litt, ihn so fern von mir zu spüren, bewunderte voller Liebe die Form seiner Hände, deren braune Haut im fahlen Licht der Sterne sanft schimmerte.

«Nehmt mich mit», flüsterte ich daraufhin.

«Unmöglich», erklang Samsons entschiedene Stimme, «es tut mir leid, aber das ist unmöglich.»

«Zu gefährlich», sagte Jean Bertier. «Vergessen Sie nicht, dass Samson und Ganthier von der Polizei gesucht werden, und wenn jemand sie erkennt, sind wir alle verloren.»

«Außerdem ist es zu anstrengend für eine Frau. Erst mehrere Stunden Fußmarsch, dann noch ein stundenlanger Ritt ...», ergänzte Ganthier.

Georges hingegen sagte nichts, er sah mich nur weiter an, während meine Hand mit der erloschenen Kerze leise zitterte.

«Meinetwegen. Sie soll mitkommen», sagte er schließlich und wandte sich an Jean Bertier: «Informiert sie über Datum und Uhrzeit unserer nächsten Zusammenkunft, wenn es so weit ist.»

«Du bist verrückt», sagte Ganthier.

«Keine Diskussion», versetzte Georges in schneidendem Ton. «Ich verbürge mich für ihre Verschwiegenheit mit meinem Leben.»

Dann, als hätten sie einander nichts mehr zu sagen, verstummten sie.

«Lasst uns gehen», sagte eine Stimme, «es ist spät.»

Nacheinander wünschten sie mir eine gute Nacht, und als die Reihe an Georges war, blieb er einen Moment bei mir stehen.

«Das bin ich dir schuldig», sagte er lediglich, und ohne die Hände zu bemerken, die ich nach ihm ausstreckte, ging er mit großen Schritten davon und ließ mich mit Ganthier und Samson zurück.

Ich führte die beiden in den Salon, dann vergewisserte ich mich mit einem Blick durchs Schlüsselloch, dass Tintin und Gertrude schliefen.

«Gehen Sie hoch in Ihr Zimmer», forderte ich sie auf, «es ist alles ruhig.»

Sie ließen mich allein.

Leise drehte ich den Schlüssel im Schloss und sperrte die Tür zu. In diesem Moment verglich ich meine innere Ruhe mit meiner früheren Nervosität und kam zu dem Ergebnis, dass ich unter verstörendsten Umständen jene Selbstbeherrschung und Gelassenheit an den Tag legte, die nur die Zufriedenheit mit sich selbst einem Menschen schenken kann. Unterdessen gönnte sich mein geweitetes Herz einen ungewohnten Genuss: das Gefühl, um der Erfüllung einer Pflicht willen der Gefahr zu trotzen. Ohne es zu wollen, war ich Teil der Gruppe von Fanatikern geworden, und nun ebenfalls fanatisch gesinnt, wünschte ich mir, dass jede meiner Gesten ihrem Anliegen von Nutzen sein möge.

Durch die Wand hörte ich das ununterbrochene Flüstern von Samson und Ganthier. Ich ging in mein Zimmer und legte mich vollständig angezogen aufs Bett.

«Nun», dachte ich bei mir, «da bin ich nun allein zu Hause, und im Zimmer nebenan haben sich zwei Männer eingeschlossen, zwei junge, leidenschaftliche Männer, die in mir nicht eine Sekunde lang etwas anderes gesehen haben als ein junges Mädchen, das ihrer Sache ergeben, ihren Plänen dienlich ist, ein ehrbares Mädchen, geweiht in ihren Augen durch die Liebe eines Mannes, der ihr Freund ist. Da waren sie, und nicht eine Geste von ihnen, nicht ein einziges Wort war dazu angetan, meinen Unmut zu erregen. Was also nährte in ihnen diese erhabenen Gefühle, was hielt ihre animalischen Begierden im Zaum und fachte die Flamme ihres Enthusiasmus an? Nach welchen Mühen, welchen Kämpfen hatten sie sich bewusst dafür entschieden, das zu sein, was sie heute waren?

Vielleicht hatten sie wie ich lange mit ihrer ersten Natur gerungen, vielleicht hatten sie wie ich für diese Verwandlung gekämpft, und wie ich mussten sie stolz darauf sein, sich nun verändert zu sehen, zu spüren, wenn sie Vergangenheit und Gegenwart verglichen, wie viel Zeit sie vergeudet hatten, bevor sie den ersehnten Weg erkannt, die Bedeutung aller Dinge klar erfasst hatten.»

Mit diesen Gedanken schlief ich ein, und gleich nach dem Aufstehen eilte ich zurück auf meinen Wachtposten vor dem Zimmer meiner Gäste und hielt die Dienstboten unter fadenscheinigen Vorwänden davon fern. Auf diese Weise gelang es mir, ihnen ein paar Vorräte für den Tag zu bringen und ihnen zu raten, so wenig wie möglich zu reden.

An diesem Abend hatte ich, welch unerwartetes Glück, Georges für mich allein. Ich nutzte die Gelegenheit, um mich an ihn zu schmiegen. Er küsste mich. Aber wie verliebt seine Küsse auch sein mochten, so entdeckte ich in ihrem Geschmack doch eine Spur von Bitterkeit. Sie drang in Schüben zu mir, als würde sie meinem Instinkt durch subtile Schwingungen übermittelt, die ich nicht gleich verstand, aber sobald ich sie erspürte, riss ich mich keuchend aus seinen Armen. Da sah ich ihn vor mir, die Hände fest auf meine Schultern gelegt, den Mund noch leicht geöffnet, wie er mit weit offenen Augen in die Ferne schaute, den Blick auf irgendeine Vision gerichtet, die ihn nicht losließ.

«Du küsst mich, aber du bist hundert Meilen von mir entfernt.»

«Ich bin bei dir, meine Liebste.»

«Dein Körper ja, aber nicht deine Gedanken.»

Er antwortete nicht. Sein Gesicht nahm einen energischen Ausdruck an, der es unvermittelt hart wirken ließ.

«Vielleicht hast du recht», sagte er.

Schweigend aß er einen Rest Konfitüre und zündete sich, den

Blick immer noch in der Ferne verloren, eine Zigarette an. Obwohl er mich anschaute, hatte ich den Eindruck, dass er mich überhaupt nicht sah.

«Lotus», sagte er nach einer Weile, «ich werde deine Hilfe brauchen.»

Wir waren allein auf der Terrasse. In der drückenden Hitze des beginnenden Sommers trugen die erschöpften Bäume ihre Äste wie Sträflingskugeln. Über uns schien ein zu niedrig hängender, mit Juwelen überladener Himmel Feuerspitzen gegen die Erde zu richten.

Es war das zweite Mal, dass er mir gegenüber diesen rätselhaften Ton anschlug, meine Neugier war geweckt und verlangte nur danach, befriedigt zu werden. So drängte ich ihn, sich mir anzuvertrauen, was er jedoch nicht tat. Ich hatte alle Muße, meine Gedanken über die vertraute Szenerie hinausschweifen zu lassen und mich in Vermutungen zu ergehen:

Welche Hilfe konnte ich Georges überhaupt bieten? Was wollte er von mir? Wie sollte ich ihn dazu bringen, meinen schwachen Kräften zu vertrauen, und vor allem, wie sollte ich ihm beweisen, dass ich seinem Anliegen voll und ganz ergeben war? Ich wusste, dass Worte für ihn keinen Wert hatten.

«Was kann ich tun, um dir zu helfen?», fragte ich ihn.

«Ich möchte meine Mutter und meine Schwester in deine Obhut geben. Sollte mir jemals etwas zustoßen, möchte ich sicher sein, dass du sie nicht im Stich lässt.»

Besorgt warf ich mich in seine Arme.

«Warum redest du so, warum machst du mir Angst?»

«Versprich es mir, Lotus», sagte er, ohne auf meine Frage zu antworten.

«Ich verspreche es dir.»

Er zog mich zärtlich an sich, dann flüsterte er mit einem tiefen

Seufzen ganz dicht bei meinem Ohr: «Ach! Solange ich nicht alles versucht habe, um dieses Volk aus seinem Elend zu befreien, wird mein Leben nicht mir gehören.»

Gertrude schloss die Türen im Erdgeschoss und zog sich in den Hof zurück. Wir warteten ein paar Minuten, dann gingen wir hinauf zu Ganthier und Samson. Georges schüttelte seinen Freunden die Hand und berichtete ihnen mit gedämpfter Stimme von der Situation im Land. Die Lage war ernst. Nach und nach erfasste eine neue Geisteshaltung eine kleine Gruppe schwarzer Intellektueller, die für sich und die übrigen Schwarzen jene Achtung, jenen Respekt einforderten, die ihnen ebenso zustanden wie allen anderen Haitianern.

Das könnte, so Georges, Unruhen heraufbeschwören, die einen positiven Wandel im Land herbeiführen würden.

Aber die Politik ist ein enttäuschendes Geschäft. Wenn man glaubt, den Dingen mit ihrer Hilfe eine andere Wendung zu geben, werden diese nur umso konkreter und setzen sich fest. Die Schwarzen sollten noch lange Forderungen stellen, und die Herrschenden schienen sie weniger zu hören denn je.

20

Ganthier und Samson hatten mein Haus schon vor mehreren Tagen verlassen, als Georges mir mitteilte, dass in Léogâne[76] eine Zusammenkunft stattfinden werde und ich mich am nächsten Tag um drei Uhr morgens bereithalten solle. Ich verbrachte die Nacht mit Warten und war lange vor der vereinbarten Zeit angezogen. Es war kühl. Ans Fenster gekauert, hielt ich nach dem Signal Ausschau, das man mir von der Allee aus mit einer Taschenlampe geben würde.

Als ich einen schwachen Lichtschein über das Laub gleiten und an meinem Fenster innehalten sah, schloss ich es behutsam, zündete eine Kerze an und ging die Treppe hinunter zu meinen Freunden. Im Schein des aufgehenden Mondes, der ihr Haar mit schwachen Lichtreflexen überzog, erwarteten sie mich unter einem Mangobaum. Sie waren alle da, Samson hatte sich einen Frauenschal um den Hals gewickelt, denn er hustete und hatte Fieber. Georges schob einen Arm unter den meinen und zog mich an sich. Wir gingen los. Die stille, von Schatten bevölkerte Straße erstreckte sich vor uns, so weit das Auge reichte. Zu unserer Rechten spiegelten sich die Sterne wie silbrige Pailletten auf dem Meer. Ein kühler Wind strich über die sich am Ufer brechenden Wellen. Es war ein weiter Weg, wir gingen in kleineren Gruppen zu dritt oder viert, jeweils durch einen leichten Abstand voneinander getrennt, um keinen Verdacht zu erregen. Es war schon nach vier Uhr, als wir in Carrefour eintrafen. Der Mann, der uns dort erwartete, empfing uns freudig und bot uns gemeinsam mit seiner Frau, einer molligen, hellhäutigen Mulattin, mit *rapadou*[77] gesüßten Kaffee an.

Zwölf Pferde warteten hinten im Hof. Georges half mir in den Sattel, und obwohl mein zu weiter Rock sich gelegentlich um mich bauschte, galoppierte ich ohne Zwischenfälle bis Léogâne. Auch dort wurden wir bereits erwartet. Georges' Freunde an diesem Ort bewohnten lediglich eine strohgedeckte Hütte, die zwar blitzsauber war, aber zu klein, um uns alle aufzunehmen. Abends um sechs schlug ein gewisser Paul Chala die Trommel und benachrichtigte die Seinen über das Tam-Tam, den Ruf des Vodou. Einer nach dem anderen kamen sie herbei, und bald schon umringte uns eine dicht gedrängte Schar, die immer weiter anwuchs. Als es vollständig dunkel geworden war, hatten sich mehr als zweihundert Menschen versammelt. In einer Ecke hatten sie ein riesiges Holzfeuer entzündet, dessen Flammen mit einem fröhlichen Knistern in den Himmel loderten. Der *clairin*[78], den wir mitgebracht hatten, förderte die Ausgelassenheit und regte die vom Hunger geplagten Mägen an. Einige Frauen hatten sich unter unsere Gruppe gemischt, sie hockten um das Feuer, und ihre stumpfen Blicke glitten über meine Hände und mein Gesicht. Obwohl wir uns im Freien aufhielten, verströmten die Körper um mich herum den Geruch von ungewaschenem Fleisch und schmutzigen Lumpen. Manche waren auch mit nacktem Oberkörper gekommen, sie kratzten sich ausgiebig an ihren

Skrofeln[79], und als sie die Arme hoben, zeichneten sich unter ihrer Haut die Rippen ab.

«Coûté»[80], rief plötzlich eine Stimme. «Wir kommen aus der Stadt.[81] Wir sind gegen diejenigen, die euch in Armut und Unwissenheit halten. Wir wollen euch helfen. Aber dazu brauchen wir eure Unterstützung. Können wir auf euch zählen?»

In feierlichem Ton wandte sich Georges, den seine Freunde auf einen Steinhaufen etwas außerhalb der Versammlung gehoben hatten, an die verdutzte Menge. Ich beobachtete ihn. Lag es am Spiel der Flammen auf seinem Gesicht, dass er mir erhabener vorkam als ein Gott? Sein Blick, der heller loderte als das Feuer, glitt über die aufmerksam zu ihm angehobenen Gesichter.

«Coûté, nous doué bouqué souffri, nous doué bouqué vive lan cou bête …»[82]

Er sprach lange zu ihnen. Nicht ein Flüstern unterbrach ihn. Mit hängender Unterlippe lauschten sie, die von allen Verachteten, dieser Stimme, die sie zu Hoffnung und Zuversicht aufrief, die sie beschwor, daran zu glauben, dass auch sie Menschen waren, die alle Freuden des Lebens verdienten. Bei manchen Worten nickten sie, und ich ahnte, dass ihr schlafendes Bewusstsein, wie durch Peitschenhiebe angespornt, verwundert erwachte.

«Allé, nous cé moune tout, pas blié ça.»[83]

Ja, er hatte recht, auch sie waren Menschen, genau wie alle anderen. Wer hatte aus ihnen etwas anderes gemacht? Wer hatte sie auf den Boden verwiesen, als seien sie bereits tot? Ja, die Namen der Verantwortlichen! Hässlich, schmutzig, verlaust, mit Geschwüren bedeckt, krank, ausgehungert, wieso? Ihr Los war ungerecht, ungerecht, ungerecht … Und jetzt öffneten sich ihre Augen, und sie sahen und verstanden …

Nachdem Georges verstummt war, gingen sie wortlos davon.

Aber ihre Schultern wirkten weniger resigniert, ihre Gesichter weniger erschöpft. Lediglich eine noch größere Traurigkeit war von ihren Zügen abzulesen. Georges hatte ihr Bewusstsein geweckt, und dieser neue, vielleicht auch nur zu lange eingeschläferte Zustand offenbarte sich ihnen wie ein schmerzhaftes Brennen.

Das also waren Georges' Zusammenkünfte! Ohne Tanz, ohne Essen, ohne Geld rüttelte er Herzen auf[84] und vollendete das Werk des Lebens, indem er die unvollkommenen Menschen hier auf Erden vollständig machte. Wie viele Herzen schlugen stärker unter dem Eindruck eines erwachten Bewusstseins, wie viele Menschen erhofften dank ihm jetzt für ihre Kinder Dinge, die sie selbst nie gehabt hatten.

Noch in der Nacht machten wir uns auf den Rückweg zu meinem Haus. Während des Galoppritts von Léogâne nach Carrefour hatte ich keinerlei Müdigkeit empfunden, doch als ich nun zu Fuß weiterging, spürte ich in meinen Gliedern und meinem gesamten Rücken stechende Schmerzen, die mich aufstöhnen ließen. Aus meiner zugeschnürten Kehle entwich ein heiserer Schrei, und von Schluchzen geschüttelt, ließ ich mich auf die Straße fallen. Sogleich umringten sie mich und bestürmten mich mit Fragen.

«Ich hatte es ja gleich gesagt», bemerkte Jean Bertier, «das ist zu anstrengend für eine Frau.»

Doch ich schüttelte den Kopf, um sie von ihrem Irrtum abzubringen. Nein, es lag nicht allein an meiner Müdigkeit. Da war noch etwas anderes, was sich wie ein Schraubstock um meine Kehle schloss.

Georges beugte sich zu mir herab. Ich sah ihn wieder vor mir, wie er vor der Menge stand und den Unglücklichen, die zu seinen Füßen kauerten, wundervolle, tröstende Worte zurief.

«Nein, ich bin nicht müde, nein, das ist es nicht.»

Den Blick auf Georges gerichtet, wiederholte ich unablässig: «Nein, ich bin nicht müde, nein, das ist es nicht …»

Auch er sah mich an. Alles an ihm bewies mir, dass er den Grund für meine Erschütterung begriff. Mein Instinkt, der Instinkt einer liebenden Frau, hatte mich nicht getrogen: Dieser Mann war dabei, mir zu entgleiten. Er ließ sich von gefährlichen Kräften mitreißen, die ihn früher oder später von mir trennen würden.

«Aber mit welchem Recht darf ich mich diesen Kräften entgegenstellten», dachte ich, «wenn sie doch gut und richtig sind? Sollte ich mich ihnen nicht vielmehr anschließen, um ihre Wucht zu vergrößern? Dazu musste ich mich lediglich selbst aufgeben, das wusste ich, denn es gibt nur einen Weg, in dieser Welt zum Werk von Liebe und Barmherzigkeit beizutragen. Aber sich selbst aufzugeben, ist schwerer, als den Ozean zu durchschwimmen. Zu leben ist viel zu köstlich, als dass man nicht versucht wäre, nur für sich selbst zu leben. Und wie soll man sich dann vergessen?», fragte ich mich. Trotzdem spürte ich, wie in meinem Inneren eine Kraft freigesetzt wurde, die mir versicherte, dass ich inzwischen die nötige Erfahrung und charakterliche Reife besaß, um ein solches Ziel zu erreichen. Ich wandte mich Georges zu.

«Ich will deiner Sache dienen», sagte ich, «nicht wie ein Kind, dem man ein wenig Spaß gönnt, sondern wie eine Frau, die sich der Gefahr aussetzt.»

«Du setzt dich der Gefahr aus, mein Kleines», antwortete er.

«Ach», entgegnete ich darauf, «wie du mich aufgerüttelt hast mit den wundervollen Worten, die du heute Nacht deinem Volk zugerufen hast, so wirst du auch dein ganzes Land aufrütteln …»

Wie um mich zu necken, sah er mich von der Seite her an, meine Worte schienen ihm nicht geschmeichelt zu haben. Er hielt meine Hand und drückte sanfte Küsse darauf.

«Du bist zu großen Dingen fähig», fügte ich hinzu.

«Du bist zu denselben großen Dingen fähig, Lotus.»

«Du machst dich über mich lustig.»

«Für so etwas habe ich keine Zeit … Es ist ein Fehler, sich seines eigenen Wertes nicht bewusst zu sein, verstehst du das?»

«Die Erziehung einer Frau bereitet sie darauf vor, ihr Leben lang an sich zu zweifeln.»

«Zweifle nicht länger an dir.»

In weniger ernstem Ton erkundigte er sich dann: «Bist du nicht müde?»

Dabei lag auf seinen Zügen wieder jenes charmante, unbeteiligte Lächeln, das ich seit einigen Tagen an ihm kannte. Müde, ja, das war ich tatsächlich ein wenig. Ich musste es ihm gestehen.

«Wusste ich es doch», sagte er.

Stöhnend stand ich auf und rieb mir dabei wie eine alte Frau den schmerzenden Hintern.

«Na komm, stütz dich auf mich. Nur Mut», sagte er.

Mit einem Lachen überspielte ich meine schmerzliche Vorahnung.

Wir waren gerade erst losgegangen, um zu unseren Freunden aufzuschließen, als wir einen von ihnen rufen hörten.

«Achtung, die Gendarmen!»

Sofort scharten wir uns zusammen. Hände packten mich, drückten mich auf die Büsche nieder und zwangen mich, mich hinzulegen, das Gesicht auf dem Boden … Ängstlich hielten wir den Atem an und wagten nicht die kleinste Bewegung. Eine Dornenranke hatte sich um mein Bein gewickelt, und ich fühlte, wie Blutstropfen auf meiner Haut gerannen. Wir wussten, dass wir umzingelt waren. Wir hörten die Schritte der Männer, die nach uns suchten, und die Stimme des Offiziers.

«Sie sind da hinten, sucht sie», befahl er.

Auf ein Zeichen von Georges hin begannen wir, hinter ihm herzukriechen. Die um mein Bein gewickelte Dornenranke riss mein Fleisch auf. Als wir anhielten, war ich am Ende meiner Kräfte. Ein Blättervorhang verbarg die Straße vor unseren Blicken. Über unseren Köpfen breitete ein riesiger Kapokbaum[85] seine Äste aus. Lange Minuten verstrichen in tödlicher Stille, dann warnte uns das Rascheln von Laub, dass die Gendarmen nicht mehr fern waren.

«Schießt, schießt einfach irgendwohin!», rief eine Stimme auf Kreolisch. «Wenn sie da hinten sind, werden sie sich von selbst ergeben.»

Gleich darauf pfiffen einige Kugeln, allerdings in die von uns abgewandte Richtung. Zum Glück war es eine mondlose Nacht, und die vollkommene Dunkelheit gab uns Schutz. Eine Kugel zischte vorbei, diesmal ganz nah; eine weitere, und sie sollte die letzte sein, traf mich an der Schulter. Ich gab nur ein ersticktes «Oh» von mir, und Jean Bertier, der glaubte, ich hätte mich erschreckt, flüsterte: «Seien Sie ja still, sonst sind wir verloren.»

Anfangs spürte ich keinen Schmerz, nur eine unerträgliche Hitze und ein Kribbeln, das sich jetzt in ein fürchterliches Brennen wandelte. In meinem Geist geriet alles ins Wanken. Eine Sekunde lang hatte ich das Gefühl, dass das erstarrte Blut nicht länger durch meine Adern floss. Etwas trug mich weit fort von der Realität, löschte in dieser einen Sekunde allen Schmerz aus, und ich begriff, dass ich kurz davor war, das Bewusstsein zu verlieren. «Sei keine Last», beschwor ich mich, während ich verzweifelt gegen den Schmerz ankämpfte, «wenn du aufgibst, verrätst du deine Freunde, kämpfe, kämpfe, kämpfe …» Dieses Wort war das Einzige, was noch eine Bedeutung für mich hatte. Kämpfe, kämpfe, kämpfe …, hämmerte es in meinem Kopf. Ich biss mir auf die Lippen, um mein Stöhnen zu unterdrücken, dann in meine Faust …

«Alles in Ordnung, seid ihr alle unverletzt?», flüsterte Georges.

Und als ich fühlte, wie seine Hand nach mir tastete, ergriff ich sie wortlos und drückte sie.

Als gewöhnte ich mich bereits an den Schmerz, schien ich ihn schon weniger zu spüren, und indem ich die Zähne zusammenbiss, schaffte ich es, mir vor meinen Freunden nichts anmerken zu lassen.

Erneut verstrichen lange Minuten in einer Stille, die uns noch schrecklicher vorkam als zuvor, dann hörten wir das immer leiser werdende Geräusch sich entfernender Schritte.

«Sie haben unsere Spur verloren», flüsterte Georges. «Wir kriechen noch bis zu dieser Straße da hinten. Dann gehen Lotus und ich als Erste los. Achtet vor allem darauf, dass ihr ganz gelassen seid, bevor ihr euch aus der Deckung wagt. Geht langsam, macht keinen nervösen Eindruck … Ich erwarte euch alle bei mir zu Hause.»

Dann wandte er sich an Ganthier und Samson.

«Habt ihr eure Brillen und eure falschen Schnurrbärte? Worauf wartet ihr noch, setzt sie auf.»

Niemals werde ich diese Nacht vergessen, und sollte ich hundert Jahre alt werden.

Wir machten uns als Erste auf den Weg, beinahe vor den Augen des Offiziers und der Gendarmen. Ich schlang einen Arm um Georges.

«Sing», forderte er mich auf.

Ich legte den Kopf auf seine Schulter und stimmte ein Liebeslied an. Wir schienen genau das zu sein, was wir in Wirklichkeit waren. Ein verliebtes Paar, das von einem Rendezvous heimkehrte. Wir glaubten uns bereits gerettet, als eine Stimme ertönte.

«He, ihr da, wo wollt ihr hin? Kommt her!»

Es war die Stimme des Offiziers.

Ich wusste, dass die Freudenmädchen um diese Zeit oft in Männerbegleitung von Carrefour aus nach Hause zurückkehrten. Und so tat ich, als sei ich eine von ihnen. Ich stieß ein vulgäres, provozierendes Lachen aus, stemmte eine Faust in die Hüfte und wartete, vor Erregung zitternd, ab.

Der Offizier machte ein paar Schritte in unsere Richtung. Brüsk zog Georges mich nach hinten, wie um mich zu beschützen.

«Das ist eine der Nutten von der Grenze[86], Capitaine», sagte da einer der Gendarmen. «Die erkenne ich sofort; es ist Samstag, da werden noch eine ganze Menge von denen hier vorbeikommen, heute machen sie die gute Geschäfte.»

«Ja», sagte der Offizier, «das dachte ich mir auch … Wurde schon unter dem Kapokbaum gesucht?»

Ohne die Antwort des Gendarmen abzuwarten, gingen wir weiter. Wir waren gerettet. In einer liebevollen, dankbaren Umarmung legte Georges eine Hand auf meine verletzte Schulter und zog mich mit aller Kraft an sich. In dem Moment glaubte ich, ich würde schreien. Der Schmerz war so entsetzlich, dass er mir den Atem raubte.

«Du schwitzt ja so», sagte Georges besorgt. «Meine Hand auf deiner Schulter ist ganz feucht. Das ist die Angst. Aber du warst sehr tapfer. Nur Mut, die Gendarmen sind schon weit hinter uns … Nicht zu fassen, wie stark du schwitzen kannst …»

Es war mein Blut, das ihm die Hand benetzte.

Doch nach und nach vergaß ich den Schmerz. Ich ging nicht, sondern setzte mechanisch einen Fuß vor den anderen, und ich sah, wie die Straße kürzer wurde und jeder Schritt mich dem Ziel näher brachte. Stumm gesellte sich mein Herz zu unseren Freunden, teilte ihre Ängste, und in der Gefahr erkannte ich, dass sie meine Brüder waren und dieses Ideal, für das wir gemeinsam stritten, uns enger miteinander verwandt machte, als es Blutsbande vermocht hätten.

Der Morgen begann gerade zu dämmern, als wir endlich ankamen. Georges öffnete die Tür, und am Ende meiner Kräfte, brach ich zu seinen Füßen zusammen.

Als ich wieder zu mir kam, lag ich auf einem Bett, dessen Laken Lise und ihre Mutter gerade sorgsam zurechtzogen. Sie küssten mich, legten einen Finger an die Lippen, um mir zu bedeuten, dass ich nicht reden solle, und gingen hinaus. Um mich herum hatten sich meine Freunde versammelt und warteten angespannt darauf, dass ich erwachte. Georges kniete neben dem Bett, er hielt meine Hand in der seinen und betrachtete mich liebevoll. Sie priesen nicht meinen Mut, verschonten mich mit all den kleinen und großen Komplimenten, die ihrer Ansicht nach nicht ausgereicht hätten, um ihre Gedanken in Worte zu fassen. Doch was ich in ihren Augen sah, erfüllte mich mit Stolz: Ich war für sie zur Kampfgefährtin geworden, von nun an dazu berufen, in den bedeutendsten Momenten einen aktiven Part zu übernehmen. Sie vertrauten mir, und an ihrer Seite würde ich für die Verteidigung des Ideals kämpfen.

Leider wusste ich in dieser Minute noch nicht, dass ich, um es ihnen gleichzutun, entmutigende Zeiten würde überstehen müssen und gezwungen wäre, mich noch weiter in dieses Labyrinth der Fehler vorzuwagen, welches der menschliche Lebensweg darstellt.

Als man wenig später endlich wieder mit mir reden konnte, erfuhr ich, dass ich von einem jungen Arzt behandelt worden war, der zu unseren Freunden gehörte. Außerdem erfuhr ich zu meiner Verwunderung, dass Samson und Ganthier seit acht Tagen bei Georges wohnten.

Um mich abzulenken, berichteten nun alle ausführlich, wie es ihnen gelungen war, den wachsamen Augen der Gendarmen zu entkommen. Ganthier gestand, er habe so große Angst gehabt, dass er trotz der Gerissenheit seines Begleiters Jean Bertier bei jedem Schritt befürchtet hatte, sich zu verraten.

«Jedenfalls haben wir sie reingelegt», ergänzte Samson fröhlich. «Diese dummen Polizisten haben nicht den geringsten Riecher … Sie hätten Arsène Lupin und Sherlock Holmes lesen sollen. Das würde ihnen guttun.»

«Trotzdem hätten sie uns um ein Haar erwischt», entgegnete Georges. «Jetzt kann ich euch gestehen, dass ich in den vier Stunden des Wartens um jeden Einzelnen von euch gezittert habe. Wir wurden verraten. Jemand hat über diese letzte Zusammenkunft geredet. Wer?»

Sein Blick wanderte von einem zum anderen, und in seinen Augen lag eine unnachahmliche Härte.

«Vergesst nicht, dass jeder von uns für das Leben einer Gruppe von Männern verantwortlich ist. Ich schwöre, falls uns jemand verraten sollte, werde ich keine Gnade kennen. Keine Gnade, keine Gnade.»

Ich schloss die Augen, um den schrecklichen Ausdruck, den sein Gesicht angenommen hatte, nicht sehen zu müssen.

21

Für alle Außenstehenden war ich eine Treppe hinuntergestürzt. Der junge Arzt, der zu unserer Gruppe gehörte, kam heimlich, um meinen Verband zu wechseln, und zwei Wochen trug ich den Arm in einer Schlinge, dann war ich endlich geheilt. Es wurde auch Zeit, denn ein Ereignis von unvergleichlicher Tragweite sollte von einem Tag auf den anderen mein ganzes Leben verändern.

In der Nacht zuvor war Georges mit seinen Freunden zu einem neuerlichen Treffen aufgebrochen. Ich war allein auf der Terrasse, Thérèses Kinder knieten zu einer weiteren Lesestunde neben mir. Plötzlich war mir, als hörte ich Unruhe auf der Straße. Ich sah Tintin mit einem Besen in der erhobenen Hand vorbeilaufen. Der Tumult kam näher, Schreie, Beschimpfungen und der Refrain der Nationalhymne drangen an mein Ohr. Sofort eilte ich hinunter in den Hof. Gertrude rannte pfeilschnell an mir vorbei, sie reckte die Hände über den Kopf und stimmte in die Parolen der Demonstranten ein, obwohl sie deren Bedeutung gar nicht verstand: «Ein Hoch auf den Streik! Wir fordern die Vier Freiheiten[87]!»

Studenten mit Plakaten in den Händen sangen lauthals die Nationalhymne, dahinter folgte die große Schar der Armen, zerlumpte, spindeldürre, ausgehungerte Gestalten, die aus Carrefour, Martissant und Bolosse herabgeströmt waren. Die Drohungen und Beschimpfungen brüllende, Äste, Stöcke und Macheten schwenkende Menge bot einen beängstigenden Anblick.

Ich rannte weiter zu Vater Charles und rief dabei selbst: «Die Revolution, das ist die Revolution, wir fordern die Vier Freiheiten!»

Das Haus von Vater Charles war leer. Ich schloss mich dem Demonstrationszug an. Vor dem Nationalpalast[88] trafen wir auf die Revolutionäre aus La Saline und vom Morne à Tuf.[89] Auf dem Marsfeld waren vier Maschinengewehre aufgestellt und richteten wie lauernde Tiere ihre bedrohlichen Mäuler auf uns. Die bestürzte Menge verstummte abrupt und begann sich langsam zurückzuziehen.

«Nein», schrie jemand, «weicht nicht zurück. Sie werden nicht wagen zu schießen. Das soll euch doch nur Angst machen.»

Daraufhin begannen einige Stimmen wieder zu rufen, doch niemand rührte sich von der Stelle. Plötzlich stürmten Georges, Ganthier und zwei andere, die ich nicht erkannte, wie wütende Löwen durch die Menge. Nachdem sie die ersten Reihen durchbrochen hatten, standen sie allein vor tausend in Lumpen gehüllten Männern und beschworen sie, den Kampf nicht aufzugeben. Ihre durch wer weiß welche fürchterlichen Anstrengungen verstärkten Stimmen schienen aus den Tiefen ihres Körpers aufzusteigen.

«Sie werden nicht wagen, euch anzurühren, demonstriert, demonstriert weiter, zum Donnerwetter …»

Sie standen in vorderster Reihe und würden als Erste fallen, sollte die Polizei reagieren. Doch diese äußersten Maßnahmen der Staatsgewalt erwiesen sich als überflüssig.

Eine Hundertschaft Gendarmen setzte sich mit erhobenem *gaiac* in Bewegung. Unter ihren Schlägen wichen die Demonstranten verschreckt zurück. Ein zerlumpter Mann hob seine Machete, schlug einem Polizisten damit ins Gesicht und trennte sein rechtes Ohr ab, woraufhin dieses zu Boden fiel. Als Reaktion darauf folgte ein Gewehrschuss, in einem Schwall von Blut spuckte der Mann seine Zähne aus und sackte mit zerschmettertem Kiefer zusammen. Er war tot. Ein Tumult brach los. Schreiend wich dieses unglückliche, sanftmütige Volk, kaum auf blutige Kämpfe vorbereitet und den Lärm von Schüssen nicht gewohnt, zurück. Immer mehr Gendarmen kamen hinzu und ergriffen Georges und seine Freunde. Ich sah, wie sie unter Gegenwehr fortgebracht wurden, und rannte laut rufend hinter ihnen her. Als Georges meine Stimme erkannte, wollte er sich umdrehen, aber ein Gendarm versetzte ihm einen so brutalen Schlag gegen die Stirn, dass das Fleisch aufplatzte und zwei klaffende Lippen bildete. Sofort raubte ihm das Blut die Sicht. Er konnte die Augen nicht mehr öffnen, sie schwammen wie in einem roten Pfuhl. Beim Anblick des über sein Gesicht strömenden Blutes wurde ich beinahe wahnsinnig. Ich stürzte so schnell auf ihn zu, dass die Gendarmen mich nicht aufhalten konnten. Mit meinem Taschentuch wischte ich seine Augen sauber, dann drückte ich es auf die Wunde, um die Blutung zu stoppen. Ein Gendarm stieß mich grob zurück. Schluchzend fiel ich zu Boden, und meine blutverschmierten Hände begannen vor Schmerz und Entsetzen zu zittern.

22

Fünf Tage lang wusste ich nicht, wie ich meinen Geliebten erreichen sollte, und irrte auf der Suche nach Neuigkeiten oder Trost verzweifelt durch die Straßen. Am dritten Tag nach seiner Verhaftung, während die Polizei die Demonstranten außerhalb des umzäunten Marsfelds in Schach hielt, wagte ich es, zum Gefängnis zu laufen. Jeden Tag wurden zahlreiche Menschen verhaftet, darunter auch Frauen, und diese Vorstellung machte mich halb wahnsinnig vor Angst.

In der Stadt herrschte mittlerweile völlige Stille, die nur gelegentlich vom Geräusch einiger verirrter Kugeln durchbrochen wurde. Die letzten Sonnenstrahlen färbten den Abendhimmel tiefrot. Ich stand an eine Straßenlaterne gelehnt und blickte auf meine Füße, als ich spürte, wie jemand behutsam eine Hand auf meine Schulter legte. Ich drehte mich um und erkannte Georges' Schwester.

«Haben Sie nichts von ihm gehört?», fragte sie ohne jede Einleitung.

Ich schüttelte den Kopf und sah sie scheu an. Weinend nahm sie meine Hand und zog mich fort.

«Kommen Sie», sagte sie, «es bringt nichts, hierzubleiben, wir werden doch nichts erfahren und riskieren höchstens, selbst verhaftet zu werden.»

Wir gingen eine ganze Weile, dann führte Lise, die immer noch meine Hand hielt, mich zu ihrem Haus. Dort trafen wir ihre zutiefst erschütterte Mutter an. Offenbar hatte sich gerade die Nachricht verbreitet, dass die Gefangenen geschlagen würden und zwei von ihnen an diesen Misshandlungen gestorben seien. Ich war am Boden zerstört, doch es erschien mir ratsam, meine Verzweiflung zu verbergen, um diese Mutter zu trösten, deren bloßer Anblick meinen Respekt und meine Bewunderung erregte. Sich mit einer Hand die Stirn haltend, lief sie ruhelos durch das Zimmer, in dem wir eingesperrt waren, blieb hin und wieder stehen und rief: «Wehe, sie rühren meinen Jungen an. Wehe.»

Dann, nachdem sie zweifellos darüber nachgedacht hatte, wie wenig sie tatsächlich ausrichten konnte, setzte sie sich stöhnend zu uns.

«Meine Kinder, meine Kinder, was soll nur aus uns werden, wie können wir mit diesem Kummer leben?»

Ich wusste nicht, ob Georges ihr von mir erzählt hatte, aber ihr Empfang, der mir offen und herzlich erschien, half mir dabei, gegen meinen eigenen Schmerz anzukämpfen. Ich begriff, dass sie wusste, wer ich war, als sie im Vorbeigehen eine Hand auf mein Haar legte und sagte: «Georges hat gut gewählt, ich bin froh, dass Sie es sind.»

Da warf ich mich in ihre Arme, und wir weinten gemeinsam um den Mann, den wir verloren glaubten.

Währenddessen demonstrierte das Volk, einiger seiner fähigsten Anführer beraubt, weiter in den Straßen, hielt sich jedoch vorsichtshalber vom Marsfeld fern. An den Kreuzungen behielten nervöse Gendarmen die Passanten im Blick, um unter ihnen die streikenden

Studenten auszumachen, die sich an einem der Polizei bislang unbekannten Ort trafen.⁹⁰ Diese Situation, die selbst die Atemluft drückend erscheinen ließ, hielt mehrere Tage an. Dann tauchte eines Nachmittags Jean Bertier, den ich seit Georges' Verhaftung nicht mehr gesehen hatte, unangekündigt bei mir auf. Ohne ein Lächeln schüttelte er mir die Hand und zog mich in eine Ecke des Salons.

«Die Regierung bereitet sich auf den Rücktritt vor», sagte er. «Man hat ihr keine Wahl gelassen.»

Während er sprach, hielt er die Zimmertür im Blick und drückte meine Hand, die er bisher nicht losgelassen hatte.

«Sie bekommen Georges bald zurück …»

Vor Freude über diese tröstliche Nachricht schloss ich die Augen. Doch schon im selben Moment erfasste mich Panik. Was, wenn er tot war, wenn es stimmte, was verbreitet worden war, und man sie so heftig geschlagen hatte, dass einige von ihnen ums Leben gekommen waren? War Georges gesund und wohlauf? Die Angst quälte mich so sehr, dass ich nicht einmal wagte, Jean Bertier zu befragen. Ich starrte ins Leere, gefangen in einer Art Alarmzustand, für den es keinen konkreten Anlass gab und der mich abwechselnd mit Hoffnung und Schrecken erfüllte.

«Er wird zurückkommen», wiederholte er und klopfte mir dabei sanft auf die Schulter, wie um mir Mut zu machen. «Er wird zurückkommen, und Sie beide werden ein schönes Leben haben, das ist mein aufrichtigster Wunsch.»

Wieso war er gekommen? Wieso hatte er so unvermutet an mich gedacht? Und entsprangen die tröstlichen Worte, die er mir zugeflüstert hatte, einem aufrichtigen Herzen, oder wusste er bereits das Schlimmste, wagte jedoch nicht, es mir zu gestehen, und wollte mir nur ein wenig Beistand spenden für den Schmerz, der mich erwartete?

Nachdem er fort war, zog ich mich eilends an und ging hinaus, um Erkundigungen einzuziehen. Die gewandelte Atmosphäre genügte, um mir Auskunft zu geben, denn kaum hatte ich die Grand'Rue[91] hinter mir gelassen, erkannte ich, dass sich etwas verändert hatte. An den Kreuzungen waren keine Gendarmen mehr postiert, und auf den Straßen herrschte ein reges Treiben von Fußgängern und Autos. In einem Laden hörte ich plötzlich die Radiomeldung, dass es bald wichtige Neuigkeiten geben werde … Ich blieb vor dem Geschäft stehen und wartete. Eine Stunde später erfuhr die Bevölkerung aus dem Radio vom Rücktritt des Staatsoberhaupts.

Georges und seine Freunde wurden am darauffolgenden Tag freigelassen; bleich, ausgezehrt und krank, aber außer sich vor Freude verließen sie das Gefängnis. Keiner von ihnen war geschlagen worden, keiner von ihnen war gestorben. Die gezielte Propaganda hatte nur dazu gedient, die Demonstranten zusätzlich aufzustacheln. Wir versorgten Georges' Wunde, die sich kaum geschlossen hatte und mit getrocknetem Blut und Eiter verkrustet war. Er hatte Fieber, seine Mutter brachte ihn ins Bett. Er rief mich zu sich, zog mich an sein Herz und küsste liebevoll mein Gesicht.

«Wir haben einander so viel zu sagen», sagte er. «Endlich ist alles vorbei. Jetzt können wir in die Zukunft schauen und uns lieben und heiraten.»

Ich streichelte sein vom Fieber seltsam fahles Gesicht.

«Danke, mein Liebster», sagte ich. «Ich schwöre dir, dass ich mich deiner würdig erweisen werde.»

«Dessen bin ich mir sicher», antwortete er.

Auf dem Heimweg erfüllte mich ein schwer zu beschreibendes Glück. Ich ging zu Vater Charles und setzte mich zu ihm.

«Vater Charles, ich werde bald verheiratet sein.»

«Das Schaf hat also heimgefunden», antwortete er glücklich.

«Gelobt sei der Herr, der seine Kinder nicht im Stich lässt und ihnen den rechten Weg weist.»

Wir saßen noch mehrere Stunden beisammen. Er vertraute mir an, wie besorgt er wegen einer Gruppe von Männern war, die die gegenwärtige Lage ausnutzten, um die Gemüter zu neuen Abenteuern aufzustacheln.

«Was sie vorhaben, ist dumm», sagte er, «aber es kann gelingen. Dieses unvorbereitete, leicht zu beeinflussende, ausgehungerte Volk lechzt nur danach, seinen Hass zu stillen.»

«Das verstehe ich nicht.»

«Schwarze Anführer wollen dem Volk beweisen, dass allein die Mulatten für sein Elend verantwortlich sind.»

«Aber das ist ja entsetzlich», sagte ich betroffen, «entsetzlich und ungerecht. Viele Mulatten haben während der Revolution ihr Leben riskiert.»

«Mein armes kleines Fräulein, Sie betrachten die Sache aus einem zärtlichen, emotionalen Blickwinkel. Aber in der Politik ist das völlig anders. Sie werden womöglich bald erleben, dass sich ein ganzer Dschungel erhebt und die Menschen sich gegenseitig zerfleischen wie wilde Tiere. Offenbar muss es so weit kommen, bevor in einem Land wahre Veränderungen vonstattengehen können. Ich sage Ihnen das nicht, um Ihnen Kummer zu machen, aber ich bin mir sicher, dass Georges das alles sehr viel besser weiß als ich.»

Danach erläuterte er mir das Ziel dieser neuen Anführer: Sie wollten die Oberhand gewinnen und beweisen, dass auch sie würdig waren, ihr Land zu regieren, indem sie die Mulatten aus allen politischen Ämtern verdrängten.

Vater Charles hatte recht. Kurz darauf, als die Leute glaubten, die Situation habe sich beruhigt, und alle von einer besseren Zukunft träumten, kam es erneut zu Demonstrationen. Aber diesmal war es keine Revolution. Es war ein von politischen Führern geschickt angefachter unbändiger Hass, der die Menschen gegeneinander aufhetzte und sich ohne Ausnahme gegen alle Mulatten richtete, seien sie nun arm oder reich. Man sah Menschen gleichen Blutes, die einander ebenso erbittert hassten wie zwei verfeindete Völker auf dem Schlachtfeld.

Georges war noch nicht wieder gesund. Tagelang verheimlichten ihm seine betrübten Freunde die Entwicklungen. Aber eines Nachmittags erfuhr er durch seinen Diener davon, einen sechzehnjährigen Jungen, der seit frühester Kindheit bei ihm lebte.[92] Im Nachhinein erzählte er mir dies:

Er war an jenem Morgen allein zu Hause, denn seine Mutter und seine Schwester waren zur Messe gegangen. Ein Lastwagen voller brüllender Menschen erregte seine Aufmerksamkeit. Er rief den Diener, um sich danach zu erkundigen. Dieser faltete scheinheilig die Hände und sagte nur: «Sie wollen den Mulatten an den Kragen, Monsieur, seit ein paar Tagen sind Sie nicht mehr die Herren im Land.»

Obwohl er noch sehr schwach war, zog er sich gleich an und ging nach draußen. An einer Straßenecke stieß er mit einem Mann zusammen.

«Wenn Sie mich angreifen wollen», rief dieser, «dann tun Sie es gefälligst offen, Sie dreckiger Mulatte. Sie hatten genug Platz, um mich nicht im Vorbeigehen zu schlagen.»

Dieser Mann war ein Schwarzer. Plötzlich sickerte Blut durch den Verband an Georges' Stirn, und gebeugt unter der Last der Enttäuschung, ging er weiter.

So war also alles gescheitert. So war also alles, was er getan hatte, sinnlos gewesen, und die Opfer, die er in all den Jahren auf sich genommen hatte, wandten sich nun gegen ihn!

Vor Fieber glühend, kam er bei mir an. Ich zwang ihn, sich ins Bett zu legen. Der Anblick seiner von Verzweiflung gezeichneten Miene schmerzte mich. Ich ging leise hinaus und rannte zu Vater Charles, damit er kam und mir half, ihm wieder Mut zu machen.

«Sehen Sie», sagte er verbittert, als er den Alten erblickte, «sehen Sie, was sie getan haben? Alles ist zunichtegemacht, zerstört, verdorben ...»

Er vergrub den Kopf im Kissen, doch gleich darauf hob er ihn wieder an, denn der Alte hatte, ohne in sein Buch zu schauen, zu rezitieren begonnen:

Siehe, die Augen Gottes des HERRN
sehen auf das sündige Königreich,
dass ich's vom Erdboden vertilge,
wiewohl ich das Haus Jakob nicht ganz vertilgen will,
spricht der HERR.
Denn siehe, ich will befehlen
und das Haus Israel unter allen Heiden schütteln lassen,
gleichwie man mit einem Sieb schüttelt
und kein Stein zur Erde fällt.
Alle Sünder in meinem Volk sollen durchs Schwert sterben,
die da sagen: Es wird das Unglück nicht so nahe sein
noch uns begegnen.
Zur selben Zeit will ich die zerfallene Hütte Davids wieder aufrichten
und ihre Risse vermauern und, was abgebrochen ist, wieder aufrichten
und will sie bauen, wie sie vorzeiten gewesen ist.
Siehe, es kommt die Zeit, spricht der HERR,

dass man zugleich ackern und ernten,
zugleich keltern und säen wird.
Und die Berge werden von Most triefen,
und alle Hügel werden fruchtbar sein …[93]

Ich sah, wie sich Georges' Miene aufhellte, je länger der alte Mann diese Verse zitierte. Seine geballten Fäuste entspannten sich, er wandte sich Vater Charles zu und dankte ihm.

Mit einem Glas Wasser in der Hand kniete ich neben dem Bett nieder. Als er es entgegennahm, sah ich, dass er zitterte. Da nahm ich es ihm wieder ab und hob es selbst an seine Lippen.

23

Ausgewählt in blindem Hass, übernahm eines Tages ein Schwarzer die Macht. Das Volk war beruhigt, es begnügte sich mit diesem Blendwerk und verlangte nicht mehr. Sämtliche Mulatten wurden ohne Ansehen der Person ihrer Ämter enthoben und durch Männer ersetzt, denen allzu sehr daran gelegen war, ihren berechtigten Stolz darüber zu demonstrieren, dass sie diesmal die alleinigen Herren im Land waren.[94] Mein Mieter, ein bedauernswerter Familienvater, der seit fast zehn Jahren sein Dasein im Amt für Öffentliches Bauwesen fristete, zog nach seiner Entlassung aus dem kleinen Häuschen aus, dessen Mieteinkünfte bisher meinen Lebensunterhalt gesichert hatten.

Als ich sah, wie Georges, ohne Ausweg und völlig mittellos, von seinem Vermieter bedrängt wurde, bot ich mein Haus zum Verkauf. Ich setzte eine Anzeige in die Zeitungen und gab bei dieser Gelegenheit meinen Namen und meine Adresse an. Ich hatte noch keinen genauen Preis ins Auge gefasst und wusste auch, dass Georges lieber sterben würde, als meine Hilfe anzunehmen. Aber die Situation, in der wir alle uns befanden, war so prekär, dass die bloße Aussicht darauf, eine solche Summe zu besitzen, mir Trost spendete.

Eines Tages klopfte es an der Tür, und ich ging hinunter, um zu öffnen. Eine sehr elegante schwarze Frau grüßte mich steif und erkundigte sich, ob ich die Anzeige bezüglich eines zum Verkauf stehenden Hauses aufgegeben hätte.

«Ja», antwortete ich, «das war ich.»

«Tja, das ist schade.»

«Wieso?»

«Mit einer Mulattin mache ich keine Geschäfte», versetzte sie schroff.

«Ich bitte Sie, Madame», entgegnete ich höflich, «was hat denn die Hautfarbe damit zu tun?»

«Die Hautfarbe, Mademoiselle, hat insofern damit zu tun, als wir uns geschworen haben, Leuten, die uns so lange mit Füßen getreten haben, jetzt auf keinen Fall zu helfen. Sie werden also genau wie alle anderen bezahlen.»

Als sie sich daraufhin zum Gehen wandte, streckte ich eine Hand nach ihr aus, doch ich ließ sie gleich wieder sinken. Sollte ich diese Närrin, deren Horizont enger war als die Wände einer Gefängniszelle, etwa anflehen? Sollte ich meine Verzweiflung hinausschreien, um ihr Mitleid betteln? Mein unglückliches, von diesem abscheulichen Hass zerrissenes Land brauchte etwas anderes als Flehen und Gebete. Doch wir waren nur wenige im Angesicht eines schwindelerregenden Problems. Ringsum fügten sich die Mulatten resigniert in ihr Schicksal. Sollte ich etwa damit beginnen, die Menge aufzuwiegeln, schreien, schreien … Man würde mich für verrückt erklären und ins Gefängnis sperren, womit niemandem geholfen wäre. Jetzt blieb mir in meiner schwierigen Lage tatsächlich nichts anderes übrig, als mir Arbeit zu suchen, und diesmal ernsthaft. Von nun an verschloss ich gleich morgens mein Haus und wanderte, wie es früher meine Gewohnheit gewesen war, ziellos durch die Straßen.

Nach einigen Tagen schloss Lise sich mir an, und ohne ihrer Mutter oder Georges etwas davon zu verraten, wagten wir es hin und wieder, einen Ladenbesitzer anzusprechen.

Wie sehr mussten wir unseren gekränkten Stolz niederringen, um vor einem Menschen stehen zu bleiben und ihn um Arbeit zu bitten! Und jedes Mal die gleiche entmutigende Antwort, das gleiche Schulterzucken, das zu bedeuten schien: «Sie sind ja ganz schön dreist.»

«Es ist aussichtslos», sagte Lise eines Tages, «wir brauchen es nicht länger zu versuchen. Die Voreingenommenheit wird mit jedem Tag größer.»

Wir fühlten uns in unserem eigenen Land wie Fremde. Die Situation wurde immer unerträglicher: Gewöhnlich kaufte ich meine Lebensmittel im Laden von Madame Carida. Doch wie alle anderen gegen die Mulatten aufgehetzt, entpuppte sie sich mit einem Mal als Patriotin und weigerte sich, mir weiterhin Kredit zu geben. Mein alter Charles, der zum Glück dank seiner schwarzen Haut sämtliche Privilegien genoss, kaufte für mich ein, was ich brauchte, und ließ es auf seinen Namen anschreiben.

In jener Zeit sah ich auch Janine Larivière wieder. Seit vielen Jahren schon war sie mir, zweifellos auf Anraten ihrer Mutter, mehr und mehr aus dem Weg gegangen. Und nun, da wir keine Schulmädchen mehr waren, ergab sich kaum noch eine Gelegenheit, ihr zu begegnen. Die wenig glanzvollen finanziellen Verhältnisse ihrer Eltern hatten sie zu einem zurückgezogenen Leben gezwungen, das ihrer Schönheit sicher nicht angemessen war. Nicole, die sie ein paar Mal von Weitem gesehen hatte, hatte mir erzählt, dass sie immer noch schön sei, allerdings verleihe ihre bescheidene Aufmachung ihr ein in sich gekehrtes, trauriges Äußeres, das sie älter wirken ließ, als sie tatsächlich war.

An dem Tag, als ich sie wiedersah, war sie weder traurig noch in sich gekehrt, und die bescheidene Garderobe hatte sie gegen geradezu empörend luxuriöse Kleidung eingetauscht. Ja, als sie dieses eine Mal triumphierend am Steuer ihres prächtigen Wagens an mir vorbeifuhr, begriff ich, dass sie für das süße Leben geschaffen war und dank einer plötzlichen Wendung der Dinge nun herzhaft in diese Frucht biss, nach der sie sich womöglich schon lange gesehnt hatte. Sie machte keinen Hehl aus ihrem Sieg, und ich verspürte Hemmungen, sie zu grüßen; obwohl sie mir freundschaftlich zuwinkte, wandte ich den Kopf ab, um ihre Geste nicht erwidern zu müssen. Später erfuhr ich, dass ihr Vater zum Minister ernannt worden war und auf großem Fuß lebte, seit er eine Villa in einem vornehmen Teil der Stadt gemietet hatte. Ich dachte häufig an Janine, wenn das Geld wieder einmal knapp wurde, aber mein Stolz behielt die Oberhand. Nicht ein einziges Mal, nicht einmal in größter Not, war ich versucht, die Haltung der Besiegten einzunehmen und mit gesenktem Kopf und schmeichelnden Worten zu kapitulieren.

«Heute Jäger, morgen Wild», sagte Vater Charles häufig, «keine Situation hat je ein Jahrhundert gedauert, es wird sich etwas ändern, noch bevor mein Bart wieder nachgewachsen ist.»

Aber es dauerte, bis sein Bart nachwuchs, denn das Warten, so erfuhr ich am eigenen Leib, wird einem lang, wenn man leidet und Tag für Tag auf eine Wende zum Besseren hofft.

24

Schließlich fand ich einen Ausweg, indem ich Marktfrau wurde. Ich setzte mich vor die Tür und verkaufte das Obst aus meinem Garten. Es war Mangozeit, und die Früchte fielen zu Hunderten von den Bäumen. Mithilfe von Tintin, Thérèse und ihren Kindern sammelten wir sie in Körben, die wir anschließend zum Tor trugen. In kleinen Posten zu jeweils vier Stück verkauften wir sie an die Passanten. Unsere besten Kunden waren die Kinder aus dem Viertel, sie kauften so viele davon, dass man meinen könnte, sie äßen nichts anderes mehr. Diese Früchte waren auch unser Hauptnahrungsmittel, und da wir so viele davon aßen, waren unsere Augen gelb wie Zitronen.[95] Ich behielt einige für Georges zurück, der sie mit nach Hause nahm, und von Zeit zu Zeit schickte Lise mir einen kurzen Brief, in dem sie sich für meine Freundlichkeit bedankte. Ich wusste, dass auch sie Hunger haben mussten, und so versuchte ich taktvoll, das wenige, was ich hatte, mit ihnen zu teilen. Nach einem Monat hatte ich genug Geld beisammen, um Gertrude und Tintin zu bezahlen und jeden Tag eine Brühe zu essen, in der Süßkartoffeln das Fleisch ersetzten. War es Mitleid, weshalb Gertrude mich trotz dieser strengen Diät nicht verließ? Sie arbeitete genauso viel wie zuvor, mit demselben gleichmütigen Ausdruck im Gesicht, aber manchmal ertappte ich sie dabei, wie sie ihren harten Blick auf mich richtete. Wartete sie, bis ihr Triumph vollkommen war, bevor sie mich im Stich ließ? Wartete sie darauf, mich endgültig besiegt und ihrer Gnade ausgeliefert zu sehen, wenn ich nicht einmal mehr genug Geld hätte, um ihr den Lohn zu zahlen? Jeden Tag aß sie unter meinem Dach klaglos Mangos und die armselige Brühe, und es schien, als bemerke sie die Veränderung in unserem Speiseplan nicht einmal, als sei sie gleichgültig gegen alles um sich herum.

Lag es an der kargen Kost? Eines Tages wurde sie krank. Ich erinnerte mich daran, wie sie sich in meinen Diensten aufgerieben hatte, und pflegte sie wie eine Schwester; stundenlang saß ich an ihrem Bett, stand nachts auf und ging hinunter, um nach ihr zu sehen. Anfangs wandte sie bei jeder Berührung meiner Hand den Kopf ab. Doch von der Krankheit geschwächt, ließ sie schließlich zu, dass ich sie pflegte, beinahe verwundert, schien es, über diese allzu hellen Arme, die ihren glühenden Körper stützten, wenn ich mich über sie beugte und ihr dabei half, die Milch zu trinken, die ich für sie zubereitet hatte.

«Es gibt ein Krankenhaus für Leute wie mich», wiederholte sie unablässig. «Es gibt ein Krankenhaus. Schicken Sie mich da hin.»

Dann rang sie sich, ohne mich dabei anzusehen, ein leises «Danke» ab, drehte das Gesicht zur Wand und rührte sich nicht mehr.

Nach ihrer Genesung kehrte das Leben zu seinem gewohnten Gang zurück. Sie weigerte sich, untätig zu bleiben, und hatte, ohne auf meinen Rat zu hören, wieder zu arbeiten begonnen. Abgemagert stand sie wie üblich morgens auf, sobald das Angelus ertönte, und schlurfte langsam wie eh und je durch die Zimmer.

«Du überanstrengst dich, Mädchen», sagte ich eines Tages zu ihr.

«Was wollen Sie, Mademoiselle, das ist mein Schicksal.»

«So ruh dich doch aus, komm wieder zu Kräften.»

«Dann würde ich das Arbeiten verlernen.»

Sie drehte das Gesicht weg, und als sie an mir vorbeiging, bedachte sie mich mit einem Blick, der sich nicht verändert hatte.

Dann wurde sie plötzlich arrogant, bediente mich mit herablassender Miene, und die Art, wie sie ihren Kopf hielt, verriet ihren Stolz darüber, jetzt die Stärkere zu sein. Ein paar Tage nach ihrer Krankheit verlangte sie von mir einen Lohn, den ich nicht zahlen konnte.

«Wir bedienen niemanden mehr für ein paar Krümel», sagte sie frech, «und schon gar keine Mulatten.»

Sie verließ mein Haus ohne ein Wort des Bedauerns. Tintin hingegen blieb bei mir. Er faulenzte den ganzen Tag, lag auf Gertrudes Bett und rauchte die Zigarettenstummel, die ich beim Reinigen meiner Aschenbecher weggeworfen hatte.

Eines Abends wurde ich von einem Geräusch am Fenster aus dem Schlaf gerissen. Als ich die Augen öffnete, sah ich im schwachen Schein des Mondes einen nackten Körper ins Zimmer gleiten. Sofort zog ich an der Schnur und machte Licht. Ich erkannte Tintin, der mich mit lüstern funkelnden Augen unverfroren musterte. Hastig zog ich meinen Morgenrock an, griff nach einem Schuh und schlug ihn mit dem Absatz ins Gesicht, während ich ihn nach draußen schubste. Lachend ließ er es sich gefallen, wie unter dem Eindruck jenes letzten Rests von Autorität, den ich geltend machte und der mich in seiner Vorstellung über ihn stellte. Als er draußen war, schloss ich mich, vor Schreck und Abscheu zitternd, ein und saß den Rest der Nacht schlaflos auf meinem Bett. Am nächsten Morgen suchte ich Tintin vergeblich, er war verschwunden.

Später erzählte ich Vater Charles von diesem unerfreulichen Zwischenfall.

«Das ist es, was sie ernten», schloss der gute Mann und schwang drohend die Faust gegen unsichtbare Feinde. «Hass haben sie gesät, und eine schöne Ernte fahren sie jetzt ein. Darauf können sie stolz sein. Sie fordern Freiheit. Und sie glauben, sie hätten sie gefunden, wenn sie ihren niedersten Instinkten freien Lauf lassen.»

Unterdessen nahte das Ende der Mangozeit, und die Früchte wurden weniger. Mittlerweile hatten wir ein strenges Auge auf die Kinder aus dem Viertel, die heimlich unter die Bäume schlichen, um sich zu bedienen. Doch Not macht egoistisch. Jetzt, wo der Verkauf der Mangos meine einzige Möglichkeit war, etwas Geld zu verdienen, horchte ich auf das Geräusch, mit dem sie zu Boden fielen. Aber es kam der Moment, in dem die Mangobäume keinen anderen Schmuck mehr trugen als ihr dunkelgrünes Laub.

Thérèses Söhne, denen ich jetzt nicht mehr helfen konnte, streiften hungrig durch den Garten, den Blick unverwandt auf die Äste gerichtet, ob dort nicht auf wundersame Weise doch noch ein paar Früchte erschienen. Des vergeblichen Schauens müde, wanderten sie schließlich unter den Katappenbäumen umher und suchten nach trockenen Früchten, zerdrückten unbeholfen die Schale und lösten den essbaren Kern heraus.

Habe ich schon erwähnt, dass Thérèses älterer Sohn Marcel hieß? Er war acht Jahre alt, wirkte trotz der Entbehrungen kräftig und hatte den klügsten Kinderblick, den ich jemals gesehen habe.

Eines Morgens überraschte ich ihn dabei, wie er nach Art der Kinder aus den Bergen mit einem Messer zwischen den Zähnen auf eine Kokospalme kletterte. Während er den Stamm erklomm, war sein Blick unverwandt auf seinen kleinen Bruder gerichtet, der, vor Hunger weinend, unter ihm stand.

Ich eilte sofort nach draußen in den Hof und sah mit Entsetzen, wie hoch er schon war. Voller Stolz über seine Heldentat lächelte er mir zu und kletterte weiter. Plötzlich wurde ihm schwindlig, ich sah, wie er blass wurde. Er schloss die Augen und schien für eine Sekunde all seine Kräfte zusammenzunehmen, um nicht herunterzufallen.

«Komm runter», befahl ich ihm.

Er öffnete die Augen wieder; vor Anstrengung war er ganz rot im Gesicht, er schwitzte heftig, und die Haut an seinen Händen und Füßen war aufgerissen.

«Mein kleiner Bruder hat zu großen Hunger», antwortete er bloß. «Warte, ich bin stark, hab keine Angst um mich.»

Woher nahm er die Kraft, noch weiterzuklettern? Er stieg hinauf bis zu den Blättern, auf denen er sich einen Moment wie erlöst abstützte, dann schnitt er mit seinem Messer einige Früchte ab, die mit einem lauten, dumpfen Krachen neben uns herunterfielen.

Langsam ließ er sich am Stamm herabgleiten, und erst als er keuchend wieder bei uns auf dem Boden stand, begriff ich, wie groß seine Angst gewesen sein musste. Aber bei Kindern ist nichts von langer Dauer, und auf Tränen folgt bald wieder Freude. Schon aß er mit herzhaftem Appetit eine Kokosnuss, die ein eilends herbeigerufener junger Nachbar, verblüfft über den Wagemut des Jungen, uns rasch bereitet hatte.

«Ich hätte mich das nicht getraut, dazu muss man aus den Bergen kommen, und ich bin in der Stadt geboren», sagte er zu dem Kind.

«Du Faulpelz», antwortete der Junge. «Es wäre besser für dich, wenn du in den Bergen geboren wärst.»

Aber der Nachbar war nicht überzeugt und schüttelte den Kopf.

«*Ou bon ou gain tan bon*»,[96] wiederholte er nur, den Blick auf Marcel gerichtet.

Mit der Zeit gewöhnte sich das Kind daran, auf die Kokospalmen zu klettern, und schon bald war es darin flinker als ein Affe. Voller Sorge hatte Thérèse ihren Sohn versprechen lassen, es nicht wieder zu tun, aber sobald er seinen kleinen Bruder jammern sah, nahm er ihn mit in meinen Garten, und nach einem letzten inneren Kampf setzte er sich über die Anweisung seiner Mutter hinweg.

Mittlerweile sah ich ihn so leichtfüßig die Stämme hinaufklettern, dass es mir nicht ein einziges Mal in den Sinn kam, ihm könne etwas zustoßen.

Eines Tages fiel er von der Spitze eines Baums. Er starb nicht sofort. Lange Jahre verbrachte er auf einem Bett, denn er konnte seine Beine nicht mehr bewegen.

Wie viele Stunden saß ich nicht an seinem Lager, las ihm vor oder erzählte ihm Geschichten und fand Freude daran, seine Augen zum Leuchten zu bringen und ihn lächeln zu sehen. Georges begleitete mich häufig in das ärmliche Häuschen. Thérèse, die um zehn Jahre gealtert schien, wirkte glücklich, wenn wir kamen. Seit dem Unfall des Jungen hatte ich sie nicht ein einziges Mal mehr lächeln sehen. Schweigend und wie sämtlicher Gefühle beraubt, widmete sie sich ihren Aufgaben, als hätte das Leben mit einem Schlag jede Hoffnung in ihr ausgelöscht.

Der Kleine lag auf seiner kümmerlichen Bettstatt, die gelähmten Beine reglos vor sich ausgestreckt. Er wahrte die Hoffnung auf eine baldige Genesung, schmiedete Pläne, spielte mit seinem Großvater Karten, und es zerriss einem das Herz, sein Lachen in dieser elenden Hütte erklingen zu hören, von der wir wussten, dass er darin den Rest seines Lebens auf diese Weise verbringen würde.

Wenn Vater Charles ihm schöne Geschichten aus seiner Bibel vorlas, lauschte er mit geschlossenen Augen, und wir sahen, wie er glücklich seinen Zustand vergaß.

Sooft Doktor Garin Zeit hatte, sah er nach ihm, und nachdem er der Mutter Mut gemacht, den kleinen Krüppel für seine Geduld belohnt hatte, klopfte er an meine Tür, um mir rasch Guten Tag zu sagen.

«Und Ihre Gesundheit?», fragte er mich eines Tages.

«Ich habe mein Gleichgewicht wiedergefunden, Doktor.»

«Wie haben Sie das geschafft?»

«Ich versuche, mir nicht selbst zu missfallen. Die Bibel und die Wissenschaft hatten gleichzeitig recht. Die beiden haben mich auf unterschiedliche Weise dazu gedrängt, mich meiner Seele zuzuwenden.»

Er sah zufrieden drein, nahm meine Hand und führte sie an seine Lippen.

«Es geschieht oft im Leben, dass die Menschen ein und dieselbe Sache auf unterschiedliche Weise benennen. Bis bald, Lotus, ich bin froh, Sie zu sehen, stets froh, glauben Sie mir.»

Seine Zuneigung bedeutete mir viel. Ich war stolz darauf, dass er sich für meine Fortschritte interessierte, für meine Gesundheit, ja für mein ganzes Leben. Er übertrug die Liebe, die er für meine Mutter empfunden hatte, auf mich, und dieses neue Vermächtnis, das sie mir damit hinterließ, war eine große Bereicherung. Er war mir in vielen Situationen eine wertvolle Stütze, sowohl moralisch als auch finanziell, denn einmal drückte er mir sogar einen schweren Umschlag in die Hand und sagte dazu: «Für den kleinen Patienten, Lotus.»

Und dank dieses Geldes hatten wir wochenlang zu essen.

Als ich später in der Lage war, dem kleinen Marcel einen Rollstuhl zu kaufen, wich er mir nicht mehr von der Seite. Für den Rest seines Lebens war sein Platz neben meinem Stuhl, jenem Lehrerinnenstuhl, den ich aus freien Stücken zu meinem Platz erwählen sollte, nachdem Gott, um mich zu heilen, mir endlich den Weg gewiesen hatte. Bis heute sehe ich den kleinen Krüppel neben mir, den klugen Blick während des Unterrichts unverwandt auf meine Lippen gerichtet. Welch herausragender Mensch aus einem derartigen Kind doch hätte werden können.

Aber ach, das Leben, das ihm den Gebrauch seiner Beine geraubt hatte, entriss ihn seiner Mutter. Er starb eines Nachts unter entsetzlichen Qualen, und in den Stunden, die seinem Tod vorausgingen, schwor er, er habe Engel mit einem Palmzweig in der Hand um sich herumfliegen sehen. Vater Charles behauptet, dies sei wahr, aber ich weiß, was die Engel und die Palmzweige bedeuten: den ungerechten Tod eines reizenden kleinen Geschöpfs, das zum Opfer von Not und Elend wurde.

25

Um mich herum wogte das Leben weiter in Menschen und Dingen. Erschreckt spürte ich es noch in der kleinsten Regung eines jeden Blattes, und mehr denn je erschien es mir gewaltig und von ungestümer Kraft. Um mich herum ächzten immer noch Tausende Männer, Frauen und Kinder, verhöhnt, geschlagen in diesem erbarmungslosen Kampf. Jeden Tag starben einige von ihnen, andere wurden geboren, und wieder andere erklommen Stück für Stück die gefahrvollen Sprossen des Daseins. Die unablässig wachsende Armut gewährte den neuen Herrschern keine Ausflüchte. Das wahre Volk, die «wahren Schwarzen», streiften ausgehungerter und schmutziger durch die Straßen als je zuvor.

Georges war endlich genesen und besuchte mich jeden Abend. Unsere Heiratspläne schlummerten in einem Winkel unseres Herzens. Wir wagten nicht einmal mehr, darüber zu reden.

Aber wie alles auf Erden hat auch das Unglück irgendwann ein Ende. Eines Tages brachte mein alter Freund Charles mir einen Mieter. Es war ein Syrer. Er zahlte drei Monatsmieten im Voraus. Minutenlang stand ich da, ohne mich zu rühren, den Umschlag in meiner ausgestreckten Hand. Was war das? Was hielt ich da? Ich öffnete den Umschlag. Heraus fielen ein paar geschwärzte, zerknitterte Papierstreifen. Ihretwegen hatte ich gelitten. Diese kleinen schmutzigen Papierschnipsel konnten Großes bewirken, dabei waren sie selbst doch nichts. Sie öffneten Horizonte, offenbarten Freuden, erfüllten jeden Wunsch. Ich hasse dieses elende Geld. Ich hasse es wegen seiner Macht und seines Hochmuts, ich hasse es dafür, dass es mir, den Göttern gleich, die Türen zu irdischen Wonnen zu öffnen vermag.

Als Erstes ging ich zu Madame Carida, bezahlte, was ich ihr schuldig war, und kaufte etwas Essen für Thérèses Kinder, Tabak für Vater Charles und Zigaretten für Georges. Die Arme voller Päckchen und immer noch berauscht von der Lust am Kaufen, kehrte ich nach Hause zurück.

Die Lebensfreude brannte wie kleine Flämmchen in mir. Draußen wärmten sich die Bäume in der Sonne, und mit ihren roten Blüten winkten die Äste der Frangipanibäume[97] wie zu einem fröhlichen Gruß. Die festlich gestimmte Natur verlockte mich zur Freude, drängte mich zu einem Glück ohne Hintergedanken, ohne Reue.

Ich lud Vater Charles und seine Familie zum Mittagessen ein. Thérèse kaufte für mich einige Hühnchen, wir schmückten den Tisch mit bunten Hibiskusblüten, aßen mit herzhaftem Appetit und genossen dieses kleine Mahl wie eines jener seltenen Dinge, die einem das Leben manchmal aus einer Laune heraus beschert.

Als Georges abends kam, wirkte er erfreut über die Nachricht, dass ich einen Mieter gefunden hatte, nahm ausnahmsweise einmal meine Zigaretten an und aß von der Zitronenkonfitüre, die Thérèse gekocht hatte. Ich war fröhlich, und mein Verhalten schien so exzentrisch, dass er lachte, als ich für ihn einen Auszug aus dem Hohelied der Liebe zu rezitieren begann:

Mein Freund ist weiß und rot,

auserkoren unter vielen Tausenden.

Sein Haupt ist das feinste Gold.

Seine Locken sind Rispen,

schwarz wie ein Rabe.

Seine Augen sind wie Tauben

an den Wasserbächen ...[98]

Dann sah ich ihn an. Und ich spürte, dass seine Fröhlichkeit nur vorgetäuscht war. Sein Gesicht war von Kummer und Entbehrungen ausgezehrt, seine Augen glühten vor Fieber, seine hohe Gestalt war gebeugt. Mit einem Schlag fiel meine armselige kleine Freude in sich zusammen. Trotzdem versuchte ich, gegen seine Traurigkeit anzukämpfen.

«Georges, du lässt zu, dass die Hoffnungslosigkeit unablässig an deinem Herzen frisst. Irgendwann bleibt dir nicht einmal mehr genug davon übrig, um mich zu lieben ...»

Ich streichelte sein Gesicht, fuhr ihm mit meinen kühlen Handflächen über Stirn und Augen.

«Denk nicht mehr an das, was dich bekümmert. Du kannst es nicht ändern, also wozu soll es gut sein?»

Mit zusammengebissenen Zähnen brummte er einen Satz, den ich nicht verstand, dann stieß er unbeherrscht hervor: «Dieses Land geht zum Teufel, und soll es doch, Teufel noch eins. Du hast recht, alle haben recht. Ach, im Kopf von Männern meines Schlages muss doch etwas gehörig verquergehen, dass sie in diesem erbarmungslosen Kampf niemals Ruhe finden.»

Ich schlang die Arme um seinen Nacken und strich mit meinem warmen Atem über seinen Mund, um ihn zu betören. Oh, vergessen soll er, ja, vergessen, sagte ich mir, das Leben ist zu kurz. Man verliert das wenige Glück, das einem beschieden ist, wenn man um jeden Preis anders sein will als die anderen.

Sogleich nahm er mich in die Arme, gab mir zärtliche, verrückte Kosenamen. An diesem Abend liebte er mich mit dem Feuer der Verzweiflung, und es war nicht ohne Reiz. In seinen Armen erlebte ich eine solche Lust, dass ich die verbleibenden Stunden der Nacht in einem Rausch verbrachte, der erst am Morgen von mir wich.

Als ich die Haustür öffnete, entdeckte ich auf den Stufen riesige Farnwedel, die ungeschickt mit rotem Hibiskus zusammengebunden waren. In Erinnerung an den gestrigen Tag hatte mein alter Freund zum Dank mein Haus mit Blumen geschmückt, und dies wärmte mein Herz. Den ganzen Morgen verbrachte ich damit, mich schön zu machen, pflegte mein Haar und meinen Teint, und nachdem ich meine Mahlzeit zubereitet hatte, ging ich zu Vater Charles.

«Wie frisch Sie heute Morgen aussehen, mein kleines Fräulein», sagte er. «Tragen Sie so viel Glück in sich, dass man es an Ihren Augen ablesen kann?»

Ich wagte nicht, ihm zu antworten. Wie könnte ich ihm sagen, dass ich geschworen hatte, Georges von seinen quälenden Sorgen abzulenken? Wie ihm gestehen, dass ich es mir zur Aufgabe gemacht hatte, in diesem Mann noch den kleinsten Keim des Schmerzes auszulöschen und ihn endlich zu einem Mann zu machen, der genauso war wie alle anderen auch? Durch den Zauberbann meiner Liebe würde ich seinen Mund zum Lächeln zwingen, sein Herz zum Vergessen, seinen Kopf dazu, nicht länger zu denken. Er würde lernen, allein um des Lebens willen zu leben, ohne sich um das Leid der anderen zu kümmern. Ich kapitulierte vor der Abscheulichkeit gewisser menschlicher Dinge; und er würde mit mir kapitulieren. «Wer weiß, ob am Ende dieser Feigheit nicht Glückseligkeit zu finden ist», sagte ich mir damals.

Ich pflückte Vergissmeinnicht, um mein Haar damit zu schmücken, und als es Abend wurde, machte ich mich wunderschön zurecht.

Ich nahm Georges mit nach Carrefour in die Tanzlokale, die ich häufiger zu besuchen pflegte. Eng an ihn geschmiegt, tanzte ich mit wohlig geschlossenen Augen sehnsüchtige *méringues*[99], drängte ihn, Rumpunsch zu trinken und warme, nach Fett riechende *marinades*[100] zu essen. Ich lauerte auf das geringste Anzeichen eines Lächelns in seinem Gesicht, das kleinste Leuchten in seinen Augen machte mir Mut. Ich war dabei, meine eigene Seele zu betäuben und die seine, und der Alkohol tat sein Übriges, dass ich meinen Geliebten zum ersten Mal seit Monaten wieder lachen sah.

Mit jedem Tag wuchs in mir inzwischen der Wunsch nach Wiedergutmachung, ein Bedürfnis, das verlorene Lachen, die vernachlässigten kleinen Freuden nachzuholen. Angetrieben von einem Überlegenheitskomplex, sah ich mich beschwingt durchs Leben schreiten und aus der Masse der Menschen jene zu mir rufen, die mir gefielen, während ich den anderen drohte und sie mit der Leichtfertigkeit eines verwöhnten Kindes fortschob, das sich inmitten seines Spielzeugs bewegt.

Eines Abends waren wir in einem Tanzlokal, und während Georges mir zu trinken einschenkte, sah ich, wie sich seine mittlerweile fast schon heitere Miene abrupt verdüsterte. Erstaunt folgte ich seinem Blick und entdeckte rings um die Tanzfläche schwarze Arme, die sich über das Mäuerchen schoben und flehende Hände nach uns ausstreckten. Knotige, dürre, vertrocknete Arme, an deren Ende große Knochenbündel zu baumeln schienen, die winkend um ein paar Münzen bettelten.

Die ausgemergelten Hände umringten uns, säumten die Mauer wie schaurige, lebende Pflanzen. Von den Körpern, zu denen sie gehörten, war nichts zu sehen, auch nicht von den um Hilfe und Mitleid bittenden Mündern, aber man erahnte sie hinter der Mauer, die die Tanzfläche einfasste, im Dunkeln verborgen wie ausgehungerte Tiere, von Syphilis zerfressen, in Lumpen gehüllt und so unendlich bedauernswert.

Plötzlich schoss eine der Hände mit einem frenetischen Zucken vor und schloss sich um den Arm eines Tänzers. Um sie abzuschütteln, zog der Mann, ein etwa dreißigjähriger Schwarzer, an dessen Finger ein schöner Diamant funkelte, einen kleinen Revolver aus der Tasche und schlug damit auf die in seinen Ärmel gekrallte Hand ein. Sofort krümmte sich der Arm vor Schmerz und zog sich langsam zurück. Da schob Georges den Tisch zurück und stand auf.

In diesem Moment sah ich vor mir, was zwischen Georges und dem Mann geschehen würde. Ich schloss die Augen. «Ich werde bezahlen, ich werde bezahlen», dachte ich nur, und mein bis in meine Kehle hinauf klopfendes Herz raubte mir mit seinen Sprüngen den Atem.

Georges hatte den Mann beim Revers gepackt und zerrte ihn mit aller Kraft zu sich her.

«Und nun zu uns beiden», schrie er, als sich ihre Gesichter beinahe berührten.

Unvermittelt ließ er ihn los, dann stellte er sich vor ihn, zog mit einer raschen Geste sein Jackett aus und stürzte sich mit harten Fäusten auf ihn.

Die Band verstummte. Plötzlich herrschte Stille, unterbrochen nur vom dumpfen Geräusch der Schläge, die die beiden Kontrahenten austauschten. Ein paar neugierige Gäste fachten den Kampf durch hämische Kommentare an.

«Holla, Schwarzer gegen Mulatte, holla, komm schon, Schwarzer, zeig, dass du stark bist, schlag dem unverschämten Mulatten das Maul ein.»

Schwer wie ein Knüppel prallte Georges' Faust auf das Gesicht des Schwarzen, der zurückstolperte und zehn Schritte weiter Blut spuckend und mit von Schlägen gezeichneten Augen zu Boden ging.

Ich rannte zu Georges. Er war schweißüberströmt, seine Brust hob sich unter keuchenden Atemzügen, und zusammen mit ihr auch das Hemd, das an seiner Haut klebte. Ich versuchte, ihn nach draußen zu ziehen, aber er machte sich mit einer schroffen Geste von mir los, als erkenne er mich nicht. Die immer noch geballten Fäuste drohend gegen Tausende unsichtbarer Feinde erhoben, umrundete er die Tanzfläche. Sein Blick, in dem ein wunderbares Feuer brannte, wanderte von Tisch zu Tisch, musterte die Gesichter, hielt Ausschau nach wer weiß welcher dunklen Schimäre. Er war kein Mann mehr, sondern ein wildes Tier, das zu lange eingesperrt gewesen war und nun, nachdem es ausgebrochen war, das Verlorene nachzuholen versuchte, indem es seine Mühen verdoppelte. Mich durchfuhr der schmerzliche Eindruck, dass er mich vergessen hatte, dass in dem, was er in diesem Augenblick durchlebte, für ihn kein geliebtes Wesen mehr existierte, dass er sich allein dem falschen Schein entgegenstellte, dass er das Meisterwerk seines Lebens erschuf, zu dem er geboren worden war, und dass alles, was geschehen würde, richtig und gut war.

Ich versuchte, gegen das Leben anzukämpfen, klein und unbedeutend, wie ich war, wollte ich mich mit ihm messen, ihm meinen Besitz streitig machen, es zwingen, seinen grausamen Urteilsspruch aufzuschieben, und so beugte ich mich vor und rief Georges' Namen. Er drehte sich nicht um, aber beim Klang meiner Stimme, als hätte er auf diese Ermutigung nur gewartet, begann er zu sprechen. Und die Stimme, mit der er sprach, war so entsetzlich, diese verzweifelte Stimme, die Herzen aufzurütteln, Reue zu wecken und Gewissen zu erschüttern hoffte.

«Ich habe geschworen», sagte er mit dieser ergreifenden Stimme, «ich habe geschworen, gegen jeden zu kämpfen, der Schwächere beleidigt oder misshandelt. Ich habe geschworen, an der Seite meines Volkes, oder auch allein, wenn mein Schicksal es so will, für die Errichtung einer gerechten und freien Gesellschaft zu streiten. Kleingeistige Menschen wiegeln uns jetzt gegeneinander auf, entfachen unseren Hass, blenden uns mit falschen Enthüllungen. Unser Land, das sich über einen traurigen Streit um Hautfarben entzweit hat, droht unter diesen Umständen noch weiter zurückzufallen. Es steht am Abgrund, also lasst es uns mit vereinten Kräften retten, indem wir auslöschen, was es schwächt: Armut, Unwissenheit, Dreck …»

«Er ist betrunken», sagte jemand im Hintergrund des Raums, als er diese letzten Worte hörte.

«Und unvorsichtig», antwortete ihm ein anderer.

Aber er hörte sie nicht. Er hörte nur auf die innere Stimme, die ihm Worte eingab, welche sein Mund nicht länger verschweigen konnte.

Am anderen Ende des Raums betrachtete sein Gegner wortlos die Blutflecken auf seinem Taschentuch, und der Blick, den er unvermittelt auf Georges richtete, verriet mir, dass er das Urteil über ihn gesprochen hatte. Ein Schauer überlief meinen Körper. Ich rannte zu meinem Geliebten, klammerte mich an ihn und schrie: «Fasst ihn nicht an, fasst ihn nicht an.»

«Lotus, die Hure, hat sich verliebt», sagte jemand mit lauter Stimme.

Ich wollte mit Georges die Stufen hinuntergehen, die zum Ausgang führten, aber im Dunkeln erwartete uns ein Wall aus Körpern. Wir wurden von Tobsüchtigen aufgehalten, die uns beschimpften, uns Bourgeois und Diebe nannten, Mulatten und Plünderer. Die Armen, die Georges verteidigt hatte, kannten den Grund für die Auseinandersetzung nicht und stellten sich auf die Seite seines Gegners, jenes Schwarzen, der so aussah wie sie und den ein Mulatte geschlagen hatte. Sie streckten ihre hageren, von einer schimmernden Kruste bedeckten Hände nach uns aus, verfluchten uns und forderten unseren Tod. Ungebildet, wie sie waren, hatten sie Georges' kurze Ansprache gar nicht verstanden. Wer bei uns Französisch spricht, spricht nicht zum einfachen Volk, und Georges erkannte seinen Fehler. Er wollte ihn wiedergutmachen, rief ihnen einen kurzen Satz auf Kreolisch zu.

Aber die drohend vorgestreckten Arme drängten ihn zurück.

«*Allé, allé, volè, milate, enssassin, enragé ...*»[101]

Am oberen Ende der Stufen brach lautes Gelächter los.

«Trottel, Trottel, du fanatischer Trottel ...», schrie der Mann, den Georges verletzt hatte, umringt von seinen Freunden.

Ich brachte Georges nach Hause, er war bezwungen. Minutenlang saß er einfach nur da, ohne sich zu rühren, und in seinen starr geradeaus blickenden Augen glaubte ich Tränen glitzern zu sehen. Ich küsste seine Lippen, die so herrliche Dinge gesagt hatten, streichelte seine vor Zorn und Ungerechtigkeit nass geschwitzte Stirn. Dann begann er zu sprechen, als könnte er seinen Schmerz nicht länger für sich behalten.

«Machtlos, ja machtlos, das ist man angesichts solcher Probleme. Ach, warum kann ich nicht wie so viele andere leben, ohne etwas von diesen Dingen zu sehen, ohne das Stöhnen der Sterbenden zu hören.»

Er war zu unglücklich, ich musste ihn von diesen Trugbildern losreißen, an deren Ende ihn die bittersten Enttäuschungen erwarteten. Ich zwang ihn, mich anzusehen, mir zuzuhören, und legte in meine Stimme so viel Überzeugung, so viel Zärtlichkeit, dass er schließlich den Kopf hob.

«Hör mir zu», sagte ich. «Wir werden von hier fortgehen. Ich werde mein Haus Syrern verkaufen, die ich kenne, zu welchem Preis auch immer, und dann gehen wir von hier fort. Wir werden ein neues Leben beginnen. Du musst das alles hier vergessen, für dich selbst leben, für mich. Versprich mir, dass du mit mir fortgehen wirst. Ich habe es dir noch nicht erzählt. Hör zu: Heute Morgen bin ich mit einem Passanten zusammengestoßen, einem jungen Schwarzen, fast noch ein Kind, und weißt du, was er mir zugerufen hat: ‹He, pass doch auf, weiße Frau, lass den Haitianern auch noch Platz.› Ich werde ihm Platz lassen. Ich werde ihnen allen Platz lassen. Ich habe kein Land mehr, keine Heimat, und ich stehe außerhalb des Gesetzes, weil die Natur mich mit einer weißen Haut geschaffen hat. Mein Land, o ja, jeden Tag ersticke ich inzwischen in mir die Liebe zu ihm. Und irgendwann werde ich es hassen …»

Georges stand auf. Er hatte seine Ruhe wiedergefunden. Er drehte sich zu mir um und sagte in so gelassenem, so beherrschtem Ton, dass es mir Angst machte: «Du bietest mir an zu fliehen, den Kampf aufzugeben. Nun gut, ich bin einverstanden. So wie die Dinge jetzt stehen …»

«Danke, danke», sagte ich und schlang die Arme um ihn. «Begreif doch, dein Traum ist unmöglich, dieses Land ist verloren. Was bringt es denn, du verschwendest deine Zeit und deine Jugend, wir verschwenden unsere Liebe, wenn wir sie auf alle anderen ausweiten wollen. Sollen sie doch sehen, wie sie zurechtkommen.»

«Sollen sie doch sehen, wie sie zurechtkommen», entgegnete er kalt.

Und gleich darauf ging er fort.

26

In jener Nacht hatte ich einen erneuten Anfall. Dumpfes Totenge-
läut klang in meinen Ohren, und auf den Boden und mein Bett reg-
neten Tropfen, so warm wie Tränen. Ich hatte Schmerzen, alles an
mir schmerzte, mein Körper, mein Herz, meine Seele und mein Gewissen. Ich schrie hemmungslos, wälzte mich auf dem Fußboden
hin und her, außer mir und doch bei klarem Verstand. Während
ich schrie, suchte ich in meinem Inneren nach dem Grund für die
Gewissensbisse, die mich verfolgten, und ich schwor mir, aufrichtig
zu sein gegen mich selbst. Es dauerte nicht lange, bis ich ihn fand.
Der einzige Grund für diesen Zustand war meine geplante Flucht.

Da begehrte ich auf gegen mein Gewissen, versuchte zu kämpfen,
es niederzuringen. Aber es zeigte kein Erbarmen. Also appellierte
ich an sein Mitleid. Ich erhob mich von meinem Bett, kroch auf
Knien durch das Zimmer und flehte das Leben mit ausgestreckten
Armen um Gnade an.

«Ich kann es nicht», schrie ich, «ich bin nicht stark genug, ich bin
unfähig, schwach, ich werde es niemals können.»

Als der Morgen dämmerte, fand er mich weinend und stöhnend vor.

«Haben Sie sich mit Ihrem Liebsten gestritten?», fragte Vater Charles, als er später am Vormittag meine verquollenen Augen sah.

Ich schüttelte den Kopf und deutete auf mein Herz.

«Sie sind mit sich selbst uneins. Versuchen Sie, sich mit dem Rest Ihres Wesens auszusöhnen, dann werden Sie wieder zur Ruhe kommen.»

«Oh, ich weiß doch, was es von mir verlangt», antwortete ich, «aber diesmal weigere ich mich, ich weigere mich. Ich gehe weg, mein Freund, ich verlasse Haiti, und Georges nehme ich mit. Sag kein Wort, versuch nicht, mich zu überzeugen. Mein Entschluss steht fest. Ich habe mich mit dem Leben gemessen, es kennt keine Gnade, mein alter Charles. Und ich habe geschworen, es zu besiegen.»

Ich drängte ihn, sich hinzusetzen, und schilderte ihm den Vorfall im Tanzlokal, die Reaktion der Armen, Georges' Verzweiflung.

«Falls er Ihnen jemals in ein fremdes Land folgen sollte, schlagen Sie sich gegen die Brust und sagen Sie wie der Sünder, der seine Schuld bekennt: *Mea culpa,* denn Sie werden das Gute um einen seiner fähigsten Verteidiger gebracht haben», sagte der Alte zu mir. «Im Übrigen halte ich ihn nicht für so schwach, Ihnen zu folgen … Warum setzen Sie nicht lieber Ihre Heiratspläne in die Tat um?»

«Er ist arm und sehr stolz. Niemals würde er hier bei mir leben wollen.»

«Wenn er stolz ist, bin ich beruhigt, dann wird er nicht fortgehen, um auf Ihre Kosten zu leben.»

Diese Bemerkung versetzte mich in Panik. Hastig kleidete ich mich an, verschloss die Augen vor der Unordnung im Haus, nahm einen Wagen und ließ mich zu Georges fahren. Dort traf ich auf seine Schwester und seine Mutter, die mich voller Zuneigung empfingen.

«Haben Sie Georges gesehen?», fragte Lise besorgt. «Er ist heute Mittag nicht zum Essen nach Hause gekommen. Das ist noch nie passiert.»

«Madame», wandte ich mich daraufhin an Madame Caprou, «ich will ganz aufrichtig zu Ihnen sprechen.»

Von plötzlicher Angst erfasst, beugte sie sich zu mir und bedrängte mich mit Fragen.

«Ich mache mir Sorgen um Georges», sagte ich.

Und meine Stimme, die mit einem Mal leise und hastig klang, erschien mir gnadenlos.

«Er muss fort von hier», fuhr ich in demselben Ton fort. «Gestern Abend in Carrefour hat er sich geprügelt, und ich habe gesehen, wie sich der Blick seines Gegners wie ein schneidendes Messer auf ihn richtete. Helfen Sie mir, ihn zu retten. Es war ein Schwarzer, den er verletzt hat, wissen Sie, was das bedeutet?»

«Was wollen Sie, was soll ich tun? Ich bin zu allem bereit», klagte seine Mutter.

«Was müssen wir tun?», fragte Lise. «Reden Sie, es fehlt uns nicht an Mut.»

Ich hatte den Eindruck, mit dem Leben zu ringen, und das machte mich stolz. Auch ich hielt mich für eine Macht, beflügelt durch meinen eigenen Willen. Ich wollte siegen. Und da ich, um zu siegen, genauso erbarmungslos sein musste wie das Leben, zeigte ich kein Erbarmen. Ich wappnete meine Hände, meine Gedanken, meine Seele für einen letzten Kampf und fühlte mich dank meiner Willenskraft fähig, Gott selbst die Stirn zu bieten.

Ich beugte mich zu Georges' Mutter vor und sagte: «Verkaufen

Sie alles, was Sie besitzen, und verlangen Sie von Ihrem Sohn, dass er Haiti verlässt, Madame, das allein kann ihn retten.»

Ich ging und ließ die beiden bestürzten Frauen zurück. Anschließend machte ich mich auf die Suche nach dem Syrer Nagib, der in meinem Viertel wohnte. Er bot mir fünftausend Dollar für das Haus und den gesamten Grund, der es umgab. Sie waren zehntausend wert … Ich willigte trotzdem ein.

Als ich nach Hause kam, erwartete mich Vater Charles in Gesellschaft eines Mannes, den ich nicht sofort erkannte. Der Mann reichte mir die Hand.

«Erkennen Sie mich, Mademoiselle?», fragte er. «Ich bin Pierre Paril, der Freund Ihres Verlobten. Ich gehörte zu der Gruppe, die Ihnen hier eines Abends vorgestellt wurde.»

«Verzeihen Sie mir, Monsieur», antwortete ich. «Ich habe Sie nicht wiedererkannt.»

Er folgte mir in den Salon, setzte sich mir gegenüber und sah mich vertrauensvoll an.

«Wir benötigen noch einmal Ihre Hilfe, Mademoiselle», sagte er ohne Einleitung. «Dürfen wir auf Ihre Unterstützung zählen?»

Dann erklärte er mir, dass die Verschwörer bei Freunden, die fernab der Stadt ein kleines Haus in den Bergen bewohnten, Flugblätter vorbereiteten und dass Georges seine Familie benachrichtigt habe, dass er nicht so bald wieder nach Hause kommen werde. Was mich betraf, so sollte ich später Anweisungen von ihm erhalten. Die Losung des Mannes, der mir seinen Brief aushändigen würde, lautete: «Haben Sie noch Sapotillen?»

Zitternd vor Wut, spürte ich, dass das Leben kurz davorstand, mich zu besiegen. Ich spürte es pulsieren, gierend nach den Tränen, die es, anspruchsvoll, erbarmungslos, den in die Enge getriebenen Kreaturen jeden Tag entriss. Von dieser unerwarteten Wendung der

Dinge eingeholt, verlor ich plötzlich allen Mut. Erschüttert sah ich, wie die festesten Entschlüsse aus meiner Seele wichen. Den ganzen nächsten Morgen saß ich ohne einen Gedanken, ohne einen Wunsch in einem Winkel der Terrasse.

Gegen Mittag klopfte es an die Tür zum Salon. Ein sehr junger Mann mit hellem Teint hielt mir einen Brief hin und fragte: «Haben Sie noch Sapotillen?»

Da wusste ich, dass er von Georges kam. Ich bat ihn sogleich herein und bot ihm Rum an, den er ablehnte.

«Was ist los», wollte ich wissen, «und was verlangt man von mir? Ach, ich verspüre nicht den geringsten Wunsch, irgendetwas für irgendjemanden zu wagen. Mein patriotischer Überschwang ist an jenem Abend erloschen, als ich sah, wie die Armen, für die Georges sich einsetzte, sich gegen ihn wandten. Ihr habt als Mulatten ohne Voreingenommenheit, ohne falsche Rücksichtnahme einen Mulatten gestürzt, der unwürdig war, unser Land zu führen. Ihr habt eure Pflicht getan, ihr wart gute Patrioten, denen allein das Wohlergehen des Volkes am Herzen lag. Und was ist dafür heute euer Dank? Die Isolation. Ihr seid isoliert, und euer Land kennt als einziges Gesetz nur noch den Hass. Jeder Schwarze sieht in euch das Abbild der mulattischen Anführer, die sie von allen öffentlichen Ämtern ferngehalten haben. Jetzt sagen Sie mir, haben sie denn im Grunde nicht recht, wenn sie zu beweisen versuchen, dass sie ebenso viel wert sind wie wir? Und sie sind die Stärkeren, glauben Sie mir, sie sind die Stärkeren. Sie weisen uns zurück, wie wir sie zurückgewiesen haben, sie fordern das Land für sich, und trotz meines schwarzen Bluts fühle ich mich wie ein zerstörtes Überbleibsel der Vergangenheit. Was wollen Sie denn noch versuchen, sagen Sie es mir. Georges ist nicht vernünftig, keiner von Ihnen ist es. Ich halte Sie für verrückt, Sie alle, alle, alle …»

Der junge Mann hörte mir zu, und eine große Traurigkeit lag in seinem Blick. Plötzlich verbarg er das Gesicht in den Händen und begann zu weinen. Ich beugte mich vor zu seinem Ohr.

«Wer sind Sie?», fragte ich ihn.

Er hob den Kopf, trocknete sich mit seinem Taschentuch die Augen und stammelte: «Ich heiße Henri Bertier, und ich bin der Sohn von Jean Bertier. Oh, Mademoiselle», fuhr er fort, «was Sie gerade gesagt haben, hat mich mitten ins Herz getroffen, denn ich denke genau wie Sie. Selbst in den Schulen haben sich die Schüler in zwei Lager gespalten: auf der einen Seite die Schwarzen, auf der anderen die Mulatten. Und die Schwarzen, die weit in der Überzahl sind, beschimpfen und hassen uns; dabei haben wir während der Revolution gemeinsam Banner getragen und mit einer einzigen Stimme die Vier Freiheiten gefordert.»

Ich öffnete den Umschlag, den ich noch in der Hand hielt. Auf dem weißen Blatt standen nur diese Worte:

Treffen heute Abend um fünf Uhr an der Straße nach Kenskoff,[102] in der Nähe des Hauses von X … Georges.

«Werden Sie hingehen?», fragte mich der junge Bertier.

Wortlos senkte ich den Kopf. Ich wusste, dass ich hingehen würde, und ich hasste mich für meine Schwäche. Ich wusste, dass das, was wir tun würden, unseren Untergang bedeutete, und doch konnte ich nicht anders handeln.

Ich verabschiedete mich von dem jungen Bertier, und als ich ihm die Hand reichte, drückte er sie lange und sagte: «Selbst ohne große Aussicht auf Erfolg ist es doch besser, für eine noble Sache zu streiten, als in Gleichgültigkeit und Feigheit zu leben, oder nicht?»

Ich nickte, und er ging.

In dem Moment kam Thérèses zweiter Sohn mit einem Paket herein und hielt es mir hin. Ich löste das Papier und erkannte verwundert die Bibel von Vater Charles. Eine Seite war mit einem roten Band markiert. Ich schlug das Buch auf und las das Folgende:

«Was hilft's, Brüder und Schwestern, wenn jemand sagt, er habe Glauben, und hat doch keine Werke? Kann denn der Glaube ihn selig machen? Denn wie der Leib ohne Geist tot ist, so ist auch der Glaube ohne Werke tot. Ich kenne deine Werke. Siehe, ich habe vor dir eine Tür aufgetan, die niemand zuschließen kann. Du hast den Namen, dass du lebst, und bist tot. So denke nun daran, wie du empfangen und gehört hast, und halte es fest und tue Buße ...»[103]

Ich begann zu schluchzen, meine Seele, die jeden Tag ein wenig tiefer sank wie ein hilflos treibendes Boot, erstarkte unter der Geißel der göttlichen Worte. Ich schämte mich für meine Feigheit. Mit rot geweinten Augen ging ich ans Fenster und öffnete es. Draußen wärmten sich die Bäume glücklich in der Sonne, zwitschernd besserten die Vögel geduldig ihre Nester aus, und die kleinen *ouanga-nèguesses*[104] pickten mit ihren Schnäbeln an den Hibiskusblüten. Alles war schön, rein, heiter. Wie hatte ich das Leben jemals für abscheulich halten können? Ich entdeckte in mir jenen Stand der Gnade wieder, der zu vollkommener innerer Gelassenheit führt. Ich war erfüllt vom Glück über meine eigene Existenz.

Ach, sagte ich mir, nicht im Kriegszustand werden ein Mann oder ein Volk sich jemals wiederfinden, sondern allein in jener Selbstachtung, die einem durch Milde und Liebe gewährt wird.

Lange vor dem angegebenen Zeitpunkt brach ich auf. Vor dem Tor parkte ein Wagen, und ich erkannte Georges' Widersacher, der sich aus dem Fenster lehnte. Sobald er mich erblickte, zog er sich hastig zurück. Er überwachte also mein Haus in der Hoffnung, dort Georges anzutreffen! Wieder einmal hatte das Leben mich verschont, indem es durch Zufall meinen Geliebten von meinem Haus ferngehalten hatte. Mit aufgewühltem Herzen ging ich vorbei, ohne den Kopf zu wenden, vermeintlich gelassen und mit erhobenem Haupt. Da startete der Wagen plötzlich, fuhr rasch an mir vorbei und verschwand.

Ich bezahlte einen Taxifahrer dafür, dass er mich zum Treffpunkt fuhr, und in dem kleinen, unter zahlreiche Honigbeerbäume geduckten Häuschen fand ich Georges und seine Freunde. Wie groß war meine Freude, Ganthier und Samson wiederzusehen, Jean Bertier, seinen Sohn und den Besitzer des Hauses. Es war ein Schwarzer, sein Name war Charles Polac.

«Bei mir vor dem Tor», erzählte ich Georges gleich als Erstes, «habe ich auf der Straße in einem Auto den Mann gesehen, den du neulich Abend in Carrefour geschlagen hast. Er schien das Haus zu überwachen.»

«Da kann er lange warten», antwortete er. «Ich wohne ab jetzt hier, wo ich dank meines Freundes Charles in Sicherheit bin. Er ist der Patensohn meiner Mutter, und ich habe vollstes Vertrauen zu ihm.»

Ich musterte Polac. Er hatte ein gutes, ehrliches und intelligentes Gesicht. Er sprach Kreolisch, und die wenigen französischen Wörter, die er benutzte, waren durch die bemühte Aussprache entstellt.

«Ich missbillige die Machenschaften der aktuellen Regierung», erklärte er mir in der Sprache des Volkes. «Ich bewundere sie dafür, dass sie verdienstvolle Schwarze aus dem Schatten geholt hat, und ich bin damit einverstanden, dass sie jene Gruppe von Männern bevorzugen möchte, die ihr dabei geholfen haben, an die Macht zu kommen, aber ich nehme ihr übel, dass sie Hass und Zwietracht im Land verbreitet und uns auf diese schäbige Weise gegeneinander aufhetzt. Wir sind alle Brüder in Jesus Christus, lehrt der Pastor in der Kirche ...»[105]

Noch war also nicht alles verloren. Ein Schwarzer schloss sich uns an, und es musste Hunderte wie ihn geben, die wir nicht kannten und deren Herzen sich in einer unsichtbaren Umarmung mit uns verbündeten. Ich ging auf Polac zu, nahm seine Hände, legte meine Wange an die seine und küsste ihn.

«Wenn du mein Bruder in Jesus Christus bist», sagte ich zu ihm, «dann bist du es auch im Blute, und darauf bin ich stolz.»

Eine Träne lief ihm aus dem Augenwinkel, dann wandte er sich an seine Freunde.

«Ich werde alles tun, um euch zu helfen», sagte er.

Georges war glücklich, er wirkte entspannt und so zuversichtlich, dass mein Herz davon ganz warm wurde. Er stellte sich hinter meinen Stuhl, legte eine Hand auf mein Haar. Ich lehnte meinen Kopf gegen ihn, als er zu sprechen anhob: «Ich weiß nicht mehr, welcher Autor gesagt hat, die großen Kunstwerke einer Revolution seien die Männer, die sie hervorbringt.[106] Im Namen meines Landes danke ich jedem von euch dafür, dass ihr zu diesen Männern gehört. Rüsten wir unseren Mut, und sagen wir uns Folgendes: Auf diese Nacht kann strahlender Sonnenschein folgen, und unser Tod, sollten wir sterben, wird zu einem Licht, das jene erleuchtet, die wir hinter uns zurücklassen. Mögen unsere Gedanken sich jenseits des Ozeans den Menschen anschließen, die für eine gerechte Sache kämpfen und für die Freiheit sterben.»

Er verstummte einen Moment, dann fuhr er fort: «Wir müssen nun einen Weg finden, das Volk zu überzeugen. Man bringt es dazu, uns zu hassen. Man hat ihm gesagt: Dass ihr arm seid, liegt an der Bourgeoisie, und die Bourgeoisie, das sind die Mulatten. Das Volk hat es geglaubt. Die Menschen müssen also erfahren, und zwar ohne große Reden, ohne Geld, sie müssen begreifen, dass wir auch für das Volk kämpfen und dass wir es lieben.»

«Das wird schwierig», sagte Jean Bertier. «Und ich muss gestehen, dass ich nicht so recht verstehe, wie du vorgehen willst.»

«Was hast du denn im Sinn?», fragte Ganthier beunruhigt.

«Du willst mir doch nicht erzählen, dass du an Wunder glaubst», übertrumpfte ihn Samson. «Taten sind es, mit denen man sich bei Revolutionen durchsetzt.»

Sie alle beugten sich erwartungsvoll zu Georges vor. Ich sah ihn an, und in seinen Augen erkannte ich erschrocken jenes allzu glühende Feuer, das mir Angst machte, als verdrängte es mich aus seinen Gedanken und zwänge mich, darin seine geheimsten Ziele zu lesen, während es mich verbrannte.

«Die einzige Tat», sagte er daraufhin, «die wahrhaftig die Herzen aufzurütteln vermag, kann nur ein Akt der Liebe sein.»

«Ein Akt der Liebe?», wiederholte ich.

Und ich fing den Blick des jungen Bertier auf; er war in die Ferne gerichtet, als ginge er durch mich hindurch, ohne mich zu sehen. Auf seinem jugendlichen Gesicht lag eine strahlende Freude, als hätte sich ihm unvermittelt eine große Wahrheit offenbart.

«Wir müssen Geduld haben», sagte Georges.

«Das kann lange dauern», sagte Samson.

«*Laissé grinnin*»,[107] sagte Charles Polac, «lasst uns abwarten, wie Georges es verlangt. Wozu sollen eure Zettel gut sein, das Volk kann nicht lesen, wozu sollen eure Reden gut sein und das Geld, das ihr verteilen wollt, um euch einzuschmeicheln? Solche Dinge halten nicht lange, denn sie sind nichts wert. Sie hinterlassen kaum Spuren. *Cé mangé, domi qui suri*,[108] lasst uns nichts überstürzen, dadurch wird unsere Arbeit nur umso besser.»

Wir verließen das Haus. Die Sonne ging unter, und eine märchenhafte Landschaft empfing uns. Niemals werde ich den Anblick dieser rot glühenden Scheibe vergessen, die auf das Meer herabsank und ihre Flammen wie einen Faltenwurf vor sich ausbreitete. Niemals werde ich den Anblick der gewaltigen Bergkuppen vergessen, das grüne Tuch der Ebene, die Bäume, die Blüten, den Fluss, allesamt rot gefärbt wie für einen Sieg. Auf der Straße vor uns gingen Bäuerinnen langsam ihres Weges und trieben erschöpfte Esel vor sich her. Die erste gereckte Faust gehörte einem jungen Burschen.

«*Volè, bande volè*»,[109] schrie er, als er uns entdeckte.

Sogleich bildete sich eine Menschentraube um ihn. Als er den Arm sinken ließ, hoben sich zwanzig andere, die unter schrecklichsten Verwünschungen in unsere Richtung geschwungen wurden. Sie hielten sterbende Babys in die Höhe, abgemagert oder mit aufgetriebenem Bauch und mit großen, tief in den Höhlen liegenden Augen; und da waren noch andere, unsichtbare Dinge, die wir an den aufgewühlten, vor Hass und Vorwürfen schäumenden Gesichtern ablesen konnten.

«Wir haben Hunger», kreischte plötzlich eine Frau, «macht eure Taschen leer, ihr dreckigen Mulatten, und gebt uns das Geld zurück, das ihr uns gestohlen habt.»

Der junge Bertier machte Anstalten, in seiner Tasche zu kramen, doch Georges hielt seine Hand fest.

«Nicht eine Münze», sagte er, «das würde nichts bringen. Stellt euch taub. Und dass ja niemand auf die Beschimpfungen reagiert.»

Eine Stunde später gingen wir auseinander.

Es schmerzte mich, Georges zurückzulassen. Meine Abende wurden qualvoll, und ich begann alles zu hassen, was mich von ihm trennte.

Am nächsten Tag brachte Thérèse, die fand, ich hätte zu wenig Hilfe, mir ein neues Dienstmädchen. Es hieß Louise. Ich stellte sie ohne Nachfragen ein, aber statt mich zu trösten, verstärkte ihre Anwesenheit mein Unbehagen noch, und ich mochte sie nicht auf Anhieb. Sie war ein blutjunges, etwas ungepflegtes Mädchen mit dem Teint einer *grimelle*[110], dessen Gesicht von kleinen schmutzigen

Sommersprossen gesprenkelt war. Sie hatte Ränder unter den Fingernägeln, der rote Nagellack war bereits halb abgeplatzt, und aus ihrem mit dem Glätteisen bearbeiteten Haar stachen widerspenstige Strähnen hervor, die ihrer unordentlichen Erscheinung endgültig etwas Unsauberes verliehen. Doch dank ihr sah das Haus bald wieder aus wie in vergangenen Zeiten. Sie putzte und wienerte, trällerte französische Liedchen, die sie im Radio aufgeschnappt haben musste, und überschüttete mich von morgens bis abends mit kleinen Schmeicheleien, die mir auf die Nerven gingen. Wenigstens hatte ich nicht das Gefühl, dass sie mich hasste; nach und nach gewöhnte ich mich daran, sie im Haus umhergehen zu sehen, und von da an wurde mir ihre Gegenwart erträglich. Ein paar Tage später verriet sie mir, dass sie sich aufgrund ihrer hellen Haut als Mulattin betrachtete und die Unruhestifter, die das Land in Zwietracht und Hass gestürzt hatten, aus tiefstem Herzen verabscheute. Ohne es zu wollen, hatte ich in diesem kleinen Dienstmädchen eine Verbündete gefunden, die mir zwar keine moralische Stütze sein konnte, aber durch ihre naive Freundschaft zumindest Trost schenkte, und mit jedem Tag wuchs meine Zuneigung zu ihr. Sie erzählte mir von ihrer Familie. Ich erfuhr, dass sie in Fond-des-Blancs[111] geboren war, dass eine ihrer Schwestern himmelblaue Augen hatte und Haare, die noch länger waren als die meinen, dass ihr Vater aus einer angesehenen Familie stammte, die ihr gesamtes Vermögen durch eine Überschwemmung verloren hatte, bei der ihre Plantagen zerstört worden waren, und dass ihr Haus eine schäbige Bruchbude mit vier Zimmern war. Bald wurde sie fast so etwas wie meine Freundin. Wenn ich zu einsam war und sah, wie sie in meinem Schrank herumstöberte und mit leisen Ausrufen meine Kleider und meine Wäsche bewunderte, ließ ich mich dazu hinreißen, mit ihr wie zu einer Person meines Standes zu reden. Lächelnd hörte sie mir zu, richtete das verrutschende Kissen unter meinem Kopf oder brachte mir Honigbeeren und Sapotillen, die sie im Garten gepflückt hatte und die wir gemeinsam aßen, während sie auf dem Teppich neben meinem Bett hockte. Ich mochte diese Vertrautheit, die sich so sehr von Gertrudes hasserfüllter Überheblichkeit unterschied, und ich genoss die respektvolle Freundschaft, mit der sie mich umgab.

Seit fast zwei Wochen war ich schon ohne Nachricht von Georges, als Louise mir eines Morgens eine Zeitung brachte, die Vater Charles mir geschickt hatte. In einem der Artikel war in unmissverständlichen Worten von einem Feind der Regierung die Rede, der sich nicht damit begnüge, die Schwarzen zu beleidigen, sondern darüber hinaus die Führer des Landes beharrlich als Tyrannen verunglimpfe, die nichts anderes im Sinn hätten, als sich zu bereichern und die Haitianer zu entzweien. Weiter hieß es, dass jeder, der des Widerstands gegen die Regierung verdächtigt wurde, innerhalb kürzester Zeit ohne Urteilsspruch inhaftiert werde. In verhüllter Form wurde zudem der Vorfall in Carrefour geschildert und der Provokateur als von Vorurteilen getriebener «unverschämter Mulatte» und erbitterter Feind der Massen bezeichnet.

Georges wurde also in aller Öffentlichkeit angegriffen. Geschickt wurden die wahren Umstände seiner Tat verschleiert, und man beschuldigte ihn, aus reinem sozialem Hass gehandelt zu haben. Der Artikel löste sogleich erbitterte Gerüchte unter den Schwarzen aus. Schließlich wurde der Kopf des arroganten Mulatten gefordert, der sich weigerte, die Gleichheit aller innerhalb der Nation anzuerkennen. Eine von einer Gruppe Schwarzer angeführte Propagandakampagne erregte die Gemüter so sehr, dass bald nur noch von «Mulatten abschlachten» die Rede war. Tagelang fuhren Lastwagen voller brüllender, geifernder Menschen durch die Straßen von Port-au-Prince, und überall hörte man «Nieder mit der Bourgeoisie»-Rufe. Nicht schwarze Frauen und Kinder wagten sich aus Angst vor Misshandlungen und Beschimpfungen nicht mehr auf die inzwischen beinahe menschenleeren Straßen. Wie um die Anspannung auf den Höhepunkt zu treiben, kam plötzlich ein Gerücht auf: Erstaunte Ladenbesitzer hatten festgestellt, dass sie innerhalb von zwei Tagen mehr als fünftausend Macheten verkauft hatten. Wurde etwa das Volk bewaffnet, trieb man es blindlings zu einem Blutbad? Kaum hatte diese Nachricht die Runde gemacht, da verließen ganze Familien aus Angst ihre Häuser und suchten Zuflucht in den Anhöhen außerhalb der Stadt.

Louise schlief auf einer Matratze am Fußende meines Bettes, und nachts wachten wir beim geringsten Laut auf und horchten mit klopfendem Herzen auf die hasserfüllten, schauerlich brüllenden Stimmen. Morgens ging ich zu Vater Charles, um mit ihm über die Lage zu reden, und er musste seine gesamte Autorität aufbieten, um mich davon abzuhalten, zu Georges in das kleine Häuschen von Charles Polac zu fahren.

«Haben Sie Geduld», beschwor er mich, «sonst riskieren Sie, ihn zu verlieren. Wer sagt Ihnen, dass Sie nicht unter Beobachtung stehen? Selbst seine Mutter ist gezwungen, sich in ihr Schicksal zu fügen, um ihn nicht zu verraten. Warten Sie, bis er selbst von sich hören lässt, Herr Jesus!»

Und so wartete ich weitere zwei Wochen, bis Louise eines Morgens herbeigelaufen kam und mir einen Besucher im Salon meldete.

Dort erwartete mich der junge Bertier. Er reichte mir einen Brief, den ich sogleich öffnete. Georges bat mich, noch am selben Tag um vier Uhr zu ihm zu kommen. Ich behielt den jungen Bertier zum Mittagessen da. Louise bereitete uns einen köstlichen Reis mit *dion-*

dion[112] zu, über den wir mit Chili gewürzte Fleischsoße gossen. Zum Nachtisch servierte sie uns Rote Mombinpflaumen[113] und Honigbeeren, und nachdem wir gegessen hatten, ging ich nach oben, um mich umzuziehen, während Henri Bertier allein im Esszimmer zurückblieb.

Als ich wieder nach unten kam, bemerkte ich, dass Louise hinter der Tür stand und den jungen Mann, der ihr den Rücken zuwandte, heimlich beobachtete. Sie hielt eine Zeitung in der Hand und gab damit jemandem Zeichen, der von ihrem Zimmer aus zu ihr hersehen musste.

Sie hatte nicht gemerkt, dass ich wieder zurück war, und während sie Henri Bertier nicht aus den Augen ließ, gestikulierte sie weiter mit einer Hand hinter ihrem Rücken, als bedeute sie jemandem, still zu sein. Plötzlich fing sie meinen Blick auf. Sie wurde aschfahl und begann langsam die Zeitung zusammenzufalten. Ich ging die letzten Stufen zu ihr hinunter, nahm ihr wortlos die Zeitung aus den Händen und schlug sie auf. Auf der ersten Seite war ein Foto von Georges abgedruckt, eingerahmt von den Worten: Der Feind der Schwarzen. Lächelnd gab ich ihr das Blatt zurück und ging zum jungen Bertier, der lesend auf mich wartete.

«Vorsicht», flüsterte ich ihm zu, «ich habe gerade entdeckt, dass dieses Mädchen eine Spionin ist. In ihrem Zimmer versteckt sich jemand, der uns beobachtet. Man wird uns folgen, also gehe ich in einen Laden, und Sie fahren ohne mich.»

Um Louise und ihren Komplizen nicht zu warnen, verließen wir das Haus, ohne uns noch einmal umzusehen. Ein paar Meter weiter beschleunigten wir unsere Schritte in der Hoffnung, unsere Bewacher abschütteln zu können, dann sagte der junge Bertier: «Bleiben Sie stehen und tun Sie so, als richteten Sie Ihren Schuh. Wir müssen herausfinden, was vor sich geht.»

Ich bückte mich und drehte mich dabei langsam um. Ein Wagen folgte uns, hinter dem Steuer ein schwarzer Mann, den ich nicht erkannte.

Wir setzten unseren eiligen Marsch fort und trennten uns in der Grand' Rue.

Anfangs konnte ich den Wagen, der uns verfolgt hatte, im dichten Verkehr nicht ausmachen. Doch einen Moment später entdeckte ich ihn, denn er hielt ein paar Meter vor mir an. Ein Mann stieg aus: Es war Georges' Gegner. Sofort trat er auf mich zu.

«Kommen Sie mit», wies er mich an.

«Aber, Monsieur, ich kenne Sie nicht.»

«Ich kenne Sie. Das reicht. Kommen Sie mit.»

Es war sinnlos, mich zu wehren. Ich stieg neben ihm in den Wagen und betrachtete ihn: Er sah nicht unangenehm aus, und sein gepflegtes Äußeres verriet, dass er großen Wert auf Sauberkeit legte.

Er fuhr mich zurück nach Hause. Louise öffnete uns wortlos die Tür. Und ebenso wortlos versetzte ich ihr eine Ohrfeige. In ihrem Blick lag so viel Hass, dass ich vor Überraschung unwillkürlich aufschrie.

«Warum?», fragte ich nur.

«Ich bin es leid, eine Bedienstete zu sein. Mir geht es wie allen, die anderen dienen, ich hasse die, die mich bezahlen.»

Ohne etwas zu erwidern, ging ich an ihr vorbei. Der Mann folgte mir. Plötzlich drehte er sich zu Louise um; sie schien seinen Blick zu verstehen, denn sie ging langsam hinaus und ließ uns allein.

«Jetzt haben Sie die Wahl», sagte der Mann zu mir. «Entweder Sie liefern mir Ihren Liebhaber aus, oder Sie schlafen mit mir.»

Er nahm meine Hand, drehte sie langsam in seiner harten Faust. Meine Blässe verriet ihm gewiss, dass ich Angst hatte, denn er beugte sich vor und zog mich schroff in die Arme.

Von Anfang an hatte ich mir geschworen, dass er mir kein einziges Wort entreißen würde.

Er sah mich an. Auf seinem Gesicht zeigte sich keine Spur von Verlangen. Vielmehr eine Art hasserfüllter Ekel, als sähe er vor sich eine verabscheuenswürdige Feindin. Seine Hände auf meinen Armen schienen mich nicht zu berühren, sondern fielen schwer, gleichsam frei von jedem sinnlichen Kontakt, auf sie herab. Wie Waffen drückten sie mich unter ihrem Gewicht nieder. So standen wir einander minutenlang gegenüber.

«Was ich jetzt tun werde», sagte er schließlich, «soll Ihnen lediglich beweisen, dass ich Sie mit all meiner Kraft verachte und dass Frauen wie Sie trotz Ihrer Arroganz und Ihrer jämmerlichen Vorurteile nichts wert sind. Sie glauben, Sie seien für Schwarze ein Luxus, aber da täuschen Sie sich. Ich will mich auch nicht feige an Ihnen für das rächen, was zwischen Ihrem Liebhaber und mir vorgefallen ist. Es geht um mehr, um sehr viel mehr. In Kriegszeiten lassen sich manche Dinge nur schwer erklären. Aber wir befinden uns nicht in Kriegszeiten, nein, schlimmer, wir befinden uns in Zeiten des Hasses. Ich bin auf der Suche nach Ihrem Liebhaber, und ich habe einen Handel mit Ihnen geschlossen.»

Ich zitterte, ich hatte fürchterliche Angst, und kein Laut kam durch meine zugeschnürte Kehle. Plötzlich stieß er mich so brutal von sich, dass ich auf die Knie fiel. Er wandte sich von mir ab. Seine schönen, starken Züge verzerrten sich wie unter dem Einfluss von Schmerz.

«Denken Sie nach», sprach er weiter. «Ich gebe Ihnen zehn Minuten. Wenn Sie nach Ablauf dieser zehn Minuten nicht geredet haben, dann …»

Ein dumpfes Aufbegehren trieb mich unverzüglich wieder auf die Beine. Ich trat auf ihn zu. Am liebsten hätte ich geschrien, aber meine Stimme versagte. Und noch etwas regte sich in mir, es ähnelte Zorn.

«Sie behandeln mich, als wäre ich eine Weiße», sagte ich, «als sei es mir erlaubt, in Fragen der Hautfarbe Vorurteile zu haben. Sie scheinen nicht zu wissen, dass ich auch schwarz bin. Das ist dumm, so dumm. Schauen Sie sich meinen Großvater an, ist er vielleicht ein Weißer?»

Mit ausgestrecktem Finger deutete ich auf das Foto. Er musterte es einen Augenblick, dann wich der entsetzlich harte Ausdruck in seinem Gesicht für eine Sekunde einem undefinierbaren Lächeln.

«Ihr hellhäutigen kleinen Negerinnen seid doch nur umso schuldiger, denn ihr spielt euch auf, als wärt ihr Weiße. Euer schwarzes Blut ist zu tief in euren Adern versteckt, um euch jemals zu verraten, und Sie reden nur so daher, weil Sie Angst haben und um Gnade betteln. Aber ich weiß, dass die Mulatten ihr schwarzes Blut verabscheuen und es verleugnen.»

Dann warf er mich rücklings auf den Teppich und stürzte sich auf mich. Ich wehrte mich, schrie, zerkratzte ihm das Gesicht mit meinen Nägeln, aber er war stärker als ich. Schweigend zog er mich aus, und ich sah Blut und Schweiß über sein Gesicht laufen. Ich wehrte mich immer noch, aber schwach nur, und einer nach dem anderen lockerten sich meine schmerzenden Muskeln. Ich schien mich ihm hinzugeben, dabei war ich halb tot vor Scham und Ekel.

Er stand auf, zog seine Kleidung zurecht und sagte: «Ich werde von jetzt an jeden Tag wiederkommen, bis du redest. Achte darauf, was du tust, Louise passt auf dich auf.»

Endlich war ich allein und konnte in aller Ruhe weinen. Dann rannte ich zu Vater Charles und warf mich in seine Arme. Louise war mir gefolgt, ich sah, wie sie mich, hinter einem Honigbeerbaum versteckt, beobachtete. Als Thérèse von ihrem schändlichen Verhalten erfuhr, hob sie die Hände zum Himmel und bat mich um Vergebung, weil sie selbst sie in mein Haus gebracht hatte.

«Ach, was sind das doch für Zeiten! Was sind das für Zeiten, in denen wir leben, guter Gott, mein Herr im Himmel! Sie armes, armes liebes Fräulein, so gut und hilfsbereit, wie Sie sind.»

Weinend küsste sie mich, während ihre Kinder, ohne zu begreifen, was vor sich ging, meine Hände nahmen.

Mein alter Freund sagte nichts. Schweigend blickte er vor sich hin, aber er zitterte so heftig vor Zorn, dass er seinen Hammer nicht länger halten konnte. Er stand auf, ging zu einem alten Möbel hinüber, öffnete eine Schublade, nahm etwas heraus und steckte es in seine Tasche.

«Kommen Sie», sagte er dann, «Sie müssen heute noch weg von hier.»

Als wir wieder in meinem Haus waren, rief er Louise zu sich.

«Bleib du bei mir», wies er sie an, «deine Herrin muss fort.»

«Man hat mich dafür bezahlt, dass ich sie überwache», sagte sie.

«Es ist mir egal, ob man dich dafür bezahlt hat oder nicht.»

Sie stieß ein hartes, unerfreuliches Lachen aus.

«Sieh dich vor», warnte sie den Alten, «du hast es mit einem mächtigen Gegner zu tun.»

«Die einzige Macht, die ich auf Erden anerkenne, ist mein Gott», entgegnete mein alter Freund.

Dann drehte er sich zu mir um.

«Gehen Sie, mein Kind, und möge Gott Sie beschützen.»

Louise machte Anstalten, zur Tür zu rennen, da zog der alte Charles einen Revolver aus der Tasche und richtete ihn auf sie.

««Die Weisheit macht den Weisen stärker als zehn Gewaltige, die in der Stadt sind.›[114] So steht es in der Bibel. Rühr dich nicht vom Fleck, Mädchen, wenn dir dein Leben lieb ist, denn wenn du dich rührst, werde ich dich niederstrecken, wie Gott die Verräter niederstreckt, und deine Knochen zermalmen …»

Ich verließ mein Zuhause und ließ alles, was ich besaß, in der Obhut des alten Charles zurück. Ich ging zum Haus der Caprous, um dort den Abend abzuwarten, und in diesem friedvollen, makellosen Heim fiel die Anspannung von mir ab, und ich mischte meine Tränen mit denen von Lise und Georges' Mutter. Doch aus Scham erzählte ich ihnen nichts. Zudem traf ich sie in einem Zustand größter Verzweiflung an. Mein letzter Besuch hatte sie in Angst und Schrecken versetzt, und auf meinen Rat hin hatten sie die wenigen Schmuckstücke verkauft, die sie besaßen, um Georges bei seiner Flucht zu helfen. Lise war bleich und abgemagert, und sie vertraute mir an, dass sie seit dem Tag, an dem ich ihnen von Georges' Lage erzählt hatte, nicht mehr geschlafen hatte. Fieberhaft breitete die Mutter vor meinen Augen das Geld aus, das ihr der Verkauf ihrer ärmlichen, kostbaren Erinnerungsstücke eingebracht hatte.

«Ich habe alles, alles verkauft, wie Sie mich gebeten haben», sagte sie, «sogar die Brille seines Vaters, die mein liebstes Erinnerungsstück war. Aber ich bedaure nichts, wenn ich ihn dadurch retten kann. Oh! Sagen Sie ihm, dass wir zu allem bereit sind, mein Kind, solange er nur lebt, solange er nur lebt …»

Ein plötzlicher Impuls drängte mich, mich ihr zu Füßen zu werfen und mich auf der Stelle jenes Verbrechens zu bezichtigen, das ich begangen hatte: Nein, das ist nicht wahr, wollte ich ihnen zurufen, nein, noch ist nicht alles verloren. Ich habe übertrieben, um Sie zu zwingen, Georges dabei zu helfen, mit mir zu fliehen. Ich habe mich Ihrer bedient wie Spielzeug, ich war egoistisch, feige …

Aber ich schwieg.

Dann gaben sie mir Konfitüren, Wäsche und Zigaretten, die ich Georges mitnehmen sollte. Ich packte alles zu einem Päckchen, das ich mit Bindfaden verschnürte, und sobald es Abend geworden war, verabschiedete ich mich von ihnen und machte mich auf die Suche nach einem Wagen.

Es war schon fast acht Uhr, als ich bei Charles Polac eintraf. Ich hatte mich am Fuß der Steigung absetzen lassen und war allein, mit meinem Paket in den Händen, den steilen, in Dunkelheit gehüllten Weg hinaufgegangen.

Ich klopfte lange, bevor mir jemand antwortete. Schließlich ertönte die Stimme von Charles Polac: «Wer ist da?»

Ich antwortete mit unserer Parole, und sofort wurde die Tür geöffnet. Georges stand dicht neben ihm, und im Dunkeln sah ich in seiner Hand eine Waffe aufblitzen.

«Lotus!», sagte er bloß.

Er legte die Waffe auf den Tisch und nahm mich in die Arme. Dann schob er mich von sich.

«Erzähl mir alles, was vorgefallen ist», forderte er mich auf. «Ich muss alles wissen.»

Charles Polac entfernte sich diskret.

Ich wagte ihm nicht zu antworten. Es gab zu viel zu sagen, zu viel zu verschweigen. Ich hatte die Auswahl noch nicht getroffen, und ich spürte, wie die Worte in mir gegeneinanderstießen, als hätten sie Angst davor, herauszukommen. Langsam packte ich das Päckchen aus, das ich mitgebracht hatte. Nacheinander stellte ich die Gläser mit Konfitüre auf den Tisch, legte die Wäsche daneben und die Zigaretten.

«Lise und deine Mutter haben mich gebeten, dir auszurichten, dass sie dank dir die Hoffnung auf eine bessere Zukunft bewahren. Das alles schicken sie dir.»

«Du musst ihnen eine große Stütze gewesen sein. Hast du sie oft besucht?»

Er sah mich an. Ich fühlte mich von seinem Blick durchbohrt, bloßgelegt, seziert. Was nutzte es, mich zu verstellen? Ich fuhr mir mit zitternder Hand über die Stirn.

«Georges», sagte ich leise, «ich habe ein neues Hausmädchen. Sie wird von deinen Feinden dafür bezahlt, dir aufzulauern und dein Versteck zu finden. Ich hatte Angst und bin aus dem Haus geflohen.»

Sein Blick versengte mich. Ich musste gestehen. Aber was gestehen? Einen Fehler, den ich nicht begangen hatte, eine Abscheulichkeit, die meine ganze Liebe rückwirkend beschmutzen konnte? Entweder meinen Geliebten verraten oder mit ihm schlafen, das hatte dieser Rohling von mir verlangt. Doch wo ich geglaubt hatte, mich heldenhaft verhalten zu haben, sah ich jetzt nur noch Schwäche. Die Schwäche meiner im grausamen Kampf ermatteten Glieder. Am Ende hatte ich mich ihm teilnahmslos überlassen, um es hinter mich zu bringen. Ich hätte mich noch länger wehren, diesem Mann die Augen auskratzen, auf seinem Kopf sämtliche Nippsachen aus dem Salon zerschlagen können, kämpfen, kämpfen, bis zum Tod. In mir gab es eine unbezähmbare Kraft, die siegen konnte, wenn ich es wirklich wollte, und Georges vertraute dieser Kraft ebenso sehr wie ich.

«Lass los», sagte da eine Stimme zu mir, «und reinige dein Gewissen von dem Bösen, das du begangen hast.»

Wie eine Schuldige senkte ich den Kopf. Überrascht bemerkte er meine missverständliche Haltung. Er kam auf mich zu, nahm mich bei den Schultern und beugte sich vor zu meinem Gesicht.

«Was haben sie dir angetan? Was haben sie dir angetan?», schrie er mich an.

«Von dem Bösen, das du begangen hast, du, dem Bösen, dem Bösen», ließ die Stimme nicht locker.

Doch ich weigerte mich zu verstehen, und um jede Spur von Zweifel in ihm auszulöschen, sagte ich lächelnd: «Ich habe dich so entsetzlich vermisst, mein Liebster, aber das ist jetzt vorbei, ich werde dich nie wieder verlassen.»

In einer plötzlichen Liebkosung zog er mich an sich, dann öffnete er die Tür zu seinem Zimmer und schob mich vor sich her.

Kaum hatte sich die Tür hinter uns geschlossen, da erkannte ich verwundert, dass ich, um meinen inneren Frieden wiederzufinden, nicht gestehen musste, was zwischen Georges' Widersacher und mir geschehen war, sondern jene quälende Szene, in deren Verlauf ich Madame Caprou und ihrer Tochter absichtlich Angst gemacht hatte. Ich glaubte diese Szene weit fort, wohl verstaut in der Schublade der Erinnerungen, und nun brach sie unversehens aus meinen Gedanken hervor und verlangte, dass ich mich für sie rechtfertigte. Ja, es stimmt, unsere Werke folgen uns nach.[115] Nachdem ich dieses Haus betreten hatte, wusste ich sofort, dass, sollte es etwas zu bekennen geben, es nicht die Vergewaltigung sein konnte, für die ich in keiner Weise verantwortlich war. Aber ich war verantwortlich für die Panik der beiden Frauen, ich war verantwortlich für ihre schmerzliche Sorge. *Mea culpa, mea culpa …*

Als ich weiter schwieg, küsste er mich. Plötzlich spürte ich, wie ein langer Schauer meinen Körper durchlief. Georges sah mich an, und seine Augen waren zu den Augen meines Gewissens geworden. Sie leuchteten genauso wie die der großen Zeichnung. Es war der gleiche schreckliche, unerbittliche Blick, der außerhalb meiner selbst und ohne jedes Mitleid in meiner verängstigten Seele lesen würde. Ich stieß einen Schrei aus, und er musste entsetzlich gewesen sein, denn Georges ließ mich unverzüglich los, rannte zur Tür und rief seinen Freund herbei.

«Was hat sie?», fragte Charles Polac sofort.

Ich schrie immer noch, wälzte mich auf dem Bett, und durch meine Schreie hindurch hörte ich Charles Polacs Stimme: «Ich mache mir Sorgen um sie, sie wirkte so ruhig, so ausgeglichen …!»

Ich stürzte zur Tür.

«Nein», schrie ich, «ich bin nicht ruhig, nein, ich bin nicht ausgeglichen! Ich bin verrückt, hörst du, Georges. Ich habe die Anfälle meiner Mutter geerbt, die im Wahnsinn gestorben ist.»

Ich erfuhr nie, welcher Ausdruck in diesem Moment auf meinem Gesicht lag. Aber ich sah, wie Georges und sein Freund mich mit tiefem, unerträglichem Mitleid betrachteten, einem Mitleid, das für mich eine Beleidigung war, denn ich wusste, dass mein Verstand noch nie so unversehrt, so wachsam gewesen war, verlangte er doch von mir die Rechtfertigung für eine böse Tat.

Ich begann zu schluchzen.

«Ja, ich bin verrückt», sagte ich unter Tränen, «aber eine Verrückte mit klarem Verstand. Ach, könnten doch nur alle Menschen an einem Übel leiden wie dem meinen, würden sie nur wie ich von ihrem Gewissen geplagt, dann könnten wir hoffen, dass die Welt eines Tages weniger schlecht wäre als jetzt.

Ich stehe hier vor dir, Georges, innerlich zerrissen. Heute wirst du all meine Geheimnisse erfahren. Ich bin ein armes kleines Ding, ich habe keinen Stolz mehr, keinen Hochmut. Meinen Vater habe ich niemals kennengelernt, und meine Mutter war eine Prostituierte, die vor ihrem Tod dem Wahnsinn verfiel. Was habe ich von diesem unbekannten Vater geerbt? Ich weiß es nicht. Ich bin schroff und eigensinnig, hochmütig und rebellisch, vielleicht habe ich das von ihm. Ich war auch schwach, kindlich, sanft, mitfühlend, und diese Mischung hat mir ein unfehlbares Gewissen beschert. Zeit meines Lebens, seit ich begriffen hatte, dass jeder Mensch für seine Taten selbst verantwortlich ist, wurde ich von einem Traum verfolgt. Ich habe ihn nicht gleich verstanden. Aber jetzt weiß ich, dass es nicht genügt, sich in sinnloser Reue zu verzehren, sondern dass man als denkendes Wesen handeln muss und nur das tun darf, was richtig und gut ist, auch wenn dies Leiden bedeutet.

Ich bekenne heute vor dir, dass ich in dem egoistischen Wunsch, mit dir zu fliehen, deine Mutter und deine Schwester in Verzweiflung gestürzt habe. Ich bin bereit, dafür zu bezahlen.»

Langsam kam er auf mich zu, aber ich hatte keine Angst mehr. Ich hob den Kopf und sah ihm ins Gesicht.

Sein Blick war auf mich gerichtet, und in seinen Augen lag zärtliches Mitgefühl.

Er betrachtete mich eine Weile schweigend, dann deutete er mit großer Traurigkeit auf die Schlafzimmertür.

«Geh und ruh dich aus», sagte er, «du wirkst völlig erschöpft … mein armes kleines Mädchen.»

27

Ich verlebte himmlische Tage in Charles Polacs kleinem Häuschen. Es stand auf einem Hügel, inmitten zahlreicher Bäume. Im Hof saßen die Hühner in großen Gehegen geduldig im Stroh und brüteten unsichtbare Eier aus, in denen bereits das Leben der Küken pochte. Manchmal beobachtete ich zum Spaß, wie sie schlüpften, und erfreute mich an ihrem frühreifen Geschick, wenn sie sich mit ihrem winzigen Schnabel aus der Schale freipickten, in der sie gefangen waren. Ringsum breiteten die Kokospalmen ihre großen grünen Blätter aus, und hin und wieder hallte die Erde unter dem Huf einer in der Ferne grasenden Kuh wider.

Ich genoss dieses glückliche Leben, floh jeden traurigen Gedanken und gebot allem Schweigen, was meine innere Ruhe stören könnte. Es war eine wohltuende Atempause.

Liebevoll umsorgte ich Georges und seinen Freund. Ich streifte durch die Berge auf der Suche nach Obst und Gemüse, das ich mit nach Hause brachte. Danach wagte sich Charles als Einziger von uns hinunter zur Landstraße, um dort weitere Vorräte zu kaufen. Ich bereitete das Essen zu, und wir setzten uns sehr spät und ausgehungert zu Tisch. An manchen Abenden gesellten sich Ganthier und Samson zu uns. Wir saßen im Halbdunkel, und während ich auf meinem Stuhl einschlief, erfüllte der Klang ihrer Stimmen das Haus.

Eines Abends nahm Georges Polac zur Seite und redete mit ihm. Danach kam er zu mir.

«Ich muss für eine Weile fort, mein Kleines», sagte er.

«Das ist unvernünftig», entgegnete ich, «du weißt, dass nach dir gesucht wird, jemand könnte dich erkennen.»

Ich schlang die Arme um ihn und versuchte ihn zurückzuhalten.

«Ich habe mit jemandem noch eine Rechnung offen, Lotus», antwortete er, schob mich von sich, öffnete die Tür und ging.

Polac und ich blieben allein zurück. Als er sah, wie bestürzt ich war, brachte er mir Bücher, die Georges gehörten.

«Haben Sie keine Angst», sagte er, «er kommt wieder zurück. Männer wie er sterben keinen unsinnigen Tod.»

Aber ich spürte, dass er nur so redete, um mich zu beruhigen. Ich spürte, dass er genauso angespannt war wie ich. Mit verschränkten Armen ging er im Zimmer auf und ab, und hin und wieder sah ich, wie sich zwischen seinen Brauen eine sorgenvolle Furche bildete.

Gegen zehn Uhr öffneten wir Ganthier und Samson die Tür, danach trafen Jean Bertier und sein Sohn in Begleitung zahlreicher Freunde ein, die ich nicht kannte.

Schweigend setzten sie sich um den Tisch, und da es nicht genügend Stühle gab, ließen sich die Jüngeren auf dem nackten Zementboden nieder. Draußen wehte ein kalter Wind und drückte die dicht belaubten Zweige der Bäume gegen die Verandaüberdachung. Zweimal erlosch die Lampe – dann zündeten wir sie nicht mehr an. Die Stimmen klangen in der Dunkelheit lauter als zuvor, und wir flüsterten, aus Angst, jemand könne uns hören.

«Das Schicksal ist auf unserer Seite», sagte Jean Bertier unvermittelt. «Wenn sicher ist, dass ein Militärputsch bevorsteht, wird die Regierung geräuschlos und ohne lange Diskussionen gestürzt.»

Ein sehr junger Mann mit gebräunter Haut, dessen Augen im Halbdunkel wie glühende Kohlenstücke leuchteten, antwortete: «Gebe Gott, dass diesmal ein echter Mann an die Macht kommt. Das Land braucht ihn dringend.»

«Echte Männer sind selten geworden», entgegnete ihm ein anderer, den ich ebenfalls nicht kannte.

«Vielleicht haben sie nur nicht die Möglichkeit, zu zeigen, wozu sie fähig sind», sagte Charles Polac auf Kreolisch, «aber *laissé grainnin*[116], heute Jäger, morgen Wild. Da hält sich einer heute noch für allmächtig. Man verschwört sich zu seinem Sturz, alle Welt weiß es, nur er nicht, und morgen liegt er am Boden, einfach so, mit einem Fingerschnippen. Er lässt Straßen zurück, die seinen Namen tragen, Bauten, die von seiner Regierung zeugen, aber die Armut, die er gering geschätzt hat, die hat ihn zu Boden geworfen, um sich zu rächen. Sie allein kann unsterblich machen, indem man sie besiegt, denn sie ist gewaltig.»

Gelegentlich blickte einer von ihnen beim Reden aus dem Augenwinkel zur Tür, und trotz ihrer Unterhaltung schien eine düstere Sorge die Gruppe erfasst zu haben; ich erkannte es an den Blicken, die sie miteinander wechselten, daran, wie sie unvermittelt die Ohren spitzten. Wussten sie, wohin Georges gegangen war, und fürchteten sie um sein Leben? Schweigend und ohne mich zu rühren saß ich in ihrer Mitte, aber in meinem Herzen tobte ein infernalischer Tumult, der mein Blut wie in einem wilden Rennen mit sich riss.

So saßen wir lange und warteten, und von Zeit zu Zeit fragte jemand: «Wie spät es wohl ist?»

Und wer eine Uhr hatte, warf einen Blick darauf, bevor er antwortete.

Gegen zwei Uhr morgens klopfte es an der Tür. Auf Charles Polacs Anweisung hin rührte sich niemand. Er drückte ein Ohr an die Wand, lauschte eine Sekunde, und als erneut geklopft wurde, wandte er sich mit einem erleichterten Seufzen zu uns um.

«Er ist es», sagte er und drehte den Schlüssel im Schloss.

Georges kam herein. Er wirkte trunken vor Erschöpfung, und unter seiner zerrissenen Kleidung war sein nackter, blutender Arm zu sehen. Er betrachtete uns einen Moment, bevor er sagte: «Ich habe ihn getötet.»

Dann ließ er sich schwer auf einen Stuhl fallen, als trügen ihn seine Beine nicht mehr.

Ich ging zu ihm und kniete neben ihm nieder; mit einer Hand zog er meinen Kopf an seine Schulter.

«Ich habe dieses Tier getötet, das sich einen Spaß daraus macht, Frauen Gewalt anzutun», fügte er in unbeteiligtem Ton hinzu.

Ich machte mich brüsk von ihm los. Sein Blick ging in die Ferne. Seine Freunde hatten schweigend den Kopf gesenkt, um mich nicht in Verlegenheit zu bringen. Georges wusste Bescheid, sie alle wussten Bescheid.

Er zog mich erneut an sich, barg meinen Kopf an seiner Schulter und begann langsam zu reden.

«Ich bin zu Fuß nach Pétionville gegangen. Dort habe ich ein Auto nach Port-au-Prince genommen. Ich war kurz bei mir zu Hause, um meine Mutter und meine Schwester zu umarmen, dann habe ich mich auf die Suche nach seinem Haus gemacht. Ich musste lange laufen, bevor ich es fand. Ich klopfte, und eine Frau öffnete mir, sie stillte gerade ein Baby. Es war seine Frau. Ich dachte, sie müsse es seltsam finden, dass ein Mulatte es wagte, bei ihr zu klopfen, denn sie wandte den Kopf, um jemanden zu rufen, doch dann zögerte sie und sagte hastig: ‹Ich erkenne Sie wieder, Sie sind Georges Caprou. Ich habe Ihr Foto in der Zeitung gesehen. Wenn man Sie hier sieht, sind Sie verloren. Gehen Sie. Ich habe Ihre Schwester in der Schule gekannt, wir waren Freundinnen. Ich weiß nicht, wieso man jetzt von mir verlangt, sie zu hassen. Hass. Ich habe noch nie gewusst, was dieses Wort eigentlich bedeutet. Leben Sie wohl, Monsieur.› Damit schloss sie die Tür. Ich lehnte mich dagegen und blieb minutenlang stehen, ohne einen Gedanken zu fassen, ihre freundlichen Worte hatten mir meinen ganzen Schwung geraubt. Und ich wartete. Ich hatte keine Lust mehr zu töten. Ich wollte gerade gehen, als er nach Hause kam. Nachdem er mich erkannt hatte, provozierte er mich. Wir haben gekämpft, er zog seinen Revolver, ich habe zuerst geschossen.»

«Wie konntest du fliehen?», fragte Ganthier, der angesichts der Gefahr, der sein Freund wie durch ein Wunder entronnen war, heftig zu zittern begonnen hatte.

«Ich weiß es nicht. Ich kann mich nicht erinnern. Ich weiß noch, dass ich lange gelaufen bin, verfolgt von lauten Rufen und Schüssen. Ich bin in ein Auto gesprungen, und für zwanzig Gourdes hat sich der Fahrer bereit erklärt, mich zurück zur Landstraße zu bringen …»

Die Morgendämmerung war angebrochen. Wolken hingen wie rosa Vorhänge über dem Haus. Die Bäume streckten sich und schüttelten den Tau von ihren Zweigen. Wir gingen hinaus in den Hof. Eine frische Brise hob die noch feuchten Blätter an und wirbelte sie fröhlich um uns herum. Es schien, als machte sich die Natur an diesem heraufziehenden Tag bereit, wer weiß welche künftigen Freuden zu feiern.

Ich hielt Georges' Hand.

Plötzlich verschwamm die Umgebung, und ich fühlte mich weit fortgetragen. Um mich herum schien nichts mehr zu existieren. Selbst die Natur war verschwunden. Wie in einem Traum sah ich vor mir eine lange, endlose Straße, auf der Georges allein dahinging. Er streckte die Arme einem riesigen Kelch entgegen, aus dem ein Herz hervorragte, und je weiter er ging, desto ruhiger wurden seine gequälten Züge. Ein übernatürlicher Frieden schien sich auf ihn herabzusenken, während er die Hände nach diesem Kelch der Liebe streckte.

Eine Stimme riss mich aus dieser seltsamen Vision.

«Wesen, dazu geboren, einander zu lieben», sagte sie, «und doch gezwungen, sich gegenseitig wie wilde Tiere zu zerfleischen. Das ist es, was man aus uns gemacht hat.»

Da kam ich wieder zu mir. Er war es, der gesprochen hatte. Unvermittelt riss er die Hand aus meiner und rannte los.

Er lief auf «der Straße», ich erkannte sie wieder, doch er war nicht allein. Vor ihm lief, entsetzlich schreiend, ein fünfjähriges Mädchen, das von einem Stier verfolgt wurde.

Plötzlich überholte Georges das Tier und stellte sich ihm in den Weg. Im selben Moment kam ein bremsenloser Lastwagen die abschüssige Straße heruntergefahren. Wie von Sinnen vor Angst, rannte das Mädchen geradewegs darauf zu.

«Zur Seite, zur Seite …», schrie jemand.

Beim schrillen Kreischen der Hupe wich der erschreckte Stier in einen Seitenpfad aus.

In weniger als einer Sekunde sahen wir den Lastwagen auf das Kind zurasen. Mein Körper verkrampfte sich vor Entsetzen, ich schloss die Augen.

Plötzlich krallte sich etwas, was mit voller Kraft gegen mich geschleudert worden sein musste, schreiend in meinen Rock. Dann ertönte ein schrecklicher Knall, das Geräusch zerdrückter Knochen, verstümmelten Fleisches.

Ich öffnete die Augen. Weinend klammerte sich das gerettete Kind immer noch an mich. Auf der Straße lag ein blutüberströmter Körper. Ich spürte, dass in meinem Inneren etwas zerbrochen war.

Georges' Freunde betrachteten ihn ebenfalls, stumm vor Schmerz knieten sie neben ihm. Er musste nach mir verlangen, denn sie drehten sich zu mir um. Also ging ich zu ihm. Ich war stark genug, nicht aufzuschreien. Stattdessen beugte ich mich zu ihm hinab und nahm so sanft, dass er es kaum spürte, seinen Kopf, von dem das Blut lief und die Erde rot färbte. Er lächelte mich an, und in seinen weit geöffneten Augen spiegelte sich ein tiefer Frieden. Als er den Mund öffnete, um zu sprechen, beugte ich mich so dicht über sein Gesicht, dass mir der Geruch des Blutes in die Nase stieg.

«Das Leben hat viel verlangt», sagte er. «Ich war so voller Hoffnung. Aber es ist nicht verloren. Mein Liebling ... führe mein Werk fort. Geh deinen Weg weiter.»

Dann wurde sein Kopf schwer, sehr schwer, und er starb.

Minutenlang rührte sich niemand von uns. Jeder Gedanke war von mir gewichen, ich war wie ausgelöscht, hatte nicht einmal mehr die Kraft zu weinen. Ich hörte, wie um mich herum eine Flut von Schluchzen anschwoll. Und während ich noch wie im Traum meine auf die schreckliche Wunde gepressten rot überströmten Hände betrachtete, sah ich durch den Staub langsam nackte schwarze Füße herankommen, die schmutzigen Füße von Bauern und Armen. Als sie mich erreichten, hob ich den Kopf und betrachtete sie. Sie bildeten einen Kreis um mich, sie bildeten einen Kreis um mich und beugten sich zu Georges vor, zu seinem aufgeplatzten Kopf, aus dem die nunmehr befreiten Gedanken entwichen, von Ohr zu Ohr wanderten und die frohe Kunde verbreiteten: «Wir sind Brüder, wir sind Brüder.»

«Er hat sein Leben für eine der Unseren gegeben», sagte eine Frau und nickte verwundert.

Einer nach dem anderen knieten die Bauern und meine Freunde nieder. Ein undeutliches Murmeln erhob sich. Ganthier und Samson wurden von Schluchzen geschüttelt und klagten wie Kinder. Alle weinten, vornübergebeugt zu diesem Blut, das floss und floss, als wollte es sich immer weiter ausbreiten, bis es sich mit dem Rot der Weihnachtssterne und der siegreichen Sonne vereinte, die die Dämmerung überwunden hatte und nun strahlend in ebendiesem Farbton glorreichen Triumphes am Himmel aufstieg.

Eine in scheußliche Lumpen gehüllte Alte bückte sich zum Boden hinab und betrachtete ihn.

«*Gadé*», sagte sie zu den Umstehenden, als sie sich wieder aufrichtete, «*action you mulâte. Founi gé nou pou nou ouè.*»[117]

Sie hatte kaum zu sprechen aufgehört, als ein Motorrad sich durch die Menge einen Weg zu uns bahnte. Darauf saß ein Offizier. Hinter den Bauern hielt ein Lastwagen der Polizei; mehr als zwanzig Gendarmen stiegen aus.

«Niemand rührt sich von der Stelle!», rief der Offizier plötzlich.

Ich sah, wie er langsam näher kam und dabei aufmerksam die Gesichter musterte, als suchte er jemanden. Es herrschte drückendes Schweigen. Ganz langsam schlossen die Bauern, die mich umringten, ihre Ellbogen zusammen und bildeten mit ihren Körpern einen Wall. Ich hockte allein bei Georges, seine Freunde waren aufgestanden, hatten sich zu den Umstehenden gesellt und beschützten uns mit ihnen gemeinsam. Angesichts dieser stummen Feindseligkeit verlor der Offizier die Geduld.

«Wenn Sie jemanden verstecken», schrie er unvermittelt, «dann gehen Sie jetzt auseinander, zwingen Sie mich nicht, Maßnahmen zu ergreifen, die Sie bedauern würden. Die Polizei wurde darüber informiert, dass sich ein Feind der Regierung in dieser Gegend versteckt hält. Sein Name ist Georges Caprou. Haben Sie ihn gesehen?»

Da ließen Georges' Freunde die Bauern langsam zurückweichen. Der Offizier griff nach seinem Revolver und zwängte sich durch sie hindurch.

«Im Namen des Gesetzes …», begann er und durchschritt den freien Raum …

Epilog

Ich heiße Lotus. Ein paar weiße Strähnen um mein faltenloses Gesicht scheinen von einer langen, schmerzvollen Vergangenheit zu künden. Dabei sind seit Georges' Tod gerade einmal zwei Jahre vergangen. Aber diese zwei Jahre haben mich geprägt, als wäre es ein Jahrhundert.

In der Selbstverleugnung habe ich endlich Frieden gefunden.

An einem Tag großer Verzweiflung bescherte mir die Vorsehung, jene barmherzige Macht, die Umstände, die ich herbeigesehnt hatte, damit sie mir dabei halfen, nun meinerseits das Meisterwerk meines Lebens zu erschaffen.

Wo nichts und niemand mir bisher auch nur den geringsten Trost hatte spenden können, gelang einem kleinen Kind das Wunder.

Eine Bäuerin brachte es eines Morgens in ein Tuch gehüllt zu mir.

«Bist du *mamzelle* Lotus?», fragte sie. «Das ist das Kind von Nicole; sie ist zwei Tage nach seiner Geburt gestorben, er heißt Georges, und sie schickt ihn dir, damit du aus ihm einen großen

Mann machst, so wie dieser andere Georges, der auf dem Berg gestorben ist, um ein kleines armes Mädchen zu retten.»

Die Bäuerin ging fort und ließ das Kind bei mir. Es sah Nicole ähnlich, aber seine dunkle Haut verriet seine Herkunft: Er war der Sohn eines Schwarzen.

Seitdem habe ich hundert von ihnen adoptiert, und mein Haus ist eine Kinderkrippe geworden. Ich habe einen Teil meines Grundstücks verkauft, um es vergrößern, kleine Betten kaufen und Uniformen schneidern zu können. Bei meiner schweren Aufgabe stehen mir Thérèse, Doktor Garin, Lise Caprou und zwei alte Jungfern zur Seite, jene beiden Frauen, die eines Tages durch meine Schuld ihre Arbeit verloren hatten. Sie sind noch nicht alt und doch schon so verblüht, zwei duftende Seelen, die sich der Aufopferung verschrieben haben wie einem Zustand der Gnade. Liebevoll beugen sie sich zu einer Gruppe von Kindern hinunter, die zu ihnen auflächeln.

Am Ende der großen Allee eine bekannte und geliebte Gestalt, die meines alten Freundes Charles. Er hält einen Moment inne und betrachtet die hölzerne Tafel am Tor. Ein Junge rennt auf ihn zu, er beugt sich zu ihm hinunter, nimmt ihn in die Arme und buchstabiert für ihn mit ausgestrecktem Finger die Worte, die dort in großen roten Lettern geschrieben stehen:

«DIE KINDERKRIPPE VON BOLOSSE»

Die Zeiten haben sich geändert … Die Lage hat sich entspannt. In meinem Land herrscht Frieden. Oh, möge er ewig währen!

An meiner Brust funkelt ein goldenes Abzeichen, in das die Worte «Ehre und Verdienst» eingraviert sind.[118] Eine schwarze Hand hat es mir eines Tages im Namen meines Landes verliehen. Es war die Hand des neuen Anführers. Der Hass ist endlich Brüderlichkeit gewichen. In wiedergefundener Eintracht und Frieden ist Georges auferstanden.

ENDE

Anmerkungen

1 Die Handels- und Hafenstadt Port-au-Prince wurde 1749 als neue Hauptstadt der französischen Kolonie Saint-Domingue gegründet. Bis heute bildet das schachbrettförmig angelegte Raster der kolonialen Siedlung das Zentrum der modernen Stadt. Ab den 1920er-Jahren entwickelten sich aufgrund der angenehmeren Temperaturen in den höheren Lagen der umliegenden Hügel, vor allem im Süden und Osten der Stadt, elegante Wohnviertel, während die mittellose Bevölkerung im Stadtzentrum verblieb und sich zwischen den älteren, im Kolonialstil erbauten Villen zunehmend Armenviertel ausbreiteten. So auch in Bolosse, das südlich an den einstigen Stadtkern angrenzt.

2 *Terminalia catappa*, auch Meer- oder Seemandel genannt, da die essbaren Samen seiner Früchte an Mandeln erinnern. Er ist als Schatten spendender Zierbaum in Haiti sehr verbreitet.

3 Uneheliche Geburten waren in Haiti nicht unüblich. Schätzungen zufolge wurden in den 1950er-Jahren etwa achtzig Prozent der Kinder außerhalb einer bürgerlich oder kirchlich geschlossenen Ehe geboren. Dies galt allerdings nicht für die an französischen Lebensmustern orientierte Oberschicht, sondern nur für die breite Masse der Bevölkerung.

4 «Mulatte» (französisch: *mulâtre,* kreolisch: *milat*) war ursprünglich
eine Bezeichnung für Personen mit einem schwarzen und einem
weißen Elternteil. Dabei handelte es sich in kolonialen Zeiten
meist um die Kinder weißer Sklavenhalter mit schwarzen Skla-
vinnen. Aufgrund ihrer familiären Verbindungen genossen einige
von ihnen große Privilegien, nicht zuletzt Freilassung und Schul-
bildung, wodurch sie nach der Vertreibung der Franzosen und der
Unabhängigkeit Haitis zur tonangebenden Schicht wurden. Diese
traditionelle mulattische Bourgeoisie, die «zweihundert Familien»,
hielt bis in die Mitte des 20. Jahrhunderts die politische und wirtschaftliche Macht in Händen.
Der heute im Deutschen als beleidigend und rassistisch gewertete
Begriff «Mulatte» war und ist im haitianischen Kontext die gängige
(Selbst-)Bezeichnung dieser speziellen Bevölkerungsgruppe, weshalb er in der Übersetzung beibehalten wurde.

5 Kreolisch: «Hurentochter».

6 Die Zugehörigkeit zur mulattischen Bourgeoisie, der gesellschaftlichen Elite des Landes, und die jeweilige Stellung innerhalb dieser sozialen Schicht beruhte auf verschiedenen Faktoren. Zu den
wichtigsten gehörten die Abstammung aus einer alteingesessenen,
angesehenen Familie, ein beträchtliches Vermögen und ein auf-
wendiger, an europäischen Vorbildern orientierter Lebensstil sowie
die äußere Erscheinung, bei der eine möglichst helle Hautfarbe und
glattes, seidiges Haar von Vorteil waren. Hinzu kamen Bildung und
Beherrschung der französischen Sprache sowie ein angemessener
Beruf, etwa Geschäftsmann oder Anwalt. Diese Faktoren wurden
gegeneinander aufgewogen, eine etwas zu dunkle Hautfarbe oder
eine nicht ganz so angesehene Herkunft konnte beispielsweise
durch ein größeres Vermögen ausgeglichen werden.

7 Ein Verweis auf Leviticus 16 und den Sündenbock, der als Sühne-
opfer für die Sünden diente, die das israelitische Volk auf sich ge-
laden hatte.

8 Kreolisch: «Ein Versprechen ist eine Schuld.» Diese in Haiti weitverbreitete Redensart ist auch in Europa bekannt.

9 Der Dollar wurde während der Besatzung Haitis durch US-amerikanische Truppen (1915–1934) als Zweitwährung neben der haitia-

nischen Gourde zugelassen und wird bis heute als Zahlungsmittel akzeptiert. Eine weitverbreitete Besonderheit ist der sogenannte Haitianische Dollar, der als Währungseinheit gar nicht existiert, sondern nur umgangssprachlich in Preisangaben verwendet wird. Dabei entspricht ein «Dollar» fünf Gourdes, was dem ursprünglichen Wechselkurs entsprach. Inzwischen beträgt der reale Gegenwert eines amerikanischen Dollars rund hundert Gourdes.

10 Geflügelte Schreckgestalt aus der griechischen Mythologie, die jeden, der sie ansah, zu Stein erstarren ließ. Die bekannteste (und einzige sterbliche) der drei Gorgonen war Medusa, die von Perseus enthauptet wurde.

11 Kreolische Bezeichnung der in Haiti und der Dominikanischen Republik endemischen Hispaniola-Schleiereule (*Tyto glaucops*). Im Vodou gilt sie als Tier der gefürchteten *loa* (Geistwesen) Marinettebois-chèche.

12 Kreolisch: «Glühwürmchen».

13 Die Ursprünge des Vodou liegen in Westafrika, von wo aus schon im 16. Jahrhundert die ersten Sklaven in das 1492 entdeckte Hispaniola verschleppt wurden. Ab der Mitte des 17. Jahrhunderts, als der Einsatz von Sklaven auf den Zuckerrohrplantagen im französisch dominierten Westteil der Insel gewaltige Ausmaße annahm, waren darunter auch Priester und Herrscher der verschiedenen afrikanischen Königreiche. Aus den Bruchstücken ihrer alten Traditionen und neuen katholischen Einflüssen schufen diese eine gemeinsame «kreolische» Religion, in der sich die Vertreter aller Volksgruppen wiederfinden konnten und in deren Zentrum die Anrufung der alten afrikanischen Götter und die Sehnsucht nach der verlorenen Heimat standen. Von den weißen Sklavenhaltern und der späteren mulattischen Elite gleichermaßen verteufelt, blieb der Vodou unter der ländlichen Bevölkerung Haitis lebendig, bis er im Zuge der *indigénisme*-Bewegung von Ethnologen wie Jean Price-Mars ab den 1920er-Jahren wieder ins Zentrum des Bewusstseins gerückt und als kulturelles und religiöses Erbe Haitis gewürdigt wurde. Seit 2003 ist der Vodou als offizielle Religion in Haiti anerkannt.

14 Tänze waren die einzige gemeinsame Ausdrucksform der unterschiedlichen Ethnien angehörenden und somit auch unterschied-

liche Sprachen sprechenden Sklaven, weshalb sie zur Grundlage der Vodou-Riten wurden. Die Bedeutung des Tanzes im Vodou ist so groß, dass dieser auch als «getanzte Religion» bezeichnet wird.

15 Kreolische Bezeichnung des Wandelröschens (*Lantana camara*).

16 Mit diesem Begriff wird in Haiti nicht nur der Guajakbaum (*Guaiacum officinale*) selbst bezeichnet, dessen Holz zu den härtesten und schwersten Hölzern der Welt gehört, sondern auch ein aus diesem Holz gefertigter Knüppel.

17 Kreolisch: «Herumtreiber», «Taugenichtse».

18 Bezeichnung für einen hölzernen Knüppel. Als übliche Waffe haitianischer Polizeikräfte bis hin zu den Tonton Macoutes während der Duvalier-Diktatur wurde er im Lauf der Zeit zu einem Sinnbild für brutale Unterdrückung.

19 Kreolisch: «Diener», «Knecht».

20 Unter der amerikanischen Besatzung wurden die regulären haitianischen Streitkräfte aufgelöst. Stattdessen wurde zur Wahrung der öffentlichen Sicherheit eine vergleichsweise kleine, aber schlagkräftige Gendarmerie, die Garde d'Haïti, gegründet, die die Aufgaben von Polizei und Militär übernahm.

21 Epheser 5,14.

22 Vodoupriester. Sie fungieren auch als Heiler, vor allem in ländlichen Gebieten, wo die ärztliche Versorgung unzureichend ist. Im Gegensatz zu gewöhnlichen Heilern, die Krankheiten mithilfe traditioneller Heil- und Arzneipflanzen behandeln (sogenannte *médecins-feuille*), müssen Vodoupriester zur Heilung eines Kranken von einem *loa* (Geistwesen) besessen sein.

23 General Jean Vilbrun Guillaume Sam (1859–1915) war von März bis Juli 1915 Präsident Haitis. Er gelangte in unruhigen Zeiten (als fünfter Präsident in nur fünf Jahren) durch einen Putsch an die Macht und ließ zahlreiche politische Gegner verhaften. Als daraufhin ein Aufstand losbrach, gab er den Befehl, die Gefangenen zu erschießen, bevor er selbst in die französische Gesandtschaft flüchtete. Dort wurde er von den Aufständischen entdeckt und ermordet. Sein Sturz und die darauf folgenden Unruhen waren der unmittelbare Anlass für die neunzehn Jahre dauernde Besetzung Haitis durch US-amerikanische Truppen.

24 Bis in die 1990er-Jahre sprach die einfache Bevölkerung in Haiti ausschließlich Kreolisch. Französisch hingegen galt als Hochsprache der Oberschicht und der gebildeten Mittelschicht, auf die diese in der Öffentlichkeit zurückgriffen, während sie sich im privaten, informellen Bereich ebenfalls des Kreolischen bedienten. Da die Beherrschung des Französischen unter solchen Umständen einen Schulbesuch voraussetzt, hat sich diese Situation gewandelt, seit immer mehr Kinder zumindest die Grundschule besuchen.

25 Die überdachte Veranda (kreolisch: *galri*) ist ein traditionelles haitianisches Bauelement. Jede Behausung verfügt über eine solche «Galerie», bei einfachen Hütten beschränkt sie sich auf den Bereich vor dem Eingang, bei größeren Villen kann sie umlaufend sein und sich über beide Stockwerke erstrecken. Ihre Verbreitung erklärt sich dadurch, dass sich aufgrund der Hitze ein Großteil des Lebens im Freien abspielt und das Innere des Hauses oft nur dem Schlafen und der Aufbewahrung der Besitztümer dient.

26 *Polyscias.* Sträucher dieser Gattung werden auf Haiti häufig als Hecke oder Grundstückseinfassung gepflanzt.

27 *Dulus dominicus.* Der etwa 20 Zentimeter lange Singvogel ist endemisch auf Hispaniola und Nationalvogel der Dominikanischen Republik. Sein Gefieder ist am Rücken bräunlich, auf Bauch und Brust dagegen grünlich-gelb mit braunen Streifen.

28 Yayoute ist der Name einer legendären afrikanischen Ahnin der Haitianer.

29 Gehilfin des Vodoupriesters. Obwohl der aus der westafrikanischen Fon-Sprache stammende Begriff «Gemahlin der Gottheit» bedeutet, also eine weibliche Funktion bezeichnet, kann er sich sowohl auf Frauen als auf Männer beziehen.

30 Haitianische Währung. 1912 wurde die haitianische Gourde an den amerikanischen Dollar gekoppelt, der Wechselkurs betrug fünf Gourdes zu einem Dollar. Nachdem diese Koppelung 1989 aufgehoben wurde, ist der Wert der Gourde stark gefallen, inzwischen entspricht der Gegenwert eines Dollars über hundert Gourdes.

31 1. Petrus 1,24. Petrus greift an dieser Stelle eine Formulierung des Propheten Jesaja auf (40,6–8).

32 Grafische Darstellungen, die die *loas* (Geistwesen des Vodou) sym-

bolisieren. Sie werden bei Vodou-Zeremonien mit Pulver auf den Boden gestreut, um den *loa* anzurufen und auf greifbare Weise seine Gegenwart zu versinnbildlichen. Jeder *loa* hat sein eigenes festgelegtes *vêvê*.

33 Hier irrt Lotus, im Petersdom gibt es keine Fresken von Raffael. Vielleicht bezieht sie sich auf die Fresken in den päpstlichen Gemächern des Apostolischen Palastes.

34 Sammelbegriff für Kaufleute aus dem Nahen Osten, die gegen Ende des 19. Jahrhunderts nach Haiti einwanderten und bald eine dominierende Rolle im inländischen Handel einnahmen. Sie blieben häufig für sich und galten trotz ihrer wirtschaftlichen Bedeutung als Außenseiter in der haitianischen Gesellschaft.

35 Großes Holzfeuer. Mit dem Wort *bukan* bezeichneten die karibischen Arawak eine Art Grill, über dem sie auf kleiner Flamme Fleisch räucherten. Die ersten französischen Siedler, die sich im 17. Jahrhundert auf Hispaniola und den umliegenden Inseln niederließen, übernahmen diese Form der Fleischzubereitung, weshalb sie als «Bukaniere» bezeichnet wurden. Als sie zunehmend dazu übergingen, sich als Freibeuter zu betätigen, verallgemeinerte sich der Begriff «Bukanier» zu einem Synonym für Freibeuter und Piraten.

36 Die Haitianer kennen eine Vielzahl von Begriffen, um die unterschiedlichen Phänotypen von Menschen gemischter ethnischer Herkunft zu bezeichnen. Viele dieser Bezeichnungen gehen auf den französischen Anwalt Médéric Louis Élie Moreau de Saint-Méry zurück, der 1797 eine ausführliche Beschreibung der Kolonie Saint-Domingue verfasste. Ganz im Sinne der kolonialen Sklavenhalter erstellte Moreau de Saint-Méry in diesem Werk auch eine detaillierte Auflistung von 128 möglichen Kombinationen einer Vermischung von Schwarz und Weiß. Je nach Anteil des «weißen» und «schwarzen Blutes» teilte er die Bevölkerung von Saint-Domingue in neun Kategorien ein, die anhand ihrer «Reinheit» hierarchisch gegliedert waren. Ein sogenannter *griffe* hatte in Moreau de Saint-Mérys System etwa ein Viertel (24–32) Anteile weißes Blut und drei Viertel (96–104) Anteile schwarzes Blut, konnte also einer Verbindung von einem mulattischen und einem schwarzen

Elternteil entspringen oder auch anderen Verbindungen, die ein solches Verhältnis ergaben (etwa zwischen einem *griffe* und einer *griffonne*).

Ein Großteil der Begriffe aus diesem heutzutage absurd erscheinenden Raster werden immer noch verwendet, allerdings beziehen sie sich inzwischen nicht mehr auf eine wie auch immer geartete «Beschaffenheit des Blutes», sondern auf das äußere Erscheinungsbild einer Person. Dennoch sind sie nicht wertfrei, sondern (bewusst oder unbewusst) mit Statusüberlegungen verknüpft, die weiterhin eine hellere Haut, glatteres Haar und europäische Züge bevorzugen. Mit dem Begriff *«griffonne»* wird heutzutage eine Frau gemischter ethnischer Herkunft bezeichnet, deren Hautfarbe eher mittelbraun ist, deren Haarstruktur ebenfalls eher in der Mitte zwischen kraus und glatt angesiedelt ist und deren Gesicht eine harmonische Mischung aus europäisch und afrikanisch anmutenden Zügen aufweist. Generell ist dieser Frauentypus in Haiti positiv konnotiert.

37 Der im Original verwendete Begriff *mornes* umfasst im haitianischen Sprachgebrauch jegliche Erhebung, vom kleinen Hügel bis hin zu Bergen im eigentlichen Sinn. Knapp 85 Prozent der Landesfläche Haitis sind gebirgig, und so bedeutet «aus den Bergen» zunächst einmal «vom Land», «nicht aus der Stadt». Da sich in den Städten, vor allem in Port-au-Prince, seit jeher die politischen und ökonomischen Eliten des Landes konzentrieren, verweist «aus den Bergen» jedoch zugleich immer auch auf die fundamentalen Unterschiede zwischen den eher westlich orientierten, aufstrebenden urbanen Schichten und der von afrikanischen Traditionen geprägten, häufig analphabetischen und in Armut lebenden bäuerlichen Bevölkerung. Die Kluft zwischen städtischer und ländlicher Bevölkerung war so groß, dass manche Soziologen bei der Beschreibung der haitianischen Gesellschaft nicht von Schichten oder Klassen, sondern von «Kasten» gesprochen haben, und obwohl diese Grenzen, unter anderem durch Binnenmigration, in den vergangenen Jahrzehnten durchlässiger geworden sind, schwingt in Begriffen wie *moun mòn* («Mensch aus den Bergen») immer noch eine gewisse Herablassung und der Verweis auf Rückständigkeit, mangelnde Bildung und Armut mit.

38 Bauersfrauen, die ihre eigenen Erzeugnisse verkauften oder als Zwischenhändlerinnen für fremde Waren auftraten, waren aus den Straßen und von den Märkten Haitis nicht wegzudenken. Schätzungen zufolge widmeten sich in den 1950er Jahren mehr als 50 000 Frauen dieser Tätigkeit, wodurch sie zu einem wichtigen Wirtschaftsfaktor und in einem deutlich stärkeren Maß als die männliche Landbevölkerung zu einem Bindeglied zwischen Stadt und Land wurden.

39 Mit dem Begriff Tam-Tam wird sowohl eine zylinderförmige, einfellig bespannte westafrikanische Trommel bezeichnet als auch die kulturelle Praxis getrommelter Sprachen insgesamt. In der Tradition vieler afrikanischer Kulturen ist das Tam-Tam nicht nur fester Bestandteil von Festen, Zeremonien und Ritualen, sondern diente einer komplexen und sprachübergreifenden Kommunikation. Die afrikanischen Sklaven brachten ihre Trommelkultur mit nach Haiti, wo sie als den Kolonialherren unverständliches Kommunikationsmittel große Bedeutung erlangte und zu einem wesentlichen Element des Vodou und der Alltagskultur wurde.

40 Lateinische Schlussformel: «Ende der Rede».

41 Ein Vorort im Südwesten von Port-au-Prince. Hier lag das Vergnügungsviertel der Stadt mit zahlreichen Nachtlokalen und Bordellen.

42 Ein auf Rhythmen aus der Kongo-Region basierender Tanz. Im Zuge der Noirisme-Bewegung der 1940er Jahre griff die haitianische Tanzmusik verstärkt auf afrikanische Elemente zurück, die unter anderem in den Liedern und Tänzen des Vodou erhalten geblieben waren, und arrangierte sie im Big-Band-Stil neu. Auf *congo*-Rhythmen basierende Tänze galten als besonders sinnliche, leidenschaftliche Ausdrucksform.

43 In Haiti Bezeichnung für eine Person gemischter ethnischer Herkunft, deren Äußeres durch seidig glattes schwarzes Haar, dunkle Haut und eher europäische Züge gekennzeichnet ist. Dieser Phänotyp gilt vor allem im Hinblick auf Frauen als attraktiv.

44 Jean-Jacques Rousseau (1712–1778), Schweizer Schriftsteller und Philosoph, wichtiger Vertreter der Aufklärung und durch seine politischen Theorien Wegbereiter der Französischen Revolution.

45 Michel Zévaco (1860–1918), französischer Journalist und Schrift-

steller. Als Redaktionssekretär der sozialistischen Zeitung *L'Égalité* ließ er in den 1890er Jahren Sympathien für anarchistische Bestrebungen erkennen, weshalb er mehrfach zu Gefängnisstrafen verurteilt wurde. Ab 1900 beendete er seine journalistische Tätigkeit und verlegte sich auf das Verfassen von historischen Fortsetzungsromanen.

46 Friedrich Wilhelm Nietzsche (1844–1900), deutscher Philologe und Philosoph. Vertreter des Nihilismus.

47 Jacques Roumain (1907–1944) gilt als einer der bedeutendsten Schriftsteller Haitis und Vertreter der *négritude*-Bewegung. In seinem 1944 postum erschienenen Hauptwerk *Herr über den Tau* überwindet er den rein folkloristischen Indigenismus und verbindet die Schilderung traditioneller dörflicher Lebensweisen mit sozialistischen Aspekten. Über sein literarisches Vermächtnis hinaus ist er zudem als politischer Aktivist und Gründer der Kommunistischen Partei Haitis bekannt.

48 Seit jeher lag die haitianische Wirtschaft weitgehend in der Hand ausländischer Kaufleute und Investoren. Die Besetzung Haitis durch US-amerikanische Truppen festigte die wirtschaftlichen Beziehungen zwischen den beiden Ländern, und auch nach dem Abzug der Marines blieben die USA der wichtigste Handelspartner Haitis. Diese Entwicklung setzte sich mit der amerikafreundlichen Politik der beiden Präsidenten Sténio Vincent (1930–1941) und Elie Lescot (1941–1946) fort, die amerikanischen Konzernen unter anderem weitreichende Konzessionen im Agrarsektor erteilten und amerikanisch dominierte Monopole förderten.

49 Der im haitianischen Französisch verwendete Begriff *bord de mer* (wörtlich «Küste»), kreolisch *bòdmè*, für das Geschäftsviertel einer Stadt spiegelt die topografischen Verhältnisse des Landes wider. Die meisten haitianischen Städte wurden an der Küste oder an einem Fluss gegründet. Da das Gelände aufgrund der gebirgigen Struktur des Landes schnell ansteigt, lag ein Großteil des Stadtgebiets deutlich über dem Meeresniveau. Dort war es kühler und somit angenehmer. Daher waren diese Bereiche den Wohnvierteln vorbehalten, während sich nahe den Hafenanlagen der wichtige Import-Export-Handel und Geschäfte ansiedelten. In Port-au-Prince

befindet sich das Geschäftsviertel noch heute weitgehend in den Grenzen der kolonialen Handelsniederlassung von 1749.

50 Ein Auszug aus Offenbarung 4,1–8. Allerdings fehlt in dem Zitat Vers 7: «Und das erste Wesen war gleich einem Löwen, und das zweite Wesen war gleich einem Stier, und das dritte Wesen hatte ein Antlitz wie ein Mensch, und das vierte Wesen war gleich einem fliegenden Adler.»

51 Geistwesen des Vodou. Obwohl der Begriff häufig mit Gottheit übersetzt wird, gibt es im Vodou streng genommen nur einen Gott (*le bondieu*). Die *loas* sind ihm untergeordnet und bilden die Verbindung zwischen der sichtbaren und der unsichtbaren Welt. Es gibt zahllose *loas*, mächtige und weniger mächtige, die sich während der Zeremonien manifestieren, indem sie von Menschen Besitz ergreifen.

52 Vodoupriesterin

53 *Melicoccus bijugatus*, auch Mamoncillo oder Quenepa genannt. Die an Litschis erinnernden, saftigen Früchte dieses Baums sind in Haiti sehr beliebt und werden roh, gekocht oder als Saft verwendet.

54 Marie Vieux-Chauvet verwendet hier den Ausdruck «*dans une Dynaflow*». Buicks mit Dynaflow-Antrieb waren das bevorzugte Auto haitianischer Politiker, daher wurde der Begriff mit der Zeit zu einem Synonym für Macht und Reichtum.

55 Von lateinisch *angelus*: «Engel».

56 Möglicherweise ein Verweis auf Antoine de Saint-Exupérys *Der kleine Prinz*, Kapitel 26 und 27, in denen der kleine Prinz dem Piloten zum Abschied verspricht, die Sterne würden in Zukunft wie kleine Glöckchen sein, die für ihn lachten. Nach seiner Rückkehr aus der Wüste lauscht der Pilot daraufhin nachts häufig den Sternen, die wie fünfhundert Millionen Glöckchen klingen.

57 Die Früchte des Breiapfelbaums (*Manilkara zapota*), auch Sapotilloder Kaugummibaum genannt. Die Früchte erinnern in Geschmack und Konsistenz an Kakifrüchte, der Milchsaft des Baums diente bis zur Entwicklung synthetischer Ersatzstoffe als Grundmaterial zur Kaugummiproduktion. In Guatemala werden Sapotillen als «Frucht der Liebenden» bezeichnet, da das klebrig-süße Fruchtfleisch ein sich küssendes Paar untrennbar miteinander verbinden soll.

58 Wohlhabender, auf zweihundert Metern Höhe gelegener Vorort im Südosten von Port-au-Prince, der aufgrund der kühleren Temperaturen und der herrlichen Aussicht über die Bucht bei der besseren Gesellschaft beliebt war.

59 Eine kirchliche oder bürgerliche Eheschließung war in den unteren Bevölkerungsschichten jener Zeit höchst selten. Meistens lebten Mann und Frau in einer inoffiziellen Verbindung (*plaçage*) zusammen, die von unterschiedlicher Dauer sein konnte. Kinder, die solchen Verbindungen entsprangen, hatten ihrem Vater gegenüber die gleichen Rechte und Ansprüche wie eheliche Kinder. Während solche eheähnlichen Verhältnisse auf dem Land oder im urbanen Proletariat gang und gäbe waren, galt dies schon weniger im aufstrebenden Kleinbürgertum und erst recht nicht für die traditionelle mulattische Bourgeoisie. Hier waren schickliches Verhalten der Töchter und eine angemessene Heirat entscheidende Kriterien für das Ansehen einer Familie. Verstöße gegen den etablierten Verhaltenskodex konnten zum Ausschluss einer Familie aus der besseren Gesellschaft führen. Darüber hinaus konnte ein bereits verheirateter Vater seine unehelichen Kinder (im Gegensatz zum *plaçage*-System) nicht anerkennen, sie blieben also unversorgt.

60 Was lediglich acht «Haitianischen Dollar» entspricht.

61 Hesekiel 16,15–16.

62 Hesekiel 16,35–38. Das Zitat ist leicht gekürzt.

63 *La légende des siècles* («Die Legende der Jahrhunderte») ist eine Gedichtsammlung des französischen Schriftstellers Victor Hugo (1802–1885). Die in drei Bänden 1859, 1877 und 1883 veröffentlichten Gedichte fügen sich zu einem monumentalen Epos, in dem Hugo in prägnanten Szenen die Geschichte und Entwicklung der Menschheit nachzeichnet. Zu den bekanntesten Gedichten des Zyklus gehört «La conscience» («Das Gewissen»), in dem das Auge Gottes sinnbildlich für das schlechte Gewissen steht, dem Kain nach der Ermordung Abels nicht entfliehen kann.

64 Die lang gezogene Küstenebene rings um die Bucht von Port-au-Prince reicht von Montrouis im Norden bis nach Léogâne im Süden. Im Osten der Stadt erstreckt sich die fruchtbare Plaine du Cul-de-Sac bis zum Etang Saumâtre an der dominikanischen Grenze. In

dieser seit kolonialen Zeiten für den Zuckerrohr- und Sisalanbau genutzten Region liegen die Wurzeln des Reichtums der traditionellen haitianischen Bourgeoisie, die seit der Unabhängigkeit Haitis 1804 von den Erträgen ihrer Familiengüter lebte.

65 Ein Verweis auf *Also sprach Zarathustra*, «Von alten und jungen Weiblein»: «Der Mann soll zum Kriege erzogen werden und das Weib zur Erholung des Kriegers.»

66 Hier handelt es sich um eine im französischen Sprachraum weitverbreitete, aber offenbar apokryphe Zuschreibung. Tatsächlich ist die Redewendung «Lange Haare, kurzer Sinn» in verschiedenen Varianten als Sprichwort in ganz Europa verbreitet.

67 Ausgehöhlte Frucht des Kalebassenbaums, die den Armen als Bettelschale diente. Das Wort ist karibischen Ursprungs.

68 Kreolisch: «Mein Vater».

69 Psalm 130. Er beginnt mit den Worten «De profundis clamavi ad te, Domine» («Aus der Tiefe rufe ich, Herr, zu dir») und gehört zu den traditionellen Totengebeten der katholischen Kirche.

70 *Senna alata* bzw. *Cassia alata*. Seinen Namen verdankt der kleine, ausladende Strauch den auffälligen ährenförmigen Blüten, die an große, orangegelbe Kerzen erinnern.

71 La Saline, nördlich des alten Stadtkerns beim Hafen gelegen, gehört zu den Armenvierteln, die sich unter dem wachsenden Zustrom der Landbevölkerung nach Port-au-Prince in der ersten Hälfte des 20. Jahrhunderts in der Stadt ausgebreitet haben. Obwohl bereits Mitte der 1950er Jahre Anstrengungen unternommen wurden, das feuchte, erst 1880 trockengelegte Gelände zu sanieren und die dort unter schlimmsten hygienischen Bedingungen hausenden Menschen in neu angelegten Arbeitersiedlungen unterzubringen, gilt La Saline noch heute als einer der größten und gefährlichsten Slums von Port-au-Prince.

72 Im haitianischen Sprachgebrauch wird mit diesem Begriff eine Person von gemischter ethnischer Herkunft bezeichnet, deren äußere Erscheinung durch eine vergleichsweise helle Haut, mehr oder weniger krauses, helleres Haar und afrikanisch anmutende Gesichtszüge charakterisiert ist.

73 Eine einfache, kleine Kerosinlampe mit Baumwolldocht.

74 Kleine Ortschaft, etwa dreißig Kilometer westlich von Port-au-Prince gelegen.

75 1. Petrus 1,22–23.

76 Eine etwa dreißig Kilometer westlich von Port-au-Prince in der fruchtbaren Ebene gelegene Küstenstadt. In dieser Region dominierte der Zuckerrohranbau, der im Wesentlichen von der HASCO (Haitian American Sugar Company) kontrolliert wurde. Die kleineren Ortschaften in der Gegend waren Schauplatz reger politischer und gewerkschaftlicher Aktivitäten.

77 Eingekochter und in Blockform verfestigter Zuckerrohrsaft, der als günstiges Süßungsmittel verbreitet ist.

78 Zuckerrohrschnaps.

79 Skrofeln oder Skrofulose ist eine historische Bezeichnung für eine Gruppe von Krankheitserscheinungen, die sich durch chronische Entzündungen und Eiterungen der Lymphdrüsen, Haut und Schleimhäute äußern. Häufig handelte es sich dabei um eine Form von Hauttuberkulose (Skrophuloderm).

80 Kreolisch: «Hört her.»

81 Mit «*la ville*» («die Stadt») wird in Haiti nicht nur die jeweils nächstliegende Provinzstadt bezeichnet, sondern ganz allgemein auch die Hauptstadt Port-au-Prince.

82 Kreolisch: «Hört her, ihr wollt doch sicher nicht mehr leiden, ihr wollt doch sicher nicht mehr leben wie die Tiere.»

83 Kreolisch: «Ihr seid alle Menschen, vergesst das nicht.»

84 Seit im 18. Jahrhundert bei vermeintlich harmlosen Vodouzeremonien mit ihren Tänzen Pläne zum Aufstand der Sklaven geschmiedet und die entsprechenden Informationen weitergegeben wurden, existierte eine enge Verbindung zwischen Politik und Vodou. In der Folge griffen zahlreiche Politiker vor allem in Wahlzeiten auf die Unterstützung von Vodoupriestern zurück, um sich die Stimmen der einfachen Bevölkerung zu sichern. So wurden Wahlveranstaltungen oder politische Zusammenkünfte häufig von *rara*-Gruppen begleitet, deren Musik ursprünglich religiöse Wurzeln hatte und die üblicherweise an einen bestimmten *oungan* gebunden waren. Indem diese Bands die Stimmung anheizten und politische Botschaften vermittelten, entwickelte sich *rara* von einer rein rituellen

über eine folkloristische (*rara*-Prozessionen werden vor allem in der Karwoche abgehalten) hin zu einer eminent politischen Ausdrucksform in der haitianischen Musiklandschaft. Ein weiteres, gern genutztes Mittel, die Unterstützung der ärmeren Bevölkerungsschichten zu gewinnen, war darüber hinaus die Verteilung von Geld und Lebensmitteln.

85 *Ceiba pentandra*, auf den Antillen *mapou* genannt. Der Kapokbaum gehört zu den Giganten der tropischen Wälder, er wird über sechzig Meter hoch, und sein Stammdurchmesser kann mehr als drei Meter betragen. In vielen mittel- und südamerikanischen Glaubenswelten genießt der Kapokbaum besondere Verehrung; im Vodou gilt er als der heiligste aller Bäume, weshalb er weder gepflanzt noch gefällt oder sein Holz verwertet werden darf.

86 Mit *frontière* («Grenze») wurde ein Teil des Vergnügungsviertels von Carrefour bezeichnet. In den dortigen Bordellen arbeiteten viele Prostituierte aus der Dominikanischen Republik, die wegen ihrer helleren Haut bei den Freiern beliebt waren.

87 Verweis auf die Vier Freiheiten, die Franklin D. Roosevelt in seiner als «Four Freedoms Speech» bekannt gewordenen Rede zur Lage der Nation am 6. Januar 1941 formulierte: Redefreiheit, Religionsfreiheit, die Freiheit von Not und die Freiheit von Furcht. Die liberalen Kräfte in Haiti übernahmen diese Forderungen in ihrem Kampf gegen das diktatorische Regime von Präsident Elie Lescot (1941–1946). Später fanden die Vier Freiheiten Eingang in die Präambel der Allgemeinen Erklärung der Menschenrechte der Vereinten Nationen.

88 Der Präsidentenpalast im Zentrum von Port-au-Prince, Sitz des Staatsoberhaupts.

89 Zwei nördlich des Zentrums beziehungsweise mitten im alten kolonialen Zentrum von Port-au-Prince gelegene Armenviertel; Carrefour, Martissant und Bolosse gehören nicht mehr zum ursprünglichen Stadtkern, sondern liegen weiter südlich, wo die Hänge der umliegenden Hügelketten bereits ansteigen. Mit Carrefour ist an dieser Stelle wahrscheinlich nicht der einige Kilometer entfernte Vorort Carrefour gemeint, sondern Carrefour-Feuille, ein Viertel, das unmittelbar an Bolosse und Martissant angrenzt.

90 Der Aufstand, der zum Sturz von Präsident Elie Lescot führte, begann am 7. Januar 1946 mit einem Streik von Schülern und Studenten, deren Demonstrationen sich binnen weniger Tage weite
Teile der Bevölkerung von Port-au-Prince anschlossen. Zu den Anführern des Streiks gehörten unter anderem der damals 19-jährige
René Depestre und der 23-jährige Jacques Stéphen Alexis, die später als Dichter und Romanciers berühmt wurden.

91 Der Boulevard Jean-Jacques Dessalines, der Port-au-Prince in
Nord-Süd-Richtung durchschneidet. Er gehört zu den alten Stra-
ßenachsen aus der Kolonialzeit und wird im Volksmund immer
noch bei seinem früheren Namen Grand' Rue («Hauptstraße») genannt.

92 Es war in Haiti üblich, Kinder aus armen, meist ländlichen Familien schon in sehr jungem Alter in fremde Haushalte zu geben, wo
sie von da an lebten und arbeiteten. Meist versprach man den Eltern, die sich eine bessere Zukunft für ihre Kinder erhofften, diese
dürften im Gegenzug zur Schule gehen und würden eine Ausbil-
dung erhalten, doch in Wahrheit war dies nur sehr selten der Fall.
Vom Kleinbürgertum aufwärts lebten in so gut wie jedem Haushalt
eines oder mehrere dieser *ti mounes* («Kinder»).

93 Amos 9,8–13: «Die letzte Vision: Gott über dem Altar» und «Das
künftige Heil des Gottesvolkes».

94 Nach dem Sturz von Elie Lescot wurde mit Dumarsais Estimé der
erste schwarze Präsident seit mehreren Jahrzehnten gewählt. Tatsächlich hatte es zuvor schon schwarze Präsidenten in Haiti gegeben, allerdings lag die wahre Macht immer in den Händen der mulattischen Elite, sodass man in vielen Fällen von einer *politique de
doublure* («Zweitbesetzungspolitik») sprach, bei der ein möglichst
schwaches Staatsoberhaupt aus dem Hintergrund kontrolliert wurde und entsprechende Klientelpolitik betrieb.

95 Der Mangobaum gehört zu den meistverbreiteten Obstbäumen in
Haiti. Seit seiner Einführung während der Kolonialzeit sind seine
Früchte nicht nur ein wichtiges Exportgut, sondern ein wesent-
licher Bestandteil der Ernährung der Haitianer. Vor allem unter der
einfachen Bevölkerung gehörten Mangos während der Erntezeit zu
den Hauptnahrungsmitteln. Die Früchte sind sehr kalorienreich,

und da sie roh verzehrt werden, sparte man darüber hinaus Brenn-material, das bei der Zubereitung vieler anderer Lebensmittel be-nötigt wurde.

96 Kreolisch: «Du bist toll, einfach toll.»

97 Rote Frangipani (*Plumeria rubra*), ein beliebter Zierbaum mit in-tensiv duftenden Blüten.

98 Hoheslied, 5,10–12.

99 Kreolisch: *mereng*. Ein typisch haitianischer Paartanz, der sich nach der Unabhängigkeit 1804 unter dem Einfluss afrikanischer *congo*-Rhythmen aus dem französischen Kontertanz entwickelte. Ein wesentliches Merkmal dieses Tanzes ist das sanfte Wiegen der Hüften.

100 Stark gewürzte frittierte Teigbällchen. Manchmal werden in den Teig für dieses traditionelle haitianische Gericht auch klein ge-schnittenes Fleisch, Fisch oder Meeresfrüchte gemischt.

101 Kreolisch: «Verschwinde, verschwinde, Dieb, Mulatte, Mörder, Ir-rer.»

102 Gemeint ist die Straße, die von Port-au-Prince aus in südlicher Richtung hinauf ins Gebirge der Chaîne de la Selle führt. Kenskoff (kreolisch: Kenskòf, in heutiger französischer Schreibweise: Kens-coff) liegt gut zehn Kilometer südöstlich der Hauptstadt auf etwa 1500 Höhenmetern. Die Region ist bekannt für den Anbau von Gemüse, das in der heißen Ebene nicht gedeiht. Viele wohlhabende Familien aus Port-au-Prince besitzen wegen der angenehm kühlen Temperaturen in Kenskoff ein Ferienhaus.

103 Tatsächlich ist dies keine konkrete Bibelstelle, sondern eine Zusam-menstellung von mehreren Zitaten aus dem Jakobusbrief (2, 14 und 2, 26) und der Offenbarung (3, 8, 3, 1 und 3, 3).

104 Zwergelfe (*Mellisuga minima*), eine Vogelart aus der Familie der Kolibris. Der kreolische Name *wanga nègès* (Marie Vieux-Chauvet verwendet die französierte Schreibweise) verweist auf den Volks-glauben, dem zufolge man aus den zermahlenen Knochen dieses Vogels, vorausgesetzt er wurde exakt zur Mittagszeit getötet, einen Liebestrank (*wanga*) brauen könne, dem keine Frau (*nègès*) zu wi-derstehen vermag.

105 Seit den Zeiten der Kolonie waren Katholizismus und Vodou die

beiden beherrschenden Religionen in Haiti. Obwohl die ersten protestantischen Missionare, meist Baptisten und Methodisten, schon kurz nach 1804 ins Land kamen, blieb ihr Einfluss gering. Auch als während der US-amerikanischen Besatzung (1915–1934) weitere Missionare folgten und Präsident Lescot zu Beginn der 1940er Jahre wichtige Verwaltungsposten in ländlichen Regionen und Provinzstädten mit Protestanten besetzte, um die Macht der katholischen Kirche zu brechen, stieg die Zahl ihrer Anhänger nur sehr begrenzt, hauptsächlich unter der einfachen Bevölkerung. Erst in den letzten Jahrzehnten breitete sich der Protestantismus immer weiter aus, sodass sich inzwischen knapp dreißig Prozent der Bevölkerung als Protestanten bezeichnen.

106 Romain Rolland in seinem Vorwort zur 1945 erschienenen französischen Übersetzung des autobiografischen Romans *Kak zakaljalas' stal'* (1934; deutsch: *Wie der Stahl gehärtet wurde*) des sowjetischen Schriftstellers und Revolutionärs Nikolai Ostrowski. Auch das spätere «Auf diese Nacht kann strahlender Sonnenschein folgen» ist angelehnt an R. Rolland.

107 Kreolische Redewendung mit der Bedeutung: «Lasst uns abwarten, es wird sich schon finden». Diese hier positiv konnotierte Floskel ist in Haiti allerdings auch die Bezeichnung für eine geradezu klassische (politische) Haltung, die darin besteht, den Dingen einfach ihren Lauf zu lassen, ohne auch nur den Versuch zu unternehmen, etwas an den Verhältnissen zu ändern. Schon Alexandre Pétion, Präsident von 1807 bis 1818, wird mit einer *politique de laisser-grain-nin* in Verbindung gebracht, die seither als eines der Grundübel der haitianischen Politik gilt.

108 Kreolisches Sprichwort: «Je länger man über etwas nachdenkt, umso besser wird das Ergebnis.» Wörtlich: «Wer gegessen und geschlafen hat, der lächelt.»

109 Kreolisch: «Diebe, Diebesbande.»

110 Weibliche Form zu *grimaud*. Die Haut des Mädchens ist also für haitianische Verhältnisse recht hell und ihr Haar eher kraus.

111 Eine Kleinstadt im Süden des Landes. Fond-des-Blancs ist eine von mehreren Gemeinden, in denen die Nachfahren polnischer Soldaten leben, die während des Unabhängigkeitskrieges als Teil der

napoleonischen Truppen nach Saint-Domingue kamen. Beeindruckt vom Freiheitskampf der ehemaligen Sklaven, wechselten die polnischen Soldaten die Seiten, und nach dem Sieg ließen sich etwa 400 bis 500 Polen im neu gegründeten Staat Haiti nieder. Bis heute ist das europäische Erbe in diesen Gemeinden sichtbar, die Menschen dort haben eine hellere Haut, helleres Haar und europäischere Züge als die übrige Landbevölkerung.

112 Unter dieser kreolischen Bezeichnung werden verschiedene kleine essbare Pilze zusammengefasst. Ihnen allen gemeinsam ist die schwarze Farbe, durch die das beliebte Gericht *riz diondion* seine typische Färbung erhält.

113 Die Rote Mombinpflaume *(Spondias purpurea)* ist ein recht kleiner Baum, meist nicht höher als zehn Meter, mit breiter Krone. Seine zwetschgengroßen, meist roten, manchmal auch gelben Früchte sind wegen ihres aromatischen, saftigen Fruchtfleischs beliebt.

114 Prediger, 7,19. «Von der wahren Weisheit».

115 Verweis auf Offenbarung 14, 13.

116 Man beachte die unterschiedlichen Schreibweisen: Auf S. 217 schreibt Marie Vieux-Chauvet *«laissé grinnin»*, hier *«laissé grainnin»*. Erst seit 1979 gibt es eine allgemein anerkannte, fixierte Orthografie für das haitianische Kreolisch. Vorher konkurrierten mehrere unterschiedliche Systeme miteinander, was eine einheitliche Schreibung erschwerte.

117 Kreolisch: «Seht, was ein Mulatte getan hat. Schaut hin, damit ihr es seht.»

118 Der 1926 gestiftete Ordre National Honneur et Mérite ist die höchste Auszeichnung des Präsidenten der Republik Haiti. Er umfasst fünf Ordensklassen und wird sowohl Haitianern als auch Ausländern in Anerkennung ihrer Verdienste um das Land verliehen.

Glossar

Allé, allé, volè, milate, enssassin, enragé: Verschwinde, verschwinde, Dieb, Mulatte, Mörder, Irrer.

Allé, nous cé moune tout, pas blié ça: Ihr seid alle Menschen, vergesst das nicht.

bòdmè: Geschäftsviertel einer Stadt

bonbon-yin: Wandelröschen

boucan: großes Holzfeuer

Cé mangé, domi qui suri: kreolisches Sprichwort: Je länger man über etwas nachdenkt, umso besser wird das Ergebnis. Wörtlich: Wer gegessen und geschlafen hat, der lächelt.

clairin: Zuckerrohrschnaps

cocomacaque: hölzerner Knüppel

congo: ein auf den Rhythmen aus der Kongo-Region basierender Tanz

coucouilles: Glühwürmchen

coui: ausgehöhlte Frucht des Kalebassenbaums, Bettelschale der Armen

Coûté, nous doué bouqué souffri, nous doué bouqué vive lan cou bête: Hört her, ihr wollt doch sicher nicht mehr leiden, ihr wollt doch sicher nicht mehr leben wie die Tiere.

263

diondion: Sammelbegriff für kleine schwarze essbare Pilze

frisée: Hispaniola-Schleiereule *(Tyto glaucops)*

Gadé, action you mulâte. Founi gé nou pou nou oué: Seht, was ein Mulatte getan hat. Schaut hin, damit ihr es seht.

gaillac/gaiac: Guajakbaum *(Guaiacum officinale;* in Deutschland als Eisenholz bekannt), aus dem besonders harten Holz dieses Baums gefertigter Knüppel

galri: Galerie, überdachte Veranda

gridappe-Lampe: einfache, kleine Kerosinlampe mit Baumwolldocht

griffonne: Frau gemischter ethnischer Herkunft mit mittelbrauner Hautfarbe, mittlerer Haarstruktur und einer als harmonisch empfundenen Mischung aus europäisch und afrikanisch anmutenden Zügen

grimaud: Mann gemischter ethnischer Herkunft mit eher heller Haut, mehr oder weniger krausem, hellerem Haar und afrikanisch anmutenden Gesichtszügen

grimelle: weibliche Form von → *grimaud*

hougan: Vodoupriester

hounsi: Gehilfin des Vodoupriesters

Laissé grinnin/Laissé grainnin: Lasst uns abwarten, es wird sich schon finden.

loa: Geistwesen im Vodou

mambo: Vodoupriesterin

marabou: Person gemischter ethnischer Herkunft mit glattem schwarzem Haar, dunkler Haut und eher europäischen Gesichtszügen

marinades: stark gewürzte frittierte Teigbällchen

matmoizelle/mamzelle: Fräulein

mereng: haitianischer Paartanz

milate: Mulatte

Ou bon ou gain tan bon: Du bist toll, einfach toll.

ouanga-néguesse: Zwergelfe, eine Vogelart aus der Familie der Kolibris

papa moin: mein Vater

pitite bouzin: Hurentochter

promesse néguesse, cé dette: Ein Versprechen ist eine Schuld.

rapadou: gekochter, verfestigter Zuckerrohrsaft

sans avés: Herumtreiber, Taugenichtse

tioule: Diener, Knecht

vêvê: grafische Darstellung der → *loas*

Vodou: Auf alten afrikanischen Traditionen und katholischen Einflüssen basierende «kreolische» Religion. Seit 2003 als offizielle Religion anerkannt.

Volè, bande volè: Diebe, Diebesbande

Nachwort

Marie Chauvet, geborene Vieux, hat in der haitianischen Literatur-
tradition einen ganz besonderen Platz. Die Verfasserin von fünf
Romanen und zwei Theaterstücken gilt als eine der bedeutendsten und innovativsten Stimmen im Kanon der haitianischen Literatur. Sie genoss nicht nur den Respekt und die Bewunderung
ihrer Zeitgenossen, auch zahlreiche haitianische Autorinnen und
Autoren unserer Zeit betrachten sie als ihre Vorläuferin. Bis heute ist ihr Einfluss in der Heimat und in der haitianischen Diaspora
weltweit, vor allem unter Schriftstellerinnen, spürbar. Die haitia-
nisch-amerikanische Autorin Edwidge Danticat erwähnt ihre
«legendäre Schönheit, ihren geistreichen Witz und ihre Intelligenz»
und schreibt: «Kaum eine Handvoll haitianischer Schriftsteller hat
sowohl zu Lebzeiten als auch nach ihrem Tod so viel Verehrung, so
viele literaturkritische Analysen und Diskussionen hervorgerufen
wie Marie Vieux-Chauvet.»

Als Tochter des Senators und Botschafters Constant Vieux und
dessen ursprünglich von den Jungferninseln stammender jüdischer

Ehefrau Delia Nones gehörte die privilegierte, kultivierte Marie Vieux zur Bourgeoisie von Port-au-Prince. Sie besuchte den Annexe de l'École Normale d'Institutrices, eine Ausbildungsstätte für Grundschullehrerinnen, wo sie 1933 im Alter von siebzehn Jahren ihren Abschluss machte. Anschließend heiratete sie den Arzt Aymon Charlier, bekam mit ihm drei Kinder und ließ sich einige Jahre später wieder von ihm scheiden. Ihre zweite Ehe mit dem Reisebürobesitzer und Tourismusminister Pierre Chauvet hielt bis zu ihrem Gang ins New Yorker Exil 1968.

Mehr als drei Jahrzehnte widmete sich Marie Vieux-Chauvet in Haiti ausschließlich dem Schreiben. Neben ihrer eigenen schriftstellerischen Tätigkeit pflegte sie eine enge Freundschaft zu einer Gruppe gefeierter politisch engagierter Dichter, allesamt männlichen Geschlechts, die unter dem Namen Haïti Littéraire bekannt waren und für die sie in ihrem Haus in einem wohlhabenden Vorort der Hauptstadt Port-au-Prince einen regelmäßigen Salon führte. Ihre ersten drei Romane veröffentlichte Marie Vieux-Chauvet in rascher Folge: *Töchter Haitis (Fille d'Haïti)* 1954, *La danse sur le volcan* 1957 und *Fonds des nègres* 1960. Jedes dieser frühen fiktionalen Werke thematisiert mit kühner Schärfe Fragen der Ungleichbehandlung aufgrund von Klassenzugehörigkeit, Hautfarbe und Geschlecht und strotzt geradezu von kaum verhüllten allegorischen Verweisen auf die Korruption und Brutalität des haitianischen Staats. Gemeinsam bereiten diese drei Romane den Weg für das explosive, 1968 veröffentlichte Triptychon *Liebe, Wut, Wahnsinn* (*Amour, colère et folie*), Vieux-Chauvets schonungslose Anklage gegen totalitäre Staatsgewalt und deren spezielle Auswirkungen auf Frauen – es sollte ihr letzter Roman sein, bevor sie Haiti verlassen musste. Im New Yorker Exil schrieb sie noch den Roman *Les rapaces*, in dem sie unverhohlen die skrupellose Geschäftemacherei des haitianischen Regimes mit Blutkonserven und Leichen beschreibt. 1973 starb sie mit nur 57 Jahren an einem Hirntumor.

Um *Töchter Haitis* umfassend einzuordnen, muss man sowohl den geschichtlichen Kontext berücksichtigen, in dem der Roman entstand, als auch den historischen Moment, der im Zentrum der Darstellung steht. Von besonderer Bedeutung ist dabei die Zeit von Marie Vieux-Chauvets Jugendjahren bis zum Ende des Zweiten Weltkriegs. Die Schriftstellerin wurde 1916 geboren, nur ein Jahr nachdem der US-amerikanische Präsident Woodrow Wilson unter dem Vorwand, das Land nach gewaltsamen politischen Unruhen wieder zu stabilisieren, Elitesoldaten des United States Marine Corps nach Haiti geschickt hatte, die das Land besetzten (zwischen 1911 und 1915 hatte Haiti sechs verschiedene Präsidenten erlebt, die alle durch einen Umsturz entmachtet, getötet oder ins Exil vertrieben wurden). Diese von Ausschreitungen begleiteten Jahrzehnte zwischen 1916 und 1945 waren geprägt von den politischen Spannungen in den Vereinigten Staaten und Europa, in denen Haiti eine nicht unerhebliche Rolle spielte. Während der französische Einfluss auf die haitianische Wirtschaft nahezu bedeutungslos geworden war, seit die Franzosen nach ihrer Niederlage und Vertreibung infolge der haitianischen Revolution (1791–1804) nicht mehr willkommen waren, hatte eine stetig wachsende deutsche Gemeinde in der «schwarzen Republik» Wurzeln gefasst. Durch Einheiraten in die Bürgerschicht hatten die Deutschen das in der Verfassung verankerte Verbot für Ausländer, in Haiti Grundbesitz zu erwerben, umgangen und lukrative geschäftliche Interessen begründet, die ihnen in der örtlichen Politik ein großes Gewicht verliehen. Dieses erfolgreiche Vordringen Deutschlands auf den amerikanischen Kontinent sorgte für Unbehagen in den Vereinigten Staaten. Beunruhigt über Deutschlands strategische wirtschaftliche und militärische Positionierung in der Region, sahen die Vereinigten Staaten in Deutschland eine unmittelbare Bedrohung ihrer Hegemonialpolitik in der westlichen Hemisphäre. So kam es, dass in amerikanischen Wirtschaftskreisen – namentlich der National Citibank of New York (der heutigen Citibank) – der Plan entstand, mit militärischer Unterstützung durch die Wilson-Regierung den deutschen Einfluss zu zerschlagen und die wirtschaftliche Präsenz der Vereinigten Staaten in Haiti zu stärken.

Mit dem Einmarsch der Marines begann eine Fremdherrschaft, die bis 1934 andauern sollte. In diesen knapp zwanzig Jahren übernahmen die Vereinigten Staaten die Kontrolle über wesentliche Faktoren des politischen, ökonomischen und sozialen Lebens in Haiti. Für ein Land, das seit seiner hart erkämpften Unabhängigkeit 1804 eigenständig gewesen war, bedeutete dies eine besondere Demütigung. Darüber hinaus verschärften Wilsons Marines ein Problem, das damals (und bis zum heutigen Tag) zu den hartnäckigsten und zerstörerischsten soziopolitischen Streitfragen Haitis gehörte, nämlich die mehr oder weniger erbittert ausgefochtenen Konflikte zwischen Menschen unterschiedlicher Hautfarbe und Kastenzugehörigkeit. Obwohl schon Jean-Jacques Dessalines in der ersten, 1805 niedergelegten Verfassung Haiti ausdrücklich als «schwarze» Nation definiert hatte, blieb es noch lange nach der Vertreibung der meisten Weißen aus dem Land bei einer strikten Trennung von zwei «Arten» von Bürgern. Auf der einen Seite standen die schwarzen Söhne und Töchter Dessalines', die eindeutig afrikanischer Herkunft waren und die demografische Mehrheit in Haiti bildeten, auf der anderen eine hellerhäutige, europäisch gebildete Minderheit «ethnisch gemischter» Landbesitzer, die Nachkommen der einstigen französischen Kolonialherren. Ungeachtet der Tatsache, dass Haiti sich als «schwarze Republik» konstituiert hatte, erfolgte die soziale Differenzierung also im Wesentlichen entlang von Bruchlinien, die ein auf Hautfarbe gründendes Kastensystem widerspiegelten, in dem sogenannte «Mulatten» eine vor allem auf die Städte konzentrierte wirtschaftliche, soziale und politische Elite bildeten, die sich bewusst von einer armen, weitgehend rechtlosen und größtenteils bäuerlichen oder proletarischen schwarzen Bevölkerung abgrenzte und diese ausbeutete.

Trotz des generellen Rassismus, den Wilsons Marines und die US-amerikanischen Regierungsbeamten, die in Haiti das Sagen hatten, allen Haitianern entgegenbrachten, differenzierten auch sie die Einwohner des Landes und verbündeten sich zum Nachteil der dunkelhäutigeren Bevölkerung mit den Mulatten. Daher hatte die zwei Jahrzehnte während Fremdherrschaft verheerende Auswirkungen auf Haitis schwarze Unterschicht: Sie wurde nicht nur durch das Wilson-Regime ausgebeutet, das sie zu Arbeitseinsätzen verpflichtete, sondern zugleich auch durch Haitis einheimische Bourgeoisie, die sich zum Komplizen der Besatzer machte. Als die Marines 1934 endlich das Land verließen, hatte sich der Riss, der sich entlang der Hautfarben durch die haitianische Gesellschaft zog, zu einer tiefen Kluft verfestigt. Nach dem offiziellen Abzug der US-Truppen blieb eine Kompradoren-Elite zurück, die die auf *colorism* gründende Hierarchisierung, also die Bevorzugung bzw. Benachteiligung einzelner Bevölkerungsteile aufgrund der Schattierung ihres Hauttons (ein Problem, das Haiti seit seiner Gründung als unabhängiger Staat begleitete), bereitwillig aufrechterhielt und daraus ihren Profit zog.

Hatte die Besatzung zumindest in gewissem Maße noch eine nationale Einigkeit gegenüber einem gemeinsamen feindlichen Eindringling befördert, so beherrschte nach dem Abzug der Marines schon bald der Streit zwischen Vertretern unterschiedlicher

Hautfarben und Klassen die politische Bühne. Die Staatsoberhäupter, die nach dem Ende der Besatzung an die Macht gelangten, erst Sténio Vincent, dann Elie Lescot, gehörten beide zu Haitis hellhäutiger Elite. Vincent war ein erbitterter Antiamerikaner, doch als weitgehend auf den eigenen Vorteil bedachter politischer Führer konzentrierte er seine Aufmerksamkeit auf die urbane Wirtschaftselite des Landes und vernachlässigte die bäuerliche, ländliche Bevölkerung. Nachdem er 1930 zum Präsidenten gewählt worden war, sank seine Beliebtheit rapide, und 1941 überließ er die Macht schließlich dem USA-freundlich gesinnten Elie Lescot.

Während Lescots Regierungszeit verschärfte sich das Kasten- und Klassengefälle zunehmend. Er betrieb unverhohlen Vetternwirtschaft, besetzte lukrative Regierungsposten mit Verwandten und Freunden und forcierte eine Entwicklung, die als generelle «Mulattifizierung» der politischen Landschaft wahrgenommen wurde. In der Zeit des Zweiten Weltkriegs gelang es Lescot, die Befehlsgewalt über die Armee an sich zu reißen und Haiti in einen militarisierten Staat zu verwandeln. Er setzte die Verfassung außer Kraft, schikanierte und überwachte politische Gegner, lancierte eine Kampagne zur Unterdrückung des Vodou und kooperierte schamlos mit den Vereinigten Staaten. Lescots unterwürfige Nachgiebigkeit gegenüber amerikanischen Forderungen und seine korrupte Regierungsführung machten ihn angreifbar. Unter den vielfältigen politischen Gruppierungen, die in den 1940er-Jahren in Haiti aktiv waren, herrschte bei allen inhaltlichen Differenzen weitgehende Einigkeit über die Notwendigkeit, Lescot abzusetzen.

Die weitverbreitete Empörung über Haitis Führung erreichte ihren Höhepunkt in den ersten Tagen des Jahres 1946. Damals lösten Lescots ungeschickte Versuche, eine oppositionelle Zeitung zum Schweigen zu bringen, in Port-au-Prince wütende Studentendemonstrationen aus, die sich innerhalb weniger Tage, die als «Les Cinq Glorieuses» (Die fünf Glorreichen) in die Geschichte eingingen, zu einem umfassenden Generalstreik auswuchsen. Ursprünglich angeführt von einer Schar marxistischer Studenten aus Haitis städtischer Mittel- und Oberschicht, entwickelte sich der Streik zu einem Protest, der radikale Linke, Populisten und Vertreter der Schwarzenbewegung hinter sich versammelte.

Der kombinierte Studenten- und Generalstreik legte das Land weitgehend lahm, und die Streikenden forderten Lescots Absetzung. Die Regierung wurde gestürzt, Lescot floh aus dem Land und ließ eine aufgepeitschte, rachsüchtige und gespaltene Bevölkerung zurück. Unmittelbar nachdem er das Land verlassen hatte, übernahm eine Militärjunta die Kontrolle und versprach, noch im selben Jahr Wahlen abzuhalten. In den darauffolgenden Monaten rangen zahlreiche Einzelbewerber und Parteien – darunter sowohl neue Akteure auf der politischen Bühne als auch Mitglieder der vorherigen Regierung – um die Macht, und die ethnische Zugehörigkeit wurde zu einem entscheidenden Faktor im politischen Diskurs. Es war, wie der haitianische Anthropologe und Historiker Michel-Rolph Trouillot schrieb, ein Moment, «in dem der Wahlkampf unverkennbar das Bild eines Kampfes zwischen den Hautfarben annahm». Nachdem die Macht jahrzehntelang in den Händen von Mulatten gelegen hatte, die schamlos in die eigenen Taschen gewirtschaftet und sich gegen die Interessen ihres Landes mit den Vereinigten Staaten verbündet hatten, wurde die Politik zu einem bewusst rassistisch aufgeladenen Feld, und die Ideologie des *noirisme* gewann zunehmend an Popularität.

Vereinfacht gesagt handelte es sich beim *noirisme* um eine totalitäre Ideologie, die die Macht ausschließlich in den Händen der Schwarzen sehen wollte. Sie war aus dem *indigénisme* hervorgegangen, einer intellektuellen Doktrin und kulturellen Bewegung in Haiti, die eine stärkere Integration der bäuerlichen Unterschicht in das soziale und politische Gefüge des Landes forderte. Der *indigénisme*, der sich zur Zeit der US-amerikanischen Besatzung und weitgehend als Reaktion darauf entwickelt hatte, betonte die kulturelle Zugehörigkeit der Landbevölkerung zum südlich der Sahara gelegenen Teil Afrikas. Angesichts des US-amerikanischen Rassismus riefen seine Vertreter die haitianische Elite dazu auf, dieses historische und kulturelle Erbe zur Grundlage eines neuen haitianischen Nationalstolzes zu machen.

Aus dieser Forderung der Intellektuellen nach einer größeren Wertschätzung der afro-haitianischen ländlichen Kultur entwickelten die Vertreter des *noirisme* eine kompromisslose Black-Power-Ideologie, die sie in die Öffentlichkeit trugen. Zentraler Pfeiler dieser Ideologie war die These, dass Haitis schwarze Mehrheit von einer europäischen kulturellen Werten nachstrebenden mulattischen Minderheit erbarmungslos unterdrückt und ihrer Rechte beraubt worden sei. Die Vertreter des *noirisme* glaubten, dass nur eine «schwarze» Regierung in Haiti legitim sein könne, und diese Überzeugung stützten sie mit einem abwegigen Gemisch pseudowissenschaftlicher essenzialistischer Vorstellungen zu einer spezifisch afrikanischen Biologie und Psychologie.

Die politischen Ziele und Perspektiven der *noiristes* und der linken Gruppierungen der 1940er-Jahre unterschieden sich fundamental voneinander. Zwar wollten beide Seiten die haitianische Führung reformieren und durchschauten die rassistischen Praktiken der mulattischen Präsidenten, die das Land seit dem amerikanischen Einmarsch kontrolliert hatten, doch damit endeten ihre Gemeinsamkeiten auch schon. Für die Kommunisten, inklusive der studentischen Aktivisten, die 1946 den Aufstand gegen Lescot initiiert hatten, lag die Ursache für die politische Unterentwicklung Haitis in der tiefen Kluft, die das Land spaltete – diese hatte jedoch wenig mit Mulatten oder Schwarzen zu tun. Die Fokussierung auf die Hautfarbe diente ihrer Ansicht nach lediglich als Tarnung für ein ausbeuterisches Klassensystem, und der Keil, der auf diese Weise zwischen die einzelnen Bevölkerungsteile getrieben wurde, nutzte allein den korrupten bourgeoisen Anführern quer durch das gesamte Spektrum der ethnischen Gruppierungen. Haitis politische und wirtschaftliche Elite, zu der sowohl Schwarze als auch Mulatten gehörten, so ihre Argumentation, habe seit Langem den Staat gegen die Nation ausgerichtet, habe Reichtümer angehäuft und die übergroße Mehrheit der Haitianer ausgebeutet, wodurch sie jede rein auf *colorism* gründende Differenzierung Lügen strafte. Die *noiristes* konterten mit der Behauptung, die Kommunisten seien de facto Anhänger einer europäischen Ideologie und somit auch nicht besser als die mulattische Elite, die erst kürzlich gezwungen worden war, ihre Macht abzugeben. In den Monaten nach Lescots Sturz tobten in Port-au-Prince und über die Hauptstadt hinaus erbitterte Debatten, bis im August 1946 der gemäßigte Noirist Dumarsais Estimé zum ersten schwarzen Staatsoberhaupt seit der Besetzung Haitis durch die US-Marines gewählt wurde. Mit ihm gelangte ein ganzer Kader nationalistischer, schwarzer Politiker an die Macht, die darauf erpicht waren, sich an der scheidenden mulattischen Herrscherklasse zu rächen und sich im Zuge dessen selbst zu bereichern.

* * *

In dieser Umbruchphase siedelt Marie Vieux-Chauvet ihren Roman *Töchter Haitis* an. Obwohl sie keine expliziten Daten nennt, sind die Ereignisse und die Atmosphäre, die sie beschreibt, unverkennbar.

Der Beginn ihrer eigenen schriftstellerischen Tätigkeit fiel genau in diese durch gesteigerten politischen Militarismus und starke soziale Spannungen zwischen den Vertretern unterschiedlicher Hautfarben und gesellschaftlicher Klassen geprägte Zeit. Ihr erstes Theaterstück, *La légende des fleurs*, das in dem turbulenten Jahr 1946 erschien, ist ein unmissverständlicher Aufruf zu jener humanistischen Brüderlichkeit, an der es zum Zeitpunkt seiner Veröffentlichung so sehr mangelte. Marie Vieux-Chauvet, die die Ereignisse jenes Jahres miterlebt und die rassistische Hetze der verschiedenen politischen Gruppierungen sowie die daraus resultierende Gewalt gesehen hatte, durchschaute die Korruptheit und Ausweglosigkeit damaliger politischer Organisationen. Sie war Zeugin geworden, wie die haitianische Bevölkerung durch skrupellose, charismatische Machtpolitiker manipuliert wurde, und sie hatte unmittelbar miterlebt, wie Haitis Führung nach dem Ende der Besatzung rassistische Hierarchisierung und Zwietracht förderte, statt sich um die Nöte der rechtlosesten Teile der Bevölkerung zu kümmern.

Daher schloss sich Marie Vieux-Chauvet, obwohl politische Freiheit und soziale Gerechtigkeit zu den fundamentalen Themen ihres Schreibens gehörten, keiner der marxistischen, gewerkschaftlichen und/oder nationalistischen Gruppierungen an, die in den 1940er-Jahren aktiv waren. Sie schrieb weder für eine der radikalen Zeitungen, noch war sie Mitglied einer der örtlichen feministischen Organisationen. Stattdessen wahrte sie strikte Distanz zu jeder Form von organisierter Politik. Wie sie 1953 selbst in einem Interview mit Vertreterinnen der Ligue Féminine d'Action Sociale betonte: «Ich ziehe es vor, unabhängig zu bleiben und keiner Gruppierung anzugehören.» Diese selbst gewählte rigorose Positionierung außerhalb des politischen Identifikationsrahmens erschwerte ihre Einordnung in die Literatur Haitis. Wie die haitianische Autorin

Yanick Lahens schrieb: «Marie Chauvet ist die unbestrittene Weg-
bereiterin des modernen Romans in Haiti, und doch bleibt sie bis
zum heutigen Tag bedauerlicherweise in ihrem eigenen Land zutiefst missverstanden.» Dass Marie Vieux-Chauvet im Narrativ des
haitianischen Radikalismus eine Randerscheinung blieb und nicht
in feministischen Kreisen aktiv war, wirft zwangsläufig die Frage
auf, welche Möglichkeiten zu politischem Engagement Frauen in
diesem Kontext überhaupt offenstanden – eine Frage, die auch im
Zentrum von *Töchter Haitis* steht.

Der Roman handelt von der Absurdität des rassistisch aufgeladenen politischen Diskurses in den 1940er-Jahren und zeugt von dem
«erheblichen Groll unter der urbanen schwarzen Bevölkerung, vor
allem der Mittelschicht», wie Trouillot es formuliert. *Töchter Haitis*
präsentiert die rassistische Spaltung der Bevölkerung jener Zeit als
eine verpasste Gelegenheit zum Aufbau einer geeinten Nation in
einer Phase, die der Historiker Matthew J. Smith als den «Moment
größter politischer Verheißung in der haitianischen Geschichte»
bezeichnet hat. Marie Vieux-Chauvet entlarvt die spezifischen Mechanismen und Fehler, die letztlich jene Solidarität zerstörten, deren Haiti bedurft hätte, um nach dem Ende der Besatzung seine nationale Souveränität zu behaupten. In ihrer fiktionalen Darstellung
dieses Umbruchs finden die ideologischen Spannungen zwischen
den politischen Gruppierungen ihren Ausdruck in gewaltsamen
Konflikten zwischen Männern – und sie schildert die verheeren-
den Auswirkungen dieser Konflikte auf den weiblichen Teil der Bevölkerung. Denn obwohl sich die Themen Kastengefälle, Hautfarbe
und politische Gewalt wie ein roter Faden durch *Töchter Haitis* ziehen, prangert der Roman doch vor allem einen politisch gespalte-
nen öffentlichen Raum an, der trotz aller inhaltlichen Differenzen
eine Gemeinsamkeit aufweist: patriarchale Strukturen.

Chauvets Heldin, die schöne, eigensinnige Lotus Degrave, ist zugleich Teil und nicht Teil jener sozialen und politischen Gruppierungen, die nach dem Ende der Besatzungszeit in Haiti um die Macht wetteifern. Als Waise und «illegitime» Tochter einer wohlhabenden mulattischen Prostituierten und eines weißen französischen Marineoffiziers steht sie am Rand der Gesellschaft, völlig allein, abgesehen von einem Dienstmädchen, das sie verachtet. Die abgeschottete Villa, die sie von ihrer Mutter geerbt hat, liegt räumlich getrennt von den heruntergekommenen Hütten jenseits ihrer Gartenmauern, und das vergleichsweise sorgenfreie Leben, das die junge Frau dort hinter verschlossenen Toren führt, bildet einen frappierenden Gegensatz zur bitteren Armut ihrer Nachbarn. Dank ihrer hellen Haut und der Tatsache, dass sie über ausreichend finanzielle Mittel verfügt, um ihren Unterhalt ohne Arbeit zu bestreiten, lebt sie in signifikant besseren materiellen Verhältnissen als die notleidenden Slumbewohner vor ihrer Tür. Lotus' privilegierte Stellung weckt das Misstrauen ihrer schwarzen Dienstboten und Nachbarn, in ihren Augen zählt sie zu jener rassistischen, korrupten herrschenden Klasse, die seit Langem für ihre elenden Lebensumstände verantwortlich ist. Doch das ist nicht der Fall: Zwar erfüllt Lotus einige der phänotypischen und ökonomischen Voraussetzungen für eine Zugehörigkeit zur lokalen Bourgeoisie, aber ihre wenig respektable Herkunft verhindert ihre Aufnahme in die Elite. Gleichermaßen geächtet von der mulattischen und der schwarzen Gemeinschaft, den wirtschaftlich Begünstigten und den Benachteiligten, befindet sie sich angesichts der polarisierten Identitätskategorien ihrer Zeit in einer heiklen Außenseiterposition, und jeder soziale Austausch zeugt von ihrer mangelnden Zugehörigkeit.

Weil sie als Frau nirgendwo dazugehört und, viel wichtiger noch, weil sie keinen Vater hat, schwebt Lotus in ständiger Gefahr. Zwar genießt sie ein gewisses Maß an finanzieller Unabhängigkeit, doch diese Unabhängigkeit bedeutet nicht Freiheit, sondern Verwundbarkeit. Frauen wurden, in Haiti wie auch anderswo, seit jeher in die vermeintliche Sicherheit der häuslichen Sphäre verwiesen, doch Marie Vieux-Chauvet bestreitet diese Sichtweise in ihrem Roman. Lotus' Villa ist ein gefährlicher Ort, kein Platz, an dem sie sich zu Hause fühlen kann. In ihrer Isoliertheit genießt sie dort keinen Schutz, und immer wieder ist sie gezwungen, sich im wahrsten Sinne des Wortes zur Wehr zu setzen. Lotus' gefährdete Existenz innerhalb dieser häuslichen Sphäre erzählt eine Geschichte davon, welchen gesellschaftlichen Stellenwert Frauen für Männer haben – eine Geschichte von der politischen, öffentlichen Natur dessen, was niemals nur ihr individuelles, privates Ich sein kann.

Von Beginn des Romans an verweist Vieux-Chauvet auf Lotus' Verwundbarkeit. Aufgrund ihrer zweifelhaften Herkunft gehen die jungen Männer, die sie in ihrem Haus empfängt, davon aus, dass sie ihnen zur Verfügung stünde und sie jedes Recht hätten, das auszunutzen, was sie als ihre «weibliche Schwäche» betrachten. Mehr als einmal muss Lotus sich gegen einen Verehrer wehren, der ein «Nein» als Antwort nicht akzeptiert. Und dann ist da natürlich ihre heikle Beziehung zu Georges. Obwohl Marie Vieux-Chauvet den attraktiven jungen Revolutionär unverkennbar als den Helden des Romans porträtiert, gezeichnet nach dem Vorbild der studentischen Aktivisten von 1946 und in vielerlei Hinsicht für Lotus' politisches Erwachen verantwortlich, so ist er zugleich auch anspruchsvoll und streng. Im Frühstadium ihrer Beziehung beleidigt er sie grob, einmal schlägt er sie sogar. Nachdem sie ein Paar geworden sind, verwandelt er ihr Heim in eine Art politisches Hauptquartier. Er bittet sie, seine Mitverschwörer zu verstecken, und hält in ihrem Haus konspirative Treffen ab, Treffen, von denen sie anfangs ausgeschlossen ist und bei denen sie später lediglich geduldet wird. Damit verschiebt Georges Lotus' Villa in den öffentlichen Raum und rückt sie selbst ins Fadenkreuz seiner politischen Gegner. Indem er Lotus' Villa zu einem sicheren Unterschlupf für sich und seine Freunde verwandelt, macht er sie ironischerweise zu einem gefährlichen Ort für die junge Frau. Denn stellvertretend für Georges erlebt Lotus in ihrem eigenen Haus einen brutalen Überfall. Sie wird von einem seiner Gegner vergewaltigt, und ihr Angreifer lässt keinen Zweifel daran, dass ihre Demütigung nur dem einen Zweck dient, seine Macht über Georges geltend zu machen. Mit anderen Worten, Lotus wird zu einem «Kollateralschaden» in einem Konflikt zwischen Männern.

Letztlich zeigt *Töchter Haitis*, welchen Preis die Frauen in Haiti für eine auf patriarchalen Mechanismen beruhende Nationenbildung zahlen. Die Gewalt, die Lotus zugefügt wird, veranschaulicht die Marginalisierung der haitianischen Frauen, die seit jeher, unabhängig von der jeweiligen Ideologie, das gesamte politische Spektrum durchzieht. Patriarchale Gewalt ist Vieux-Chauvet zufolge kein Einzelfall, sondern unerlässlich für das Funktionieren nationalistischer Politik. Dies wird zum Abschluss des Romans unverkennbar. Nach jahrelanger Isolation am Rande der Gesellschaft hat Lotus ihren Platz in der Welt gefunden. Sie ist zu einem politischen Menschen geworden, setzt sich mit Leib und Seele für die sozialen Anliegen ihrer Landsleute ein, durchschaut die Korruption der Elite und ist bereit, sich jenen ausbeuterischen Systemen entgegenzustellen, mit deren Hilfe die Mächtigen ihre Privilegien wahren. Lotus hat ihre Villa in eine Schule für Frauen und Kinder verwandelt, einen Ort für eine beispielhafte, gesunde nationale Gemeinschaft, und ihr politisches Erwachen wird durch den Orden bestätigt, den ihr das neue Staatsoberhaupt verleiht. Aber für diesen Erfolg hat sie

einen hohen Preis bezahlt: Als Folge ihrer revolutionären Aktivitäten wurde sie angeschossen und vergewaltigt, und sie hat nicht nur
die Liebe ihres Lebens verloren, sondern auch viel von dem Eigensinn, der Neugier und dem unkonventionellen Charakter, die sie als
Frau vor ihrer Beziehung mit Georges ausmachten.

Indem Marie Vieux-Chauvet diese Ambivalenz in Lotus' Entwicklung aufzeigt, verdeutlicht sie den Preis, den die Frauen in
Haiti für die patriarchale Nationenbildung bezahlen. Obwohl sie
mit der revolutionären Poetik und Politik, die die wichtigsten intellektuellen Stimmen ihrer Zeit vertraten, vertraut war, hielt sich
Marie Vieux-Chauvet bewusst fern von politischer Aktivität jeder
Art, selbst in deren fortschrittlichsten Ausprägungen. In ihrem gesamten Werk lenkt sie den Blick auf die hauchdünne, durchlässige
Grenze, die Mitte des vergangenen Jahrhunderts in Haiti die private
Existenz der Frauen von der politischen Welt der Männer trennte. Sie deckt die Gewalttätigkeiten auf, die sich in intimen Räumen
abspielen. Mit Lotus Degrave bietet Marie Vieux-Chauvet uns ein
Brennglas, durch das sie eine Gesellschaft sichtbar macht, die sich
bis heute immer wieder auf polarisierenden ethnischen Absolut-
heitsansprüchen errichtet. Das war radikal in ihrer Zeit.

Und radikal bleibt es bis heute.

Kaiama L. Glover

Editorische Notiz

Marie Vieux-Chauvet hat das vorliegende Buch in der Mitte des 20. Jahrhunderts auf Französisch geschrieben. Während die einfache Bevölkerung Haitis bis in die 1990er Jahre ausschließlich Kreolisch sprach, war Französisch die Hochsprache der Ober- und gebildeten Mittelschicht, die man bei offiziellen Anlässen benutzte, während im Privaten Kreolisch gesprochen wurde. Obwohl das haitianische Französisch dem in Frankreich gesprochenen Französisch sehr ähnlich ist, weist es deshalb einige Eigenheiten auf, die auf das Kreolische zurückzuführen sind.

Auf grammatikalischer Ebene sind das vor allem die gelegentlich im Text auftauchenden Tempussprünge. Da es im Kreolischen keine konjugierten Verbformen gibt und somit die Unterscheidung der Zeitebenen nur durch den Kontext oder andere Tempusmarker erfolgt, wird auch an manchen Stellen dieses Romans das Präsens verwendet, an denen man im Deutschen eine Vergangenheitsform erwarten würde. Wir haben uns in der Übersetzung dafür entschieden, diese Passagen nicht dem deutschen Sprachgebrauch anzupassen, sondern sie als Besonderheit eines haitianischen Textes weitgehend nachzubilden.

Darüber hinaus sind kreolische Begriffe und idiomatische Wendungen Bestandteile des haitianischen Französisch. Während die Redewendungen übersetzt und nur an Stellen, wo sie auf geografische oder historische Besonderheiten verweisen, in einer Anmerkung erläutert wurden, hat die Übersetzerin die kreolischen Begriffe übernommen und kursiv gesetzt, um deren besonderen Klang und Authentizität zu erhalten. Sofern sie sich nicht von selbst erklären, werden sie in den Anmerkungen übersetzt.

Die Originalausgabe dieses Romans erschien 1954. Erst seit 1979 gibt es eine einheitlich festgelegte Orthografie des Kreolischen, und so sind einige der kreolischen Begriffe im Originaltext in unterschiedlichen Schreibweisen enthalten. Da dies kein «Fehler», sondern eine durch die Entstehungszeit des Buches begründete Eigenheit ist, haben wir uns entschieden, dies auch so beizubehalten.

In Haiti wird das Wort «nègre/négresse» nicht im abwertenden Sinn verwendet, sondern bezeichnet ganz allgemein einen Menschen in der Bedeutung «Mann/Frau». Dies meist sogar ohne impliziten Verweis auf die Hautfarbe der betreffenden Person. Daher wurde «nègre/négresse» in den meisten Fällen auch in dieser Bedeutung übersetzt. An Stellen, wo explizit auf die Hautfarbe der Person hingewiesen wird, haben wir uns in der Übersetzung für den Begriff «Schwarze/r» entschieden, ein in der derzeitigen Rassismus-Diskussion unbelastetes Wort.

«Mulatte/Mulattin» ist in Haiti die Selbstbezeichnung einer tonangebenden Gesellschaftsschicht. Da diese Bezeichnung im haitianischen Kontext wertfrei ist, haben wir sie in der Übersetzung beibehalten. Siehe hierzu auch die Anmerkungen 4 und 6.

Manesse Verlag

Inhalt

Töchter Haitis

5

Anmerkungen

245

Glossar

263

Nachwort

266

Editorische Notiz

281

Titel der französischen Originalausgabe:
«Fille d'Haïti» (Éditions Zellige S. A. R. L., Léchelle, 2014)

Sollte diese Publikation Links auf Webseiten Dritter enthalten,
so übernehmen wir für deren Inhalte keine Haftung,
da wir uns diese nicht zu eigen machen, sondern lediglich
auf deren Stand zum Zeitpunkt der Erstveröffentlichung verweisen.

Penguin Random House Verlagsgruppe FSC® N001967

MEHR KLASSIKERINNEN
BEI MANESSE

Jane Austen
STOLZ UND VORURTEIL
Übersetzung: Andrea Ott
Nachwort: Elfi Bettinger

Tania Blixen
BABETTES GASTMAHL
Übersetzung: Ulrich Sonnenberg
Nachwort: Erik Fosnes Hansen

Tania Blixen
JENSEITS VON AFRIKA
Übersetzung: Gisela Perlet
Nachwort: Ulrike Draesner

Charlotte Brontë
JANE EYRE
Übersetzung: Andrea Ott
Nachwort: Elfi Bettinger

Willa Cather
SCHATTEN AUF DEM FELS
Übersetzung: Elisabeth Schnack
Nachwort: Sabina Lietzmann

Grazia Deledda
SCHILF IM WIND
Übersetzung: Bruno Goetz
Nachwort: Federico Hindermann

Zelda Fitzgerald
HIMBEEREN MIT SAHNE IM RITZ
Übersetzung: Eva Bonné
Nachwort: Felicitas von Lovenberg

Sarah Kirsch
FREIE VERSE
Nachwort: Moritz Kirsch

Madame de La Fayette
DIE PRINZESSIN VON CLÈVES
Übersetzung: Ferdinand Hardekopf
Nachwort: Alexander Kluge

Selma Lagerlöf
CHARLOTTE LÖWENSKÖLD
Übersetzung: Paul Berf
Nachwort: Mareike Fallwickl

Clarice Lispector
ICH UND JIMMY
Übersetzung: Luis Ruby
Nachwort: Teresa Präauer

Katherine Mansfield
DIE GARTENPARTY
Übersetzung: Irma Wehrli
Nachwort: Julia Schoch

Katherine Mansfield
FLIEGEN, TANZEN, WIRBELN, BEBEN
Übersetzung: Irma Wehrli
Nachwort: Dörte Hansen

Murasaki Shikibu
DIE GESCHICHTE DES PRINZEN GENJI
Übersetzung. Oscar Benl
Nachwort: Eduard Klopfenstein

Olive Schreiner
DIE GESCHICHTE EINER AFRIKANISCHEN FARM
Übersetzung: Viola Siegemund
Nachwort: Doris Lessing

Sei Shōnagon
KOPFKISSENBUCH
Übersetzung und Nachwort: Michael Stein

Mary Shelley
FRANKENSTEIN
Übersetzung: Alexander Pechmann
Nachwort: Georg Klein

Marie Vieux-Chauvet
TÖCHTER HAITIS
Übersetzung: Natalie Lemmens
Nachwort: Kaiama L. Glover

Edith Wharton
ZEIT DER UNSCHULD
Übersetzung: Andrea Ott
Nachwort: Paul Ingendaay

Yosano Akiko
MÄNNER UND FRAUEN
Übersetzung und Nachwort: Eduard Klopfenstein

PROSAISCHE PASSIONEN
DIE WEIBLICHE MODERNE
IN 101 SHORT STORIES
Auswahl und Nachwort: Sandra Kegel

DIE FLÜGEL MEINES SCHWEREN HERZENS
LYRIK ARABISCHER DICHTERINNEN
VOM 5. JAHRHUNDERT BIS HEUTE
Arabisch – Deutsch
Übersetzung: Khalid Al-Maaly und Heribert Becker
Nachwort: Khalid Al-Maaly